명확하게 디자인^{하라}

Robert Hoekman, Jr 저
강민구, 이석진 역

개발자와 디자이너를 위한 웹 UX 디자인 원칙

designing the obvious
a common sense approach to web application design

YoungJin.com **Y.**
영진닷컴

명확하게 디자인 하라
designing the obvious
a common sense approach to web application design

Authorized translation of the English Edition, entitled DESIGNING THE OBNIOUS: A COMMON SENSE APPROACH TO WEB APPLICATION DESIGN, 1st Edition, 9780321453457 by HOEKMAN, ROBERT, published by Pearson Education, Inc, publishing as New Riders, Copyright © 2007

ISBN 978-89-314-4079-9

독자님의 의견을 받습니다
이 책을 구입한 독자님은 영진닷컴의 가장 중요한 비평가이자 조언가입니다. 저희 책의 장점과 문제점이 무엇인지, 어떤 책이 출판되기를 바라는지, 책을 더욱 알차게 꾸밀 수 있는 아이디어가 있으면 이메일, 또는 우편으로 연락주시기 바랍니다. 의견을 주실 때에는 책 제목 및 독자님의 성함과 연락처(전화번호나 이메일)를 꼭 남겨 주시기 바랍니다. 독자님의 의견에 대해 바로 답변을 드리고, 또 독자님의 의견을 다음 책에 충분히 반영하도록 늘 노력하겠습니다.

이메일 : support @ youngjin.com
주 소 : (우)153-803 서울특별시 금천구 가산동 664번지 대륭테크노타운 13차 10층
대표전화 : 1588-0789
대표팩스 : (02) 2105-2200
등 록 : 2007. 4. 27. 제16-4189호

STAFF

저자 Robert Hoekman, Jr. | **역자** 강민구, 이석진 | **진행** 김태경 | **본문 디자인** 영진닷컴 디자인팀 | **표지 디자인** 영진닷컴 디자인팀

감사의 말

내가 17살 때 만나 결국 지금의 내 아내가 되어 준 사람이 있습니다. 바로 나의 아내인 크리스틴 로즈 피어슨입니다. 그녀가 없었다면, 나에게는 아무것도 의미가 없었을 겁니다. 크리스틴! 항상 나에게 격려가 되어 주어서 고마워요.

내 편집자인 웬디 샤프가 없었더라면 당연히 이 책은 절대 쓸 수 없었을 겁니다. 웬디는 나를 어떻게 다뤄야 최고의 책을 쓸 수 있는지 명확하게 알고 있습니다. 또한 어떤 것을 편집해야 할지, 말지를 잘 아는 현명한 사람이기도 합니다. 웬디, 당신은 당신의 분야에서 최고입니다. 함께 일할 수 있어서 행운이라 생각해요.

세쓰 고딘, 제이슨 프레드, 라이언 칼슨, 조쉬 윌리엄, 그리고 아베 페틱에게도 감사를 전합니다. 모두들, 이 책을 집필하는데 너무나 큰 도움을 주서서 감사합니다. 그리고 명확한 디자인을 하는 것이 가능하다는 것을 증명해 주어서 고맙습니다.

나의 친구이자 파트너인 33Inc의 크리스 해드락에게: 개발자로서는 흔치 않게 사용자 경험이 얼마나 중요한지를 이해하고 있어 주어서 정말 고마워요.

하이럴 살라에게: 출판과정에서 모든 것이 자연스럽고 부드럽게 진행되도록 만들어 주어서 감사합니다. 항상 신경써 주신 것도요."

낸시 데이비스에게: 내가 정말로 필요할 때, 마지막에라도 합류해 주어서 고맙습니다. 느슨했던 마지막을 잘 마무리 해주신 덕분에 이 책이 세상에 나오게 되었어요.

나의 카피라이터인 제퀄린 아론에게: 당신의 통찰력과 그 실력 덕분에 좋은 책을 만들 수 있었습니다. 헌신적인 도움에 정말 감사 드립니다.

안드레아 쉘러와 미미 헤프트에게: 내 조잡한 디자인을 예술적인 디자인으로 승화시켜 주어서 고마워요. 두 분이 아니었다면 이렇게 좋은 디자인이 나오지 않았을 거에요. 그리고, 에이미 스텐든에게도 감사를 전합니다. 하나에서 열까지 정말 세심하게 모든 것을 검수해 주셨어요.

이 책의 내부를 디자인 해 준 조안 올슨에게: 정말 완벽한 디자인을 해주었어요. 세세한 부분까지 신경 써서 디자인 해 주어서 정말 감사합니다.

마지막으로 나에게 많은 영감을 준 책들의 저자들과 디자이너들에게 감사를 표합니다. 힐먼 커티스, 제시 제임스 게럿, 앨런 쿠퍼, 스티브 크러그, 도날드 노먼, 그리고 다시 한 번 세쓰 고딘에게 감사를 드립니다. 여러분들이 제게 불빛을 보여주었고, 지식으로 무장시켜 주었으며, 내 길을 가도록 해 주었어요. 여러분이 없었다면 절대 해내지 못했을 거예요.

– Robert Hoekman, Jr.

역자 머리말

● ● ●

사용자 경험을 디자인하는 분야에 있다 보면 종종 UI 서핑이라는 것을 즐기게 됩니다. 이런저런 소프트웨어를 설치해 보기도 하고, 여기 저기 새로운 기술과 트렌드가 적용된 사이트 또는 웹 어플리케이션을 살펴보는 것이 일이자 즐거움인 경우가 많습니다.

하지만 이런 새롭고 화려한 기술들이 정말 사용자가 쉽고 편하게 사용할 수 있도록 구현된 어플리케이션을 만나는 것은 그리 흔한 일은 아닙니다. 그래서인지 잘 만든 어플리케이션을 보면 그렇게 반가울 수가 없습니다. 특히나 웹에서는 웹 기술이라는 한계와 특수성 때문인지 더 드물기에 더더욱 그렇습니다.

이 책의 저자는 그런 잘 만든 웹 어플리케이션의 비결이 명확한 디자인에 있다고 강조하고 있습니다. 뻔한 디자인이 곧 좋은 디자인일 수 있다는 원리를 좋은 웹 어플리케이션의 덕목으로 찾아내고 있습니다. 아주 기술적인 내용을 저자 특유의 화법으로 알기 쉽게 설명하며, 좋은 웹 어플리케이션 디자인함에 있어 필요한 항목을 조목조목 소개하고 있습니다. 특히나 수많은 어플리케이션들이 가진 고질적인 문제로 '개발자만이 이해하는 어려운 UI 디자인(구현모델 디자인)'을 다루면서 이를 어떻게 해소할 수 있는 지에 대한 해법을 제시해 주고 있습니다.

이 책을 옮기면서 그 동안, 제가 얼마나 기술을 기술로서 표현하려 했는지에 대한 반성도 하면서, 다행히도, 인터랙션을 디자인함에 있어 명확하다는 것이 얼마나 사용자에게 큰 플러스 요소가 되는지를 이해하게 되고, 더 넓은 시야를 가지는 데 큰 도움을 받은 것 같습니다.

대부분의 사용자 경험 디자인 서적들이 그렇듯 이 책도 전문서이기 전에 독자에게 모든 것을 쉽게 설명하려 노력하는 개론서입니다. 이 책을 통해 비단 웹 어플리케이션을 디자인하는 분들 뿐만 아니라 소프트웨어나 웹 서비스 기획, 등 사용자에게 좀 더 가까이 가려 고민하는 모든 사람들이 좋은 영감을 얻을 수 있는 기회가 되었으면 하는 바램을 가져봅니다.

마지막으로 번역을 맡겨주신 영진닷컴에 감사의 말씀을 전합니다.

강민구 성균관대에서 정보통신공학과를 졸업하고 소프트웨어 사용성 평가에 대한 연구로 학위를 받았다. 901Lab과 티맥스소프트사의 UX팀장으로 일하면서 B2B 소프트웨어의 사용성 개선과 웹 어플리케이션의 UI 기획과 인터랙션 디자인 등 다양한 분야에서 실무 경험을 쌓았다.

● ● ● ●

이미 세상에는 사용성, 사용자 중심의 디자인과 관련하여 너무나 많은 책들이 범람하고 있다. 또한 이미 산업디자인, 인지과학, HCI 등 수많은 관련 학문에서 사용자 중심의 시스템(물론 시스템의 정의도 다양할 수 있지만, 여기서는 편의상 웹 사이트, 어플리케이션 등 정보통신 분야의 시스템에 국한한다) 디자인에 대한 선구자들의 다양한 이론과 교과서들이 존재한다.

그러나 관련 전공자들뿐만 아니라, 실무경험이 많은 사람들도 실제로 뛰어난 사용자 중심의 시스템 또는 서비스를 디자인하고 기획한다는 것은 단순히 알고 있는 지식을 사용하여 기계적으로 적용하는 작업 이상의 힘든 작업과정과 뛰어난 통찰력을 요한다는 것을 경험으로 알고 있을 것이다. 사용자 중심의 디자인이라는 분야가 주목을 받기 시작한 것이 다른 학문에 비해 상대적으로 역사가 짧은 탓도 있겠지만, '사용자 중심'이라는 말 속에는, 근본적으로 다양성과 상대성, 그리고 거의 언제나 예측불가능성을 가진 인간을 대상으로, 그러한 특성을 가진 인간을 만족시켜야 하기 때문에 '사용자 중심의 디자인'은 그만큼 어려운 작업이 아닐 수 없을 것이다.

이 책의 특징은 저자의 다양한 실무 경험에서 나오는 다양한 사례와 학문적인 이론과 방법론이 적절하게 조화를 이루고 있다는 것이다. 시중에 나오는 많은 HCI 관련 서적들은 때로는 너무 방법론과 이론에 치우쳐 논리적으로 뛰어나고 학문적으로 의미가 있을지는 몰라도, 실무에서 부딪치는 사소한 문제의 해결에도 큰 도움이 되지 못하는 것을 느낄 때가 많다. 저자는 실제로 수행했던 프로젝트를 곳곳에서 예로 들어 독자로 하여금 쉽게 문제의식의 공감대를 형성하게 하며, 또한 저차원에서 고차원에 이르는 순차적인 해결방안을 제시하여 독자가 실제 스스로 문제 해결을 위해 고민을 할 수 있는 기회를 제공한다는 면에서 이제 막 사용자 중심의 디자인에 발을 내디딘 독자들을 위해 더없이 좋은 입문서가 될 것이다.

사용성, 사용자 중심이라는 말에는 앞서도 말했듯이, 그 뿌리에는 인간을 향한, 인간을 위한 고민이라는 전제가 깔려있다. 그런 의미에서 사용자 중심의 디자인은 과학이자, 예술이고, 나아가 철학이라고 할 수 있을 것 같다. 이 책을 읽은 독자에게 사용성에 대한 배움과 더불어, 인간을 이해할 수 있는 작은 도움이 되었으면 하는 바램을 가져본다.

이석진 한양대에서 사회학과 경영학을, 오하이오 주립대(OSU)에서 MIS를 전공하였고, 미시건주립대(Ann Arbor)에서 HCI로 석사학위를 받았다. 현재 LG전자에서 모바일 컨텐츠/어플리케이션의 기획 업무를 담당하고 있다.

Contents

Contents

IEXPLORE.EXE - Entry Point Not Found

The procedure entry point InternetGetSecurityInfoByURLW could not be located in the dynamic link library WININET.dll.

OK

그럼 그렇지... 참~ 간단해 보이는군...

명확한 디자인에 대한 정의

얼마 전, 지인들과 저녁을 먹으며 내가 하는 일에 대해서 이야기를 한 적이 있었다. 이야기를 하던 중에 몇몇 사람들이 웹 사이트와 소프트웨어에 관련된 경험담을 늘어 놓기 시작했는데, 소위 생산성 도구라 불리는 소프트웨어들을 매일 사용하면서 겪는 어려움에 대한 불만들이었다.

한 사람은 고객과 직원의 정보를 보다 효율적으로 관리할 수 있게 만들어 주는 새로운 회계 프로그램에 대한 불만이었고, 또 한 사람은 자료를 자동으로 분류하는 프로그램의 이야기였다. 모두들 요리를 나눠 먹으며, 농담도 하고, 서로의 음료를 채워 가며 대화가 무르익어 가고 있었다.

그런데 모두들 각자의 불만을 털어 놓기 시작하면서 목소리가 점점 커져갔고, 결국엔 서로가 다른 사람의 이야기는 듣지 않은 채, 기회가 생길 때마다 남의 이야기 중간에 끼어들어 자신의 일화를 이야기 하기에 여념이 없었다. 대화는 점점 짜증이 섞여갔고, 친근했던 단어들이 감정이 북받쳐 오른 말로 변해 갔다. 모두들 신경이 곤두서 버렸다.

난 그 일화들을 하나하나 들으면서 고개를 끄덕였다. 사람들이 왜 짜증을 내는지 이해가 되기 때문이다. 나 역시도 경험한 일이었고, 또 그런 어려운 사용법 때문에 생기는 불평, 불만을 항상 듣기 때문이다. 사실, 내가 하는 일의 일부는 바로 이런 불만들을 듣고, 어떻게 해결해야 할 지를 결정하는 것이기도 하다.

저녁식사의 대화가 조금 안정되었을 무렵, 나는 훌륭한 웹 기반 소프트웨어 설계란 바로 제품이 지원해야 하는 가장 기본적인 작업을 파악해서 무엇을 만들어야 할지, 더 중요하게는 무엇을 만들지 말아야 할지를 아는 것이라고 설명했다. 이를 위해서는 각 기능들이 그 기능을 사용하는 사람들이 쉽게 이해하게끔 만들 수 있는 최선의 방법을 알아야 하고, 또 웹에 대한 깊은 이해와 웹이 어떻게 동작하는지에 대해서도 알아야 된다고 했다. 또한 이는 사용자가 어떻게 컴퓨터를 다루는지를 알아야 하며, 사용자가 어려워하는 무언가가 아니라 사용자 입맛에 맞는 무언가를 창조해 내는 능력을 가져야 한다고 했다. 마지막으로 난 훌륭한 웹 어플리케이션은 도대체 어떤 점이 그런 훌륭한 웹 기반 소프트웨어들을 훌륭하게 만들게 되는지를 알아내는 것으로부터 만들어 질 수 있다고 말했다.

조금 더 이야기를 이어갔다. 나는 뭔가 전문적인 이야기를 할 때 약간 장황하게 이야기하는 경향이 있는데, 그러던 중 갑자기 내 이야기를 듣고 있던 사람들 모두가 공감할 수 있는 문장 하나가 뇌리에 스쳤다. 그 순간 난 이렇게 말했다.

"결국, 그건 누구나 알기 쉽게 명확한 디자인을 하는 거야"

그러자, 대화는 어느새 모두 동의하는 분위기로 바뀌었다. 짜증이 섞였던 분위기는 다시 원래대로 돌아왔고, 감정 섞인 말들이 친근한 말로 바뀌었다. 날카로웠던 신경도 다시 가라앉았다.

모두들 내가 각자 자신들이 어려움을 겪는 제품에 대해 무엇인가를 해주면 좋겠다는 분위기였다. 하지만, 당연히 그건 불가능한 일이다. 나 또한 내가 고민해야 할 제품들이 있기 때문이다. 하지만 내 코가 석자라도 내가 해 줄 수 있는 것이 한 가지 있다.

바로 어떻게 하면 더 좋은 제품을 만들 수 있는 지 말해 주는 것이다. 언젠가는 사용자와 개발자가 모두 만족해 하며, 항상 대립하는 이 두 집단 간의 소통이 서로가 가진 단 하나의 공통분모인 '인터페이스'를 통해 해소될 것이라 기대하면서 말이다.

살펴보면, 웹은 정확히 3개의 층으로 나뉘어져 있다.

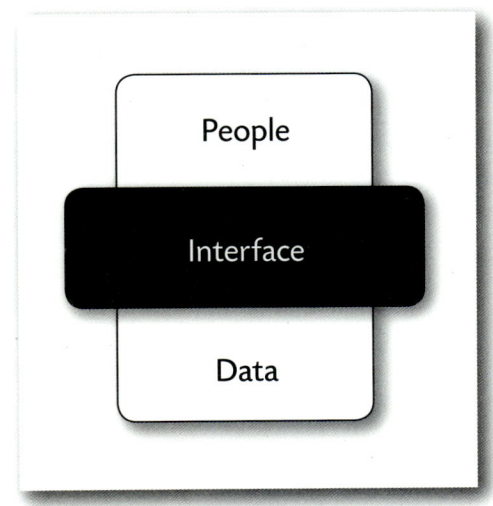

》 웹은 3개의 층으로 나뉘어 있다.
사람, 데이터, 그리고 그 사이에
존재하는 인터페이스가 그것이다.

그 첫 번째 층은 사람의 층이다. 여기에는 사람 외에 아무것도 없다. 사람과 사람, 그리고 또 사람뿐이다. 정보를 가진 사람, 정보를 이용하는 사람, 그리고 더 많은 정보를 원하는 사람, 모두 사람뿐이다.

세 번째 층은 데이터 층이다(두 번째 층에 대해서는 잠시 후에 설명하겠다). 사이버 세상에서 사람들이 알아야 하는 모든 것들은 전부 이 데이터 층에 존재한다. 고객정보나 통계자료, 북마크, 참고자료들, 재무정보, 영화정보, 요리법 등등의 모든 정보가 이 데이터 층에 살고 있다.

두 번째 층은 바로 웹 설계자로서 우리가 가장 많이 다루게 되는 인터페이스 층이다. 사람과 데이터를 연결해 주는 어플리케이션들은 모두 이 인터페이스 층에 존재한다. Flickr에서부터 Amazon까지, Google에서 Basecamp까지 모든 어플리케이션(응용프로그램)들이 여기에서 데이터를 이리저리 가공하여 우리에게 보여 주게 된다. 이들 어플리케이션들은 각기 우리에게 데이터를 가지고 놀고, 비틀고 변형하고, 자르고 붙이고, 번역하고 판독하고, 암호화 하는 등 데이터를 가지고 할 수 있는 모든 것들을 하게끔 해준다. 어떤 종류의 데이터가 사용되고 어떤 사람들이 그 데이터를 활용하는지가 유일한 차이점이다.

인터페이스는 사람과 데이터 사이에 서서 사람이 데이터에 접근하게 해준다. 마치 한쪽 방에서 다른 방으로 연결해 주는 방문(door)과 같은 역할을 한다. 하지만, 내가 보아온 어떤 어플리케이션도 아직 방문(door)만큼 단순, 명확한 것은 없었던 것 같다.

이젠 그렇게 변해야 한다. 그리고, 그것이 바로 이 책에서 다루고자 하는 바이다. 그럼, 이제 시작해 보자.

@ '명확한 것'이란 무엇인가?

난 소프트웨어를 설계하는 사람이지만 나 역시도 소프트웨어를 사용한다. 또한 다른 사람들과 마찬가지로(다들 아는지 모르겠지만) 소프트웨어를 '채용'하는 경향이 있다. 마치 직원을 채용할 때처럼 신뢰가 가는지, 성실한지, 친절한지 등과 같은 부분을 보게 되는데, 아무래도 가장 중요하게 찾게 되는 부분은 그 제품을 내가 사용함으로써 얼마나 일을 빨리, 잘 처리할 수 있는지, 그래서 내가 정말 생산성이 높아졌다라고 느낄 수 있는지를 보게 된다. '채용'에 비유해 말하자면, "와~, 너 정말 잘하는구나. 계속 내 밑에서 일해 주면 좋겠어."라고 말할 수 있는 사람(이 경우에는 소프트웨어)을 찾게 된다.

하지만, 불행하게도 소프트웨어는 종종 내가 하는 일을 도와 주기는 커녕 방해를 한다. 내가 뭔가 실수를 했다고 지적하면서 해결책은 가르쳐 주지 않고, 무엇이 잘못되었는지를 알아내는 데에 많은 시간을 허비하게 하거나 괜히 쓸데없는 기능을 둘러보게 만든다. 그럼에도 불구하고 난 결국 그 소프트웨어를 계속 사용하게 된다. 이유가 어찌되었건 내가 일하는데 너무도 중요하기 때문에 그 제품이 없이는 내가 어떻게 해야 할지 모를 지경이다. 혹 다른 제품 중에 더 좋은 것이 있더라도 쉽게 바꿀 수가 없기에 고생스러워도 계속 사용하게 된다. 고함을 쳐대고, 불만을 토로하고, 질질 끌려 다니면서도 나는 그것을 사용할 수 밖에 없다. 물론 그러는 동안 난 미쳐가고 있지만…

이런 이슈들은 명확한 디자인이 아니기 때문에 일어난 결과이다. 명확한 디자인은 사용자가 바로 작업을 시작해서 원하는 것을 얻어내고 작업을 마무리 하게끔 해준다. 소프트웨어가 뒤에서 무슨 일을 하는지, 어떻게 데이터를 가지고 일을 처리하는지는 고민하지 않게 만들어 준다.

모든 웹 기반 소프트웨어 회사들의 목표는 어플리케이션을 아주 직관적으로 만들어서 사용자가 일반적인 생각만으로도 잘 사용할 수 있는 제품을 만드는 것이어야 한다. 제품은 이해하기 쉽고, 배우기 쉽고, 또한 잘 정돈되어 있어야 하며, 인터페이스 요소들 또한 친근하고, 능률적이고, 일관성있게 구현되어야 한다.

이런 것들이 바로 명확한 디자인을 만드는 것이다.

소프트웨어는 사용자가 사용법을 반드시 이해해야만 사용을 할 수 있게 강요해서는 안된다. 또한 사용자가 작업하던 중 뭔가 잘못되었을 때나, 힘들게 작업한 내용을 날려버리게 되었을 때 어떻게 해야 할지 몰라 두려움에 떨게 해서도 안된다. 오류를 알려 주기위해 팝업창을 띄워 사용자의 작업을 방해해 놓고는 'OK' 버튼을 클릭하는 것 외에는 아무 것도 할 수 없게끔 해서도 안된다. 그건 정말 'OK' 하지 않기 때문이다.

매일 소프트웨어를 사용하는 사람들은 자신이 필요한 것만 잘 처리하면 그것으로 족하다. 이를테면 우리는 컴퓨터에 미친 사람들이지만, 대부분의 사람들은 우리와는 다르다. 보통 사람들은 우리처럼 그저 좋아서 컴퓨터 앞에 하루 종일 앉아 있진 않는다. 단지 필요하기 때문에 그러고 있을 뿐이다.

그들은 우리가 만든 어플리케이션을 사용하는 분명한 이유와 목적이 있기에 그들의 귀중한 시간과 돈을 투자한다. 그리고 그만큼의 기대를 가지고 있으며, 예외 없이 그 제품으로 해야 할 일이 있다.

소프트웨어를 만드는 우리들은 이제 안된다는 변명보다는 결과를 사용자들에게 보여 주어야 한다. 무조건 모달(modal) 에러 메시지들을 들이대지 말고 좀 더 친절한 방법을 모색해야 하며, 더이상 사용자를 무시하는 것을 그만 두고, 대신 사용자로 하여금 생산적이다, 편해졌다, 영리해졌다와 같이 말할 수 있도록 만족감을 제공하여야 한다. 다행히도, 이런 모든 것들은 충분히 가능한 일이다. 그리고, 생각만큼 어렵지 않다. 그저 명확한 디자인을 시작하면 되는 것이다.

요즘 웹을 보면 정말 훌륭한 어플리케이션이 꽤 많이 있다. 물론, 다들 나름의 문제점

Modal과 Modeless

Modal : 한 Mode 안에서 어떤 인터랙션을 해야만 다른 Mode로 이동할 수 있는 경우. 예를 들면, 에러 메시지 창에서 '확인'이나 '닫기'버튼을 누르고 그 창을 닫지 않으면 다른 창으로 이동할 수 없는 경우.
Modeless : 어떤 Mode에서 특정 Interaction 없이도 다른 Mode로 이동할 수 있는 경우. 예를 들면, '확인'버튼을 누르지 않아도 그 창을 벗어나 다른 창으로 이동할 수 있는 경우.

을 가지고 있을 테지만, 전반적으로 보았을 때 정말 훌륭한 제품들이 많다. Backpack, Blinksale, DropSend, Google Page Creator, Blogger 등은 얼마나 웹 어플리케이션이 단순하고 효율적일 수 있는지, 그리고 가장 얼마나 명확해질 수 있는지를 알려 주는 좋은 예제들이다. 이 책에서는 이런 어플리케이션이 훌륭할 수 밖에 없는 특성들을 살펴보고, 어떻게 하면 우리가 설계하는 어플리케이션에 이런 특성들을 반영시켜 조금이라도 사용자가 웹에서 기쁨을 얻게 할 수 있는 지를 알아볼 것이다.

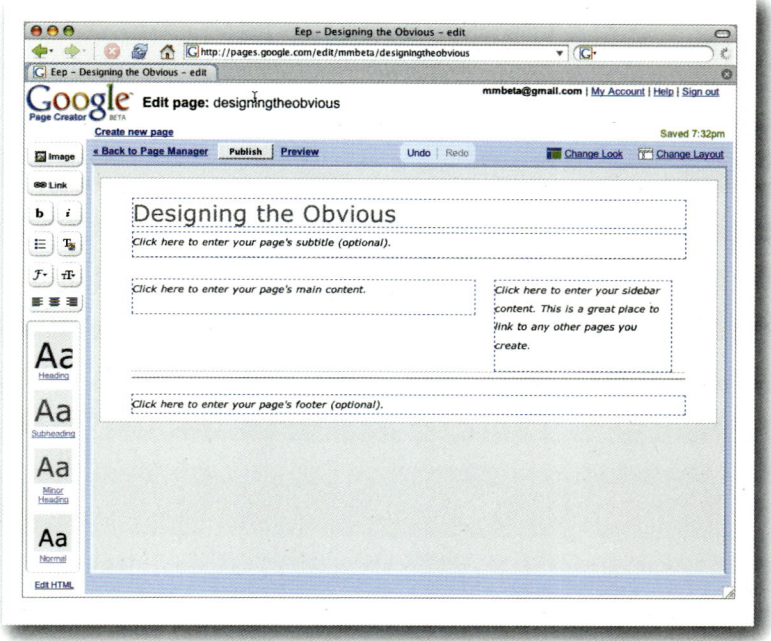

》Google Page Creator는 웹 페이지에 내용을 작성할 때 하는 가장 일반적인 작업을 어떻게 수행하는지 매우 명확하다(문단 정렬, 링크 생성 등).

1. 훌륭한 어플리케이션의 특징

자, 그럼 어떤 것들이 어플리케이션을 명확하게 만드는 것일까?

그리 어렵지 않게 바로 그 특징들을 떠올릴 수 있다. 난 많은 종류의 소프트웨어를 사용해 보았다. 특히, 요즘 들어서는 대부분 제품이 웹 기반이었는데, 웹 기반의 워드프로세서부터 웹 기반의 대시보드, 웹 기반의 캘린더 어플리케이션, 블로깅 도구, 그리고 웹 기반의 사이트 빌더에서 실내도면을 그리는 어플리케이션까지 대부분의 웹 기반 어플리케이션을 사용해 보았다. 나는 오랜 시간 동안, 어떤 제품은 훌륭하게 만들고 또 다른 제품은 끔찍하게 만드는 특징들에 대해 주목해 왔다. 그리고 노트, 문서, 이미지, 플로우 차트, 스크린 샷 등으로 관찰한 것을 수집해 놓았는데, 아래 내용이 바로 그 결과이다. 물론 여러분이 파악한 결과는 다를 수 있다. 아니, 이왕이면 자신의 목록을 만들었으면 한다. 처음부터 만들어도 좋고, 아래의 것을 토대로 확장시켜도 좋다. 훌륭한 웹 기반 소프트웨어는, 내 경험에 비추어 볼 때 아래의 특징들을 일부 또는 모두 가지고 있다.

- 사용자가 웹을 사용하는 방식 그대로를 따른다. 특정 사용자 집단이라는 대상이 아닌 사용자의 행동(activity)에 초점을 맞추고 있다.

- 사용자가 작업을 완료하기 위해 꼭 필요한 기능만 가지고 있다.

- 제품이 무슨 일을 하는지에 대한 사용자 멘탈 모델(Mental model)에 부응한다.

- 사용자가 빨리 익숙해지도록 도와 주어서 최대한 빠른 시일 내에 중급 사용자가 될 수 있도록 한다.

- 사용자가 실수로부터 쉽게 복구할 수 있도록 돕고, 나아가 아예 처음부터 실수 자체를 하기 어렵도록 만들었다.

- 일관성있는 인터페이스 요소를 제공하면서, 의미와 중요성을 부여하기 위해 불규칙한 요소를 활용한다.

- 혼란스러움을 최소화 한다.

위의 특징들은 HCI, 사용성 테스트, 그리고 사용자 만족도 조사의 연구결과로 이미 입증된 것들이다. 하지만, 흥미롭게도 이런 특징들을 보통은 느낄 수가 없다는 것이다. 왜일까?

그 이유는 훌륭한 소프트웨어는 이런 특징들을 너무 당연하게 느끼게 만들어서 보이지
조차 않기 때문이다. 그저 사용자가 필요한 일을 잘 수행하고 끝낼 수 있도록 해주면서,
뒤에서 처리되고 있는 일에 대해서는 고민하지 않게 만들어 놓는다. 이것이 바로 명확한
제품을 만드는 핵심이다.

한가지 반가운 소식은 위에서 말한 것들이 사실 보려고만 하면 충분히 찾아 낼 수 있을
뿐 아니라 계속 재활용할 수 있다는 것이다. 정말이다. 여러분도 그렇게 할 수 있다.

@ 명확한 디자인은 어떻게 할 수 있을까?

사실 이 질문의 해답은 간단하다. 우리는 벌써 어떤 것들이 디자인을 명확하고 효율적으
로 만드는 지에 대한 목록을 가지고 있다. 단지 명확한 디자인을 만드는 실행 계획을 정
의하기 위해서는 이 목록을 목표들로 바꾸기만 하면 된다. 이 책의 나머지 부분은 아래
의 목표들과 이 목표들을 어떻게 하면 성취할 수 있는지를 설명하는 데 모두 사용할 것
이다. 하지만 먼저 이번 장에서 무엇을 해야 되는지에 대한 전반적인 개요와 각각의 내
용들이 이 책의 어디에 설명되어 있는지를 잠깐 살펴 보자.

1. 특징을 목표로 바꾸기

뛰어난 웹 소프트웨어를 만드는 열쇠는 이전까지 말해왔던 특징들의 목록을 목표의 목
록으로 바꾸는 것이다. 다시 말해, 우리의 새로운 미션은 아래의 사항들이 반영된 소프
트웨어를 만드는 것이다.

- 사용자가 웹을 사용하는 방식 그대로를 따라라. 그러나 특정 부류의 사용자에게
  초점을 맞추기 보다는 사용자의 작업(activities) 자체에 초점을 맞추어라. 사용
  자를 이해하는 것은 어플리케이션을 어떻게 설계해야 하는지를 알 수 있는 열쇠

이다. 그리고 이러한 이해가 있다면 제품의 입장에서 합당한 기능세트를 만들기 위해 사용자의 요구들을 잠시 무시하고 그 작업을 위한 행위에 초점을 맞추도록 하는 것이 최선이다. Chapter 2에서는 어떻게 사용자를 이해하고, 왜 사용자의 변덕을 무시해야 할 필요가 있는지에 대해 설명하겠다.

● 정말 사용자에게 꼭 필요한 기능만을 설계하도록 한다. '있으면 좋은 기능'들을 '꼭 만들어야 하는' 기능에서 제외하기란 정말 어려운 일이다. 하지만 그래야만 한다. Chapter 3에서는 기능 목록을 어떻게 분리할 수 있는지, '있으면 좋은' 기능들을 언제 재검토하는지에 대해 설명하겠다.

● 제품이 무슨 일을 하는지에 대한 사용자 멘탈 모델(Mental-Model)을 제공한다. 전통적으로 어플리케이션 디자인에서 인터페이스가 프로그램 자체의 내부동작을 보여주는 것은 금기시 되어 왔다. Chapter 4에서는 이런 구현 모델(implementation model)과 멘탈 모델(Mental model)의 차이점에 대해 설명하고, 제품을 단 한 줄이라도 구현하기 전에 어플리케이션을 비틀고 꾸기고 해서 제대로 모양새를 갖추는 방법에 대해 설명할 것이다.

● 사용자가 빨리 익숙해지도록 도와 주어서 최대한 빠른 시일 내에 중급 사용자가 될 수 있도록 한다. 사용자는 일단 한번 제품을 어떻게 사용하는지 알게 되면, 낯설다는 느낌이 사라져서 일상적인 작업을 쉽게 수행하게 된다. 그런 후에는 고급 기능들도 사용자들에게 좀 더 쉽게 다가가게 된다. 이에 관해서는 Chapter 5에서 이야기하겠다.

● 사용자가 실수로부터 쉽게 복구할 수 있도록 만들어라, 그리고 아예 처음부터 실수 자체를 하기 어렵도록 만들어라. 어플리케이션은 어떠한 경우에도 사용자의 작업을 방해해서는 안된다. 대신, 사용자가 계속 일을 진행할 수 있도록 친절하게 인터랙션을 제공해야 한다. 사용자들에게 작업의 흐름을 끊어버리는

'Modal 대화 창'을 보여주거나 뭔가 실패했다고 알려주기 위해 '팝업 에러 메시지'는 띄워 줄 필요가 없는 것들이다. 이런 비관적인 피드백은 단지 불쾌하기만 하고, 제품을 더 살펴보려는 의지만 저하시킬 뿐이다. 오히려 포카요크(Poka-yoke) 장치 같은 것을 제공함으로써 소프트웨어는 좀 더 친절해 질 수 있다. 포카요크는 일본에서 유래된 단어로 원래 '실수방지'라는 뜻을 가지고 있다. 이름은 우스꽝스럽지만 정말 훌륭한 아이디어이다. 이 훌륭한 장치가 얼마나 쉽게 웹 소프트웨어 상에서 구현될 수 있는지를 알게 되면 아마 깜짝 놀랄 것이다. Chapter 6에서는 이와 관련해 설명하도록 하겠다.

- **일관성 있는 인터페이스 요소를 제공하라. 단 중요함을 나타내거나 의미를 부각시키려 할 때는 불규칙한 요소가 효과적일 수 있다.** 일관성은 좋은 디자인의 핵심이다. 하지만, 불규칙한 요소가 어떻게 영향을 주는지를 아는 것은 살짝 난해하다. 이에 관해 Chapter 7에서 설명하도록 하겠다.

- **혼란스러움을 최소화 시켜라.** 마지막으로 Chapter 8에서는 웹 디자인에서 명쾌하고 단순하다는 개념에 대해 살펴보려 한다. 어떻게 하면 디자인 프로세스와 인터페이스 자체에서 낭비를 없앨 수 있는지, 그리고 'Just in Time' 디자인을 통해 어떻게 훌륭한 소프트웨어를 지속적으로 만들어낼 수 있는지 살펴볼 것이다.

위에서 열거한 목표들을 보면, 아마 명확한 디자인을 하는 것이 처음보다는 훨씬 간단하게 보일 것이다. 하지만, 예상하고 있듯이 그렇게 하면 된다고 생각하는 것은 쉬울지 모르지만 실제로 이를 실행하는 것은 쉬운 일이 아니다. 그래서 앞으로 이 책의 남은 부분은 모두 이런 목표들을 현실에서 실천하기 위해 무엇을 알아야 하는지에 대한 내용이 될 것이다.

우선 시작하기 전에, 내가 애정을 가지고 부르고 있는 '명확한 디자인의 프레임워크'에 관해 소개하겠다.

@ 명확한 디자인의 프레임워크

명확한 디자인의 프레임워크는 마치 웹 소프트웨어를 만드는 사람들을 위한 12단계의 프로그램 같은 것이긴 하지만, 사실 단계라는 것도 없고 기억해야 될 것들도 매우 적다. 사실, 세 부분 밖에는 없다. 음… 말하자면, 세가지 맛이 섞인 3단 케이크와 비슷할 것 같다.

이 프레임워크의 각 부분은 이 책의 전반에 걸쳐 상황에 따라 다른 내용으로 논의될 것이다. 사실 프레임워크는 세 개의 주요한 섹션으로 나뉘어 있진 않다. 왜냐하면 그 구분 점이 명확하지 않기 때문이다. 각 부분은 모두 어플리케이션 디자인이란 관점에서 서로 얽혀있기 때문에 서점에 서서 잠깐 이 부분만 읽고 나면 모든 것을 알 수 있을 것이란 기대는 하지 않는 게 좋다. 꼭 집에 책을 가지고 가서 끝까지 읽어 보아야 할 것이다.

아마 벌써 눈치챘겠지만, 프레임워크를 구성하고 있는 3가지 요소는 사실 너무나 뻔하다. 그 세 부분은 다음과 같다.

- 무엇을 만들 것인가?
- 무엇이 제품을 훌륭하게 만드는가?
- 이를 구현하기에 가장 좋은 방법은 무엇인가?

위의 것들을 알면 당연히 더 좋은 제품을 만들 수 있다. 이는 바보라도 알 수 있다. 하지만, 어떤 이유에서인지 그 명확한 것을 찾아내기까지는 아주 긴 시간이 걸릴 수도 있다. 필자의 경우는 6년이란 세월이 걸렸다.

이 프레임워크에서 중요한 점은 시간이 흘러도 무리없이 적용할 수 있다는 것이다. Ajax 전문가가 될 필요도 없고, DHTML과 XHTML의 차이를 모른다 해도 전혀 상관없으며, XML로부터 JSON을 가져오는 방법을 모른다고 애태울 필요도 없다. 이 프레임워크가 알아서 해 줄 것이다. 모든 게 오고 가고, 발전해서 더 좋은 기술로 바뀌더라도 프레임워크는 계속 살아남아 웹의 정도(正道)를 걷게 도와 줄 것이다.

한 가지 더 알아야 할 것은 이 책의 어떤 부분도 어플리케이션 디자인 프로세스에 관해 강요하지는 않는다는 점이다. 어떤 방법론이든 자신에게 가장 효율적이라고 생각되는 것을 사용하면 된다. 이 책은 좋은 웹 어플리케이션의 특징과 특성이 무엇인지, 어떻게 하면 그것을 적용시킬 수 있는지에 관한 내용을 담고 있을 뿐이다. 물론, 이런 특징들을 적용하기 위해 몇 가지 프로세스 관련 해결책을 제시하고는 있지만, 그것 자체에 집착하여 부담을 느낄 필요는 없다.

또한 이 책을 통해 언제 어디서든지 좋은 웹 어플리케이션을 만들 수 있게끔 정확히 가이드 해주는 개발 프로세스를 배운다는 기대도 버려야 한다. 모두에게 적용될 수 있는 방법론도 없을 뿐더러, 모든 어플리케이션에 적용할 수 있는 프로세스도 존재하지 않는다. 세상에서 제일 좋은 개발 프로세스라도 반드시 어떤 어플리케이션을 훌륭하게 만들어 낼 수 있다고 보장할 수는 없는 것이다. 백만 달러짜리 아이디어를 만들어 내는 것은 모두 여러분이 하기 나름이다. 나는 그저 어떻게 그것들을 잘 활용하고 적용할 수 있는지를 말해 주는 것뿐이다.

그럼 우선 앞서 말한 '명확한 디자인을 위한 프레임워크'의 세 가지 주요 요소들을 간단하게 살펴보도록 하자.

1. 무엇을 만들 것인가?

무엇을 만들지 알기 위해서는 만들고자 하는 어플리케이션의 목적과 범위를 이해해야만 한다. 그런 지식이 있어야 거기에 맞는 제품을 만들어 낼 수 있는 것이다. 어플리케이션이 필요한 것을 잘 채워 준다면 사용자로부터 환영받는 제품이 될 것이다. 뭐, 딱히 필요한 것을 채워주지 않더라도 좋다. 오래된 문제에 대한 새로운 시도도 좋고, 그냥 재미를 주는 것에만 집중해도 좋다. 어떤 경우가 되었건 간에, 어플리케이션이 기본적인 작업을 잘 수행할 수 있도록 하는 본질적인 재료를 파악하는 것 자체가 사용자에게 좀 더 명확한 디자인을 제공할 수 있게 만들어 준다.

우선, 첫 목표는 '엘리베이터 피치(Elevator Pitch)'를 만드는 것이다. 만약 여러분이 30

초 동안 새로운 아이디어를 상사나 또는 새로운 고객에게 보여주고 관심을 끌게 하려면, 아마 함축적인 몇 마디로 관심을 바로 가지도록 의미있게 전달해야 할 것이다. 만약 그 아이디어가 정말 더 들어볼 가치가 있게 되었다고 한다면, 그 때부터는 좀 더 상세한 부분인 타겟 사용자나 기능 세트와 같은 것에 대해 설명할 수 있을 것이고, 좀 더 어플리케이션의 본질적인 면이나 어떻게 어플리케이션이 작동하게 되는 지에 대해 말해줄 수 있을 것이다.

무엇을 만들어야 할지, 또 무엇을 만들지 말아야 할지에 대한 지식과 어플리케이션이 가진 근본적인 이유는 바로 이 프레임워크의 개념적인 요소를 이루게 한다. 이런 개념적 요소들은 제품의 매력적인 요소가 되는데, 그 이유는 분명한 목적을 가지고 빈틈을 잘 채워 놓은 어플리케이션은 언제나 환영받기 때문이다.

2. 무엇이 제품을 훌륭하게 만드는가?

여러분은 이미 이 책의 앞 부분에서 무엇이 웹 소프트웨어를 훌륭하게 만드는지 그 특성들을 읽어 보았을 것이다.

그 특징을 나열하는 것에 특별한 제한은 없기 때문에, 만약 여러분이 소프트웨어를 좋게 만드는 특징을 발견한다면 바로 덧붙여 주면 된다. 다만 상세 기능이 아닌 특징적인 부분이어야 한다는 것만 주의하면 된다.

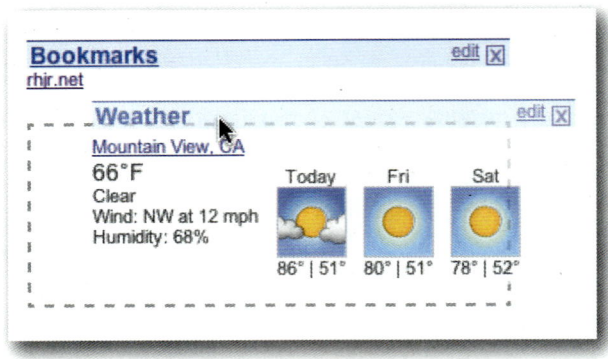

》 구글의 igoogle 페이지는 드래그앤드롭 컨텐츠 팟을 제공하여 사용자가 실시간으로 어디에 팟을 위치시킬지 미리 볼 수 있도록 해 주고 있다.

예를 들어, 드래그앤드롭 인터랙션 자체가 웹 소프트웨어를 훌륭하게 만들어 주는 특징이 될 수 없다. 그것을 통해 어플리케이션이 사용자의 행위에 대한 실시간(Real-time) 피드백을 준다는 것이 훌륭한 것이다(음… 사실 이것도 목록에 추가해야 할 듯 하다).

이런 특징들은 알아내기가 무척이나 어렵기 때문에 항상 주의깊게 살펴 보아야 한다. 어플리케이션이 나쁘게 설계되었을 경우에는 어떻게 나쁜지 금방 말할 수 있지만, 잘 만들어 졌을 때에는 보통 왜 좋은건지 설명하기가 어렵다. 꼭 집어 말하기는 어려워도 그것을 보게 되면 좋다는 것을 알 수는 있다.

이런 모든 특징들은 어플리케이션적인 요소가 되고, 이 후 지속적이고 긍정적인 사용자 경험을 구축하는 데에 도움을 주게 된다.

3. 구현하기에 가장 좋은 방법은 무엇인가?

이 부분은 프레임워크에서 가장 가변적인 부분이다. 왜냐면 최선의 방법이란 시간이 지남에 따라 변화하기 때문이다.

예를 들어, 100킬로미터 떨어진 곳에 있는 사람과 대화하는 가장 좋은 방법이 옛날에는 그냥 거기까지 걸어가는 것이었다면, 나중에는 전화라는 것이 세상에 나타나 버렸다. 지금은 그냥 MSN 메신저같은 인스턴트 메시징 프로그램을 통해 메시지를 입력하고 잠깐 기다리면 답변이 오는 세상이 되었다.

요즘은 Ajax가 대세이다. DHTML과 함께 사용되었을 때에는 거의 데스크탑 어플리케이션과 맞먹을 정도의 웹 어플리케이션을 만들어 낼 수가 있게 되었다. 사실 5년 전에는 절대 불가능한 일이었다. 아무도 확실하게 데스크탑 형식의 인터렉션을 웹 상에 구현할 수 없었을 뿐더러 아무도 모든 웹 브라우져 상에서 잘 동작할 수 있으리라고 기대하지 않았기 때문이다. 그렇다면 지금으로부터 10년 후에는 어떨까? 아마 완전히 다른 세상의 이야기를 하고 있을 것이다.

특정 기능을 구현하는 최선의 방법과는 상관없이, 이런 도구들은 프레임워크의 인터랙션 요소가 되며, 어플리케이션을 사용하기 편하게 하고 흔히 'X-인자'라 부르는 것을 만들어 낸다. 이는 실제로 사용자가 어플리케이션과 다루는(interact) 부분이 된다.

이 책 구석구석에서, 나는 어플리케이션 요소를 명확하고 효과적으로 구현하는 방법에 관해 계속 논의할 것이다. 또한 몇 가지 구현된 웹 인터페이스 요소들을 재설계하는 실질적인 예제들을 제공할 것이다.

먼저 사용자를 이해하라.
그 후 사용자를 무시하라.

@ 사용자들이 자신의 행동에 대해서 스스로 어떻게 생각하는지 이해하라

@ 사용자들이 실제로 어떻게 행동하는지 이해하라

@ 진실을 보는 법 깨우치기

@ 기능을 위한 디자인

@ Use case 작성하기

믿거나 말거나 대부분의 소프트웨어 프로젝트는 실패로 끝난다. 고객의 기대에 부응하지 못하거나, 기대만큼 효과적으로 작업 수행을 해내지 못하거나, 또는 Apple, Google, Amazon과 같은 기업들 만큼 정말로 얻기 힘든 고객의 높은 충성심을 얻어내지 못했거나 하는 등등의 여러 이유 때문에 실패하는 것이다.

프로젝트 실패의 원인들에는 여러 가지가 있을 수 있지만, 대체로 공통된 몇 가지의 결론에 도달하게 된다. 어떤 경우에는 다른 제품과의 경쟁력에서 떨어지기 때문이라고 결론지어지거나, 제품을 소화해내기엔 시장이 미숙하기 때문이라고 결론나기도 한다. 또 다른 경우에는 제작자가 의도했던 바를 사용자가 알아채지 못하기 때문이라고 귀결되기도 한다.

안타깝게도 이 모든 것들이 사실은 결정적인 이유가 아니다. 왜냐하면, 제품이 그야말로 어처구니 없을 수도 있지만, 어떤 경우에는 성공한 경쟁제품과 똑같은 기능을 수행할 수 있음에도 불구하고, 경쟁제품은 성공하고 우리의 제품은 실패를 하는 경우도 있고, 사용자가 제품이 무엇을 해낼 수 있는지 완벽하게 이해하고 있음에도 여전히 시장에서 실패를 한다. 그럼 당신은 끊임없이 질문하게 된다. "왜? 왜? 왜? 도대체 왜 내 제품은 경쟁제품처럼 되지 못하는 거야?" 라고…

이 질문에는 단 하나의 답만 존재하는 것은 아니다. 몇몇 모범답안은 다음과 같을 수 있다.

- 일반적으로, 사용자는 웹 사이트나 툴 등이 사용하기에 큰 무리가 없는 정도면 그들이 접한 첫 번째 웹 사이트나 툴에 친밀감을 느끼고, 거기에 머무르는 경향이 있다. 사용자들은 웹 서핑의 대부분의 시간을 새로운 페이지를 돌아다니면서 새로운 것들은 찾아내기 위해 허비하는 것이 아니라, 그전에 방문했던 친숙하고 괜찮다고 생각하는 곳을 계속해서 방문한다. 그런 사용자들을 새로운 곳으로 유인하기란 쉽지 않다.

- 당신의 제품에 단지 경쟁제품보다 더 많은 편의기능과 특징들을 꾸역꾸역 끼워 넣는다고 해서 경쟁제품보다 나아지는 것은 아니다(여기에 대해서는 Chapter

3에서 더 자세히 살펴보겠다). 기능과 특장점들에 대한 긴 목록은 마케팅을 위해 좋은 자료가 될 수도 있지만, 동시에 사용자를 혼란스럽고 쩔쩔매게 만드는 복잡하기만 한 소프트웨어라는 증거가 될 수도 있다. 대부분의 사용자는 고급기능을 활용하며 사용 효율을 극대화하는 전문가(Expert)로 발전하지 않는다. 실제로는 대부분의 사용자가 빠른 시간 안에 중급 사용자가 되지만, 그 상태에 계속 머무르는 경향이 있다. 이런 현상에 관해서는 Chapter 5에서 좀더 심도있게 다루겠다.

- 어플리케이션으로 특정 업무를 수행하는 것이 너무 어렵다는 사실이 사용자가 이를 해결하기 위해서 더 많은 노력과 시간을 투자할 것이라는 것을 의미하지는 않는다. 오히려 그 사용자는 절대로 다시 그 어플리케이션을 사용하지 않을 것이라는 것을 의미한다.

이러저러한 실패의 이유는 많을 수 있다. 이유가 많건 적건, 당신은 그 이유가 무엇인지 알아내야 한다. 더 중요한 것은 무엇을 왜 만들어야 하는지 알아야만 하는, 프로젝트가 시작하는 바로 그 시점에 이유를 알아야 한다는 것이다. 그럴 수 있다면 당신은 잠재적인 실패의 요인을 극복할 수 있고, 사용자의 요구에 부응하는 어플리케이션을 만들어 낼 수 있다.

먼저 당신은 사용자들이 어떻게 웹을 사용하고 있는지에 대해서 몇 가지 알아야 한다. 이번 장의 대부분의 내용은 사용자들이 어떻게 웹을 사용하는지에 대한 이해와 이를 바탕으로 사용자를 위한 디자인에 대해서 설명할 것이다. 이번 장의 후반부에서 사용자에 초점을 맞추기 보다는 구체적인 기능에 초점을 맞춘 디자인 작업을 통해서 얻을 수 있는 이로움에 대해서 설명하겠다.

@ 사용자들이 자신의 행동에 대해서 스스로 어떻게 생각 하는지 이해하라

몇 주 전, 나는 사람들이 어떤 행동을 할 때 그 행동에 대해 스스로 생각하는 바와 실제로 어떻게 행동하는지 사이에는 차이가 있다는 것을 보여주는 재미있는 이야기를 들었다. 그 이야기는 패스트푸드 식당에 새로 나온 샌드위치에 관계된 것이었다.

이야기는 시장조사원들이 새로운 아이디어를 시장에 적용하기 전에 수많은 시장조사를 했다는 것부터 시작한다. 그들은 만약 가장 잘 팔리는 치즈버거의 저칼로리 버전이 출시 된다면 구매할 의향이 있는지를 사람들에게 물었다. 많은 사람들은 자신들과 가족을 위해 그 샌드위치를 구매할 것이고, 이를 위해 기꺼이 레스토랑을 방문할 것이라고 답했다. 마케터들은 '바로 이거야!'라고 생각했다. 그래서 재빨리 계획을 세우고, 조리법 제작 담당자에게 오더를 내렸다. 새 샌드위치가 시판되고, 그들은 곧 자신들의 노력에 대한 성공이라는 보상과 더불어 회사로부터 거액의 포상금을 받을 수 있을 거라고 확신했다. 그러나 현실은 달랐다. 그 샌드위치는 대실패였고 눈깜짝할 사이에 메뉴에서 자취를 감췄다.

"왜?" 라고 당신은 물을 것이다.

사람들은 자신들은 어떻게 행동할 것이라고 생각하지만, 실제로 항상 그렇게 행동하는 것은 아니다. 어떤 상황이 주어졌다는 가정하에 우리는 우리가 어떻게 행동할 것에 대해 몇 시간이고 이야기할 수 있지만, 그런 가설이 현실과 맞닥뜨릴 때 실제로 어떤 일이 발생할지 알 수 없다. 샌드위치의 실패 사례는 스스로 더 똑똑하고, 책임감있고, 건강을 고려한 결정을 내릴 것이라고 생각하는 사람들의 설문에 기초한 결론, 즉 그 자체로 현실적으로는 무의미한 가정에서 출발했기 때문이다.

물론, 난 그 시장조사자들이 처음부터 무의미한 설문조사를 의도한 것은 아니라는 것을 잘 알고 있다. 아마 시장조사자들이 했을 질문의 시작은 이러했을 것이다.

"당신은 기회가 주어진다면 좀더 건강을 생각한 메뉴를 선택할 것인가요?"

이런 질문은, 대답하는 사람이 "아니오"라고 대답한다는 것 자체가 스스로 "난 바보에요"라고 말하는 것과 다르지 않은 질문이고, 결국 "예, 전 그렇게 할거에요"라고 대답할 수 밖에 없는 질문인 것이다.

그러나 단지 설문의 질문이 편견이 섞인 대답을 유도하지는 않을 것이란 사실만으로, 길거리에 나가서 그 질문을 가지고 사람들에게 어떤 행동을 할지에 대한 질문을 던질 수 있다는 것이 아니다. 그 누구도 실제로 사람들이 어떻게 행동할지 알 수 없다. 굳이 역사적인 경험을 통해서가 아니라도 사람들이 항상 옳은 결정만을 내리는 것이 아니라는 걸 알고 있다. 사람들은 편하고 쉽고 안전한 결정을 내리기 마련이다. 그것보다 더 중요한 건, 사람들은 이미 어떻게 하면 되는지 방법을 알고 있는 것을 선택한다는 것이다.

가정적인 상황에서 사람들이 어떤 결정을 할지를 예측하는 것은 참으로 어려운 일이다. 누구도 그런 상황에 정통한 사람은 없다. 우리가 의식적으로 더 나은 결정을 내려야만 하는 그런 강제적인 순간에 닥치면 일반적으로 점진적이고, 짧은 기간에 약간의 개선을 시도하는데, 이마저 어느 순간 스트레스를 받는다고 느낀다면 즉각 과거의 모습으로 회귀해 버린다. 결국 그 전에 오랫동안 해왔던, 어떻게 하면 되는지 알고 있는 그런 익숙한 결정을 내리게 된다.

둘째 아이는 소리치며 울고, 첫째는 만화영화에 나오는 장난감을 끼워주는 간식을 사달라고 끊임없이 징징댄다. 이래저래 애들 돌보느라 이미 빠듯했던 수중의 돈은 점점 줄어든다. 건강식 샌드위치는 이미 뇌리에서 떠난 지 오래고, 이유식이라도 좋으니 배만 채워도 다행이라는 심정이 될 것이다.

사람들이 컴퓨터를 사용하는 이유는 일반적으로 무언가를 하려는 목적이 있기 때문이다. 당신의 어플리케이션은 사용자와 그들의 사용목적 사이에 존재한다. 웹을 사용하고, 현재 자신이 웹을 통해 무엇을 하고 있는지 정확히 인지하고 있는, 스스로에 대해서 자신감에 차있는 사람이라 하더라도, 그들이 아마존에서 '원 클릭 구매'(One-click purchase) 버튼을 누른다는 것이 현재의 주소로 물건이 배달되는 건지, 예전 주소로 배달되는 건지에 대해서 확신할 수 없다는 것을 우린 모두 잘 알고 있을 것이다.

아마존의 원 클릭 구매 버튼을 누르기 전에, 난 사이트에 저장되어 있는 나의 주소와 신용카드 정보를 확인하기 위해 추가적인 대략 스무 번의 클릭을 더 하게 된다. 만약 나에게 아마존의 누군가가 원 클릭 구매 버튼을 사용할 것이냐고 물었다면, '그렇다'고 대답했을 것이다. 그러나 난 스무 번의 추가적인 클릭에 대해선 동의하지 않았을 것이다. 왜냐면, 난 원 클릭이면 내가 주문한 상품이 정확히 나에게 배달되는 것이라고 믿고 싶기 때문이다.

》난 아마존에서 제공하는 원 클릭 구매 서비스에 만족할 수 없다. 왜냐하면, 그것이 가진 셋팅을 믿을 수 없기 때문이다. 만약 아마존의 전문가가 나에게 원 클릭 서비스에 대해서 자세하게 설명을 해주었다면 난 그 서비스에 절대 동의하지 않았을 것이다.

사람들은 어떤 주어진 상황에서 자신들이 어떻게 행동할지를 알고 있다고 믿지만, 극소수의 사람만이 자신이 생각한 대로 행동한다. 즉, 극소수의 사람만이 저칼로리 치즈버거를 선택한다.

당신은 사용자들에게 그들이 정말로 원하는 것에 대해서 완벽하게 알아낼 수 없다. 단지 당신은 이론적인 대답을 들을 뿐이며, 실제 상황에서 어떤 선택을 할 지에 대해서 알아낼 길이 없다. 당신은 사람들의 사고와 행위에 대한 진실을 알아 낼 수 없다. 자, 좀 더 자세히 알아보자.

@ 사용자들이 실제로 어떻게 행동하는지 이해하라

인간이란 재미있는 존재다. 특히, 컴퓨터를 사용하고 있는 인간은 더 그러하다. 매일매일 사용하는 어플리케이션일지라도, 그 프로그램의 전문가가 되기보다는 단지 그것이 가진 기능의 약 20퍼센트만을 익히고 사용한다. 때로는 어떻게 하는지 알아내기만 한다면 나머지 80퍼센트 중 일부 또는 전부를 거추장스럽다는 이유로 의도적으로 숨겨놓거나, 아니면 최소한 그것들을 무시해버린다.

예를 들면, 내가 이 책을 쓰기 시작했을 때, MS Word의 줌 기능(Zooming tool)을 제외한 MS가 제공하는 Word의 모든 최신기능을 숨겨놓고 사용했다. 단, 출판사의 편집자들이 원고를 일관성있게 포맷하는데 필요한 기능인 사용자정의 스타일 기능 바는 켜놓고 사용했다. 그러나 그 외의 모든 Word가 제공하는 기능들은 켜 놓을 필요가 없었다. 왜냐하면 내가 자주 사용하는 기능인, 볼드체로 만들기, 이탤릭체로 만들기, 아랫줄 긋기 등의 기능들을 실행하기 위한 단축키들은 이미 내가 숙지하고 있었기 때문이다. 또한 새 문서 창을 열고 저장하는 하는 법도 알고 있는데, 이런 모든 기능들을 위한 단축키가 존재한다. 이런 기능들을 제공하는 툴 바는 때로 귀엽고 작은 아이콘을 가지고 있긴 하지만, 내게는 단지 폼을 차지할 뿐이다. 결과적으로 내 스크린에는 작업하고 있는 문서창, 오른쪽에 작은 폼만을 차지하는 스타일 툴 바, 현재 창의 크기를 퍼센트로 보여주면서 원하면 언제든 크기를 조절할 수 있게 드롭다운 메뉴를 보여주는 줌 기능만이 있을 뿐이다.

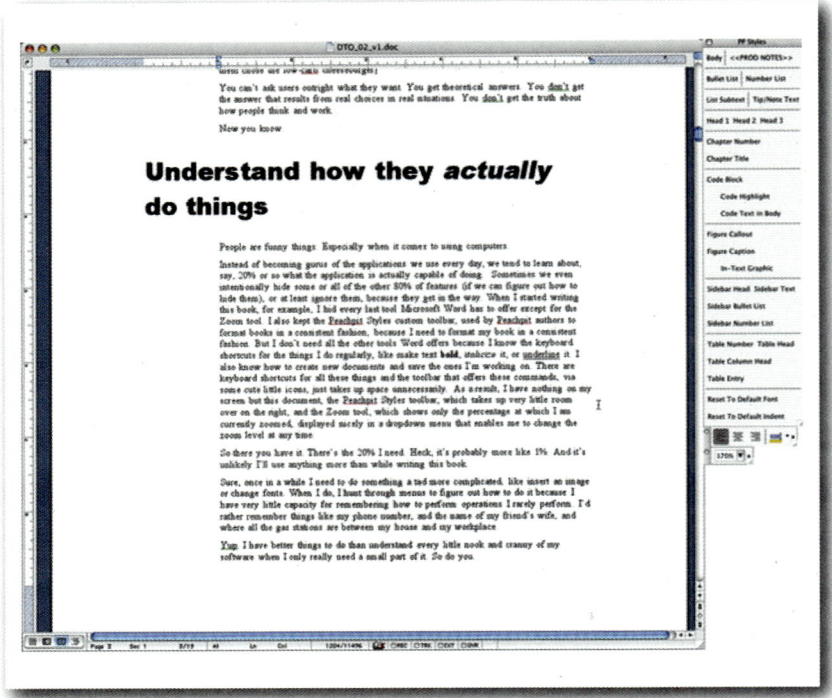

>> 간소화된 MS의 Word

말 그대로 그뿐이다. 아마도 전체 기능 중 1퍼센트 남짓이 안될지도 모르지만, 단지 그 것들이 내게 필요한 '20퍼센트'인 것이다. 책을 쓰는 동안 그 이외의 것들은 거의 사용하지 않았다.

물론 때때로 약간 복잡한 기능들, 예를 들면 삽화를 넣고 폰트를 바꾸는 등의 작업 등이 필요할 때도 있을 것이다. 그럴 때마다 거의 사용하지 않는 기능들을 기억하려고 애쓰고 또 힘들게 기억해내려 애쓰기 보다는, 필요할 때마다 그냥 그 기능들을 찾기 위해 메뉴를 훑어볼 것이다. 난 내 기억의 용량을 내 전화번호를 외우고, 친구의 아내 이름을 기억하고, 집과 직장 사이에 있는 주유소를 기억하는데 사용하는 것이 낫다고 생각한다.

그렇다. 나에겐 내가 사용하는 소프트웨어의 구석진 모퉁이의 아주 작은 부분들까지 이해해야 하는 것보다는 더 가치있는 것들이 많이 있다. 아마 여러분들도 그럴 것이다.

이건 비밀인데, 사실 사용자들도 우리들과 똑같다는 것이다. 그들 또한 해야 할 일이 산더미다. 그들 또한 세세하고 작은 기능들에 대해 모두 이해하기엔 시간이 부족하다.

그렇지 않은가? 우리는 아주 강력하고 무결점의 어플리케이션을 만들기 위해 수많은 시간과 노력을 투자하지만, 정작 그런 구석구석의 작은 기능들을 사용해보는 건 극소소의 사용자들뿐이다. 대부분의 사용자들은 그들이 필요한 20퍼센트, 또는 그보다 적은 부분만을 사용하고, 그 수준에 머물러서 있으며, 시간이 지나도 거의 발전하지 않는다(이점에 대해서는 예외들이 존재하지만, 나중에 다시 이야기하겠다).

또한 사람들은 한 가지 사용법을 익히고 그 방법만을 사용하려는 경향이 있다. 어떤 이는 메뉴를 선호하고, 어떤 이는 아이콘을 선호하고, 또 어떤 이는 키보드 단축키를 선호한다. 소수의 사용자만이 하나 이상의 사용법을 기억하고, 그런 경우 두세 가지 정도의 방법을 알고 있을 것이다. 왜 그들이 복수의 사용법을 알아야만 하는가? 구멍난 타이어를 교체하는데 여러 가지 해결방법을 알고 있는 것이 큰 도움이 될까? 별로 그렇지 않다.

1. 멘탈 모델

주목할 만한 또 다른 인간 행동의 성향은 사람들은 어떤 것에 대해서 자신의 의견을 수립하고 그것에 집착하는 경향이 있다는 것이다. 예를 들면, 나의 와이프는 출력용 문서를 위한 테이블을 만드는데 MS의 Excel보다는 Word가 훨씬 편리하다는 의견을 주장했다. 나는 그 말에 놀랐다. 내 와이프는 똑똑하고, 지역 도선관에서 사서장으로 근무하면서 일주일에 두 번 컴퓨터를 가르칠 정도로 컴퓨터 전문가이다. 난 그녀의 의견이 틀렸다고 의심하진 않지만, 그래도 날 놀라게 했다.

Excel은 spreadsheet을 위한 프로그램이다. Word는 문서 작성용 프로그램이다. 테이블을 작성한다고 할 때, 그것이 출력을 위한 것이든 아니든, 테이블 형태의 자료를 표시하기 위해서는 나라면 Excel을 떠올릴 것이다. 그러나 나의 와이프는 Excel은 거대한 계산기라고 생각하고, Word는 그녀가 원하는 모양으로 출력할 수 있게 테이블을 만들 수 있게 도와주는 기특한 기능을 가진 문서 작성 프로그램이라고 생각한다.

이럴수가…

내 와이프는 자타공인 컴퓨터 전문가라고 부를만한 사람이지만, 나는 아니다. 나는 Word를 많은 시간 사용하지 않는다. 여러분들도 아시다시피 필요할 때 아주 기본적인 기능만 사용한다. 나는 그녀만큼 World를잘 알지 못한다. Excel도 마찬가지이다. Excel의 여러 공식과 함수들은 내가 좋아하는 것이 아니다. 만약 OS가 제공하는 작은 계산기로는 해결할 수 없는, 그럼에도 여전히 내가 계산을 해야 된다면, 난 그냥 스스로 계산을 한다.

요점은 난 Word의 평균 사용자 레벨이란 거다. 나의 멘탈 모델(Mental model)에서 Word는 문서 작성 프로그램이다. 글을 작성할 일이 있으면 사용하는, 그 이상도 그 이하도 아닌 것이다. 테이블이 필요하면 Excel을 사용한다. 대부분의 사용자들과 마찬가지로, 나는 나의 목적에 가장 적합하다고 생각하는 툴을 사용한다.

또한 나는 그 툴들이 어떻게 작동하는지 나만의 아이디어를 가지고 있다. 내가 문서를 저장할 때, 난 내가 마지막으로 저장을 실행한 시점부터 마지막으로 한 작업까지의 모두를 내 컴퓨터의 어딘가의 파일에 저장하며, 내가 보고 있는 문서와 내 컴퓨터 안에 있는 파일은 같은 것이라고 믿고 있다. 다시 말하면, 난 내가 지금 보고 있는 문서를 수정하면, 컴퓨터 내의 다른 곳에서 변화된 내용이 저장되고 있다고 믿고 있다. 따라서 내가 사실이라고 믿고 있는 Word 문서의 멘탈 모델에 의하면, 그것은 동시에 두 군데에서 존재하는 것이다. 이 말은 어쩌면 약간 어리숙하게 들릴 것이다(멘탈 모델이 명확한 디자인을 함에 있어 어떤 역할을 하는지는 Chapter 4에서 더 자세히 설명할 것이다).

난 실제로 컴퓨터에서 어떤 작용이 일어나고 있는지 잘 알고 있다. 내가 입력한 자료는 모두 온전하게 하드 디스크에 수많은 0과 1로 저장이 되고, 내가 원할 때 다시 꺼내어 볼 수 있으며, 지금 내가 보고 있는 화면은 그런 0과 1의 그래픽적인 화면 출력이라는 것을 잘 알고 있다. 기술적으로는 화면 위에 뿌려진 글자는 실제로 글자가 아닌 것이다. 그러나 그게 중요한 것이 아니다.

내가 알아야 하고, 내가 관심갖는 것은 **Ctrl** + **S** 를 눌러서 문서를 저장할 수 있다는 것이다. 그 작은 정보의 조각(**Ctrl** + **S**)이면 충분하다. 그것이 내가 생각하는 Word 를 사용하는 방법이며, 나의 유일한 관심사이다.

마찬가지로 앞서 말한 모든 것들이 웹을 사용하는 사용자들에게 적용된다. 다시 말해, 웹 어플리케이션의 사용자는 다음과 같은 행동 경향을 보인다.

- 어플리케이션이 할 수 있는 것의 약 20퍼센트만 익히려는 경향

- 어떤 것을 수행하기 위한 하나의 방법만을 익히고 그것만을 사용하려는 경향

- 어플리케이션이 어떻게 작동하는지에 대한 사용자 자신들만의 논리를 형성하려는 경향

아이러니컬하게도 사람들은 어플리케이션이 더 많은 기능을 가지고 있기를 기대한다. 종종 웹의 블로그나 포럼 등에는 사람들이 기능들에 집착하면서 올린 글들을 볼 수 있다. "이것을 할 수 있는 소프트웨어가 있다면 두 배를 지불할 것이다" 또는 "이런 기능이 있다면 회사 내 모든 소프트웨어를 그걸로 바꿀 것이다".

어쨌든, 그래서 어떻게 하면 사용자들이 정말로 원하는 것이 무언지 알아낼 수 있을까?

@진실을 보는 법 깨우치기

사용자가 정말로 원하는 것이 무엇인지 아는 것, 즉 진실을 본다는 것은 명확하게 들린다. 당신이 평범한 사람이라면, 결국 인생의 하나의 결론에 도달한다. 그것은 당신이 배우자의 말을 귀담아 듣든지 아니든지, 부모의 말을 귀담아 듣든지 아니든지, 절친한 친구의 말을 귀담아 듣든지 아니든지, 또는 그게 누구라도 그 사람의 말을 귀담아 듣든지 혹은 아니든지 중에 하나라는 것이다.

그러나 이것은 전혀 명확하지 않다.

우리가 우리의 배우자와 이야기할 때, 우리는 경험적으로 어떻게 이야기를 해야 하고, 어떻게 경청을 해야 하는지 알고 있다. 그러나 우리의 사용자들은 우리에게 외계인과 같은 존재다. 그들과의 어떤 경험적인 근거도 없다. 그들과 같이 금요일 밤에 바에서 술을 마신 적도, 저녁만찬에서 그들과 같이 긴 대화를 한적도 없다. 우리가 사용자들이 진정으로 원하는 것이 무엇인지 이해하려고 노력할 때, 우린 사람들과 어떻게 교감을 하고 의견을 나누는지에 대한 방법을 쉽게 잊어버린다.

예를 들어, 회사의 영업부서를 위해서, 판매 추이를 추적할 수 있는 어플리케이션을 디자인하고 만들어야 한다면, 난 본능적으로 사용자 리서치를 해야 된다고 생각할 것이고,

영업부의 직원 Molly를 붙잡아서 그 어플리케이션이 어떤 일을 해줬으면 좋겠는지 물어볼 것이다.

"Molly, 당신이 필요한 판매 추이에 관한 자료를 어떻게 하면 보여줄 수 있을까?"

난 절대로 아버지에게 그런 질문을 하지 않을 것이다. 아버지는 웹 사이트가 어떻게 만들어졌는지, 화려한 그래픽 뒤에서 정보 구조의 첨단 속에서 어떤 복잡한 기술들이 작용을 하고 있는지 거의 아시는 게 없다. 그는 심지어 웹 어플리케이션이란 말이 무슨 말인지도 모른다. 아마존은 웹 어플리케이션인가? 아버지는 모르신다. 아버지는 단지 그게 웹 사이트고, 거기서 책을 살 수 있다는 것을 알 뿐이다.

그래도 아버지는 여가로 즐기는 장난감 로켓에 대해서 잘 알고 계시다. 그 로켓은 몇몇 부분으로 이루어져 있고, 매주 각 부분에 필요한 부품들을 구하기 위해 장난감 로켓 상점을 가신다. 최근에 아버지는 친구분과 함께 활주로에 가서 로켓을 몇 번 쏘아 올렸다(사실 아버지의 로켓들은 꽤 크다. 고급 레벨의 로켓은 8피트(1 feet = 30.48cm)를 넘고, 작은 폭발형 엔진을 사용한다. 연방항공국(The federal Aviation Administration)은 발사 시 항공기에 부딪힐 만큼 높이 올라가고, 실제로 최근에 그런 일이 있었을 만큼의 위력이 있는 로켓에 대해 발사를 엄격하게 규제한다. 활주로를 사용한다는 것이 절대 과장이 아닌 것이다).

만약 아버지께 그 부품들은 인터넷으로 구매할 수 있다고 말씀 드렸다면 관심을 가지셨을 것이다. 그리고 덧붙여서 어떻게 하면 부품 카탈로그에서 필요한 것들을 검색할 수 있는지 아버지께 여쭤봤다면, 아마 나를 멀뚱멀뚱 쳐다보셨을 것이다. 영업부 Molly도 아마 똑같은 반응을 보였을 것이다.

Molly는 당신의 소프트웨어가 무엇을 할 수 있는지, 어떤 기술들이 사용되었는지 전혀 알지 못한다. Molly는 그 제품이 할인 쿠폰을 발송하기 위해 사용되는 우편 리스트로부터, 단지 두 번의 클릭이면 고객들의 생일 목록을 만들 수 있다는 사실을 알기 힘들다. 따라서, 만약 당신이 Molly에게 이 기능에 대한 어떠한 질문을 하여도 별다른 의견을 내기 힘들다. 다시 말하면, Molly가 원하는 것이 무엇인지 알아내기 위해서는 좀 더 깊은 성찰을 할 필요가 있다는 것이다.

만약 당신이 Molly가 소프트웨어로부터 무엇을 기대하는지 알고 싶다면, 그녀에게 직접적으로 물어봐선 안된다. 대신에, 그녀가 무엇을 어떤 식으로 작업하는지 먼저 살펴보고 난 후에, 그녀가 무엇을 원할 것인지 생각해야 된다. 기본적으로 웹 어플리케이션에 접근하는 방법도 다르지 않다. 지금부터 우리는 웹 어플리케이션 자체에 초점을 맞추는 것이 아니라, 사용자에 대해서 먼저 고민할 것이다.

1. 가정하지 말라

당신의 어플리케이션을 사용하고 있는, 또는 앞으로 사용할 사람들에게 무엇이 가장 중요할지를 알아내는 데는 여러 가지 방법이 있을 수 있다. 가장 간편한 방법은 사용자들에 대해서 가정을 하는 것이다. 그들이 무엇을 원하는지, 어떻게 컴퓨터를 사용하고, 또 당신의 어플리케이션이 사용자들의 능숙한 손 아래 어떤 식으로 놀아날지에 대한 모든 것들은 가정하는 것이다. 난 이 방법을 추천하지 않는다.

사용자에 대해서 이해하고 싶다면, 절대 가정하지 말라. 나의 와이프는 도서관에서 거의 매일매일 Internet Explorer의 주소창에 자산의 Email 주소를 입력하고 "왜 내 메일을 체크할 수 없는 거야?" 라고 의아해 하는 사람들을 만난다고 한다. 며칠 전에는 어떤 사람이 자신의 웹 메일 아이디의 뒤에다 '.com'을 붙여서 입력하고는 집에 있는 자신의 컴퓨터에 접속이 안되는 이유를 궁금해 했다고 한다. 세상일이 그처럼 간단했으면 얼마나 좋을까?

그 사람들이 절대 바보는 아닐 것이다. 그들은 모두 사업가, 매니저, 조직의 전문가 또는 촉망받는 회사원 등 나름 자신의 능력을 인정받고 자신의 분야에서 전문가로 대접받는 사람들이다. 단지 그들은 컴퓨터를 다루는데 아직 미숙할 뿐이다.

당신은 아마 주변에 온통 웹이라는 것에 너무나 익숙하고 정통한 사람들 뿐이라서, 미숙한 사람들을 이해하지 못할 수도 있다. 아주 기본적이라고 생각되는 것들을 수행하는데도 쩔쩔매는 사람들의 이야기를 들으면 놀랄지도 모른다. 그러나 그런 사람들이 실제로 이 세상에 살아가고 있으며, 언젠가는 당신의 어플리케이션을 사용할지도 모른다. 직접 체험을 통해서 무언가를 알아내기 전에 사용자들에 대해서 그 어떤 것도 가정하면 안된다. 언젠가 당신은 모니터 화면에 문서를 갖다 대고서 왜 스캔이 되지 않는지 물어오는 사람과 만날지도 모른다(사실, 난 그런 사람을 만나봤다).

2. 설문조사 활용하기

설문조사는 당신이 필요로 하는 적합한 사용자들을 찾아내게 도와주는 효과적인 방법이다. 만약 당신이 영업을 지원하는 툴을 개발하고 있다면, 당신 회사의 영업부서를 찾아가보라. 짧은 선별 목적의 설문지를 전체 부서에 돌리고, 과연 누가 가장 유용한 정보를 가지고 있는가를 알아보라. 만약 당신의 제품이 보다 고위직 영업사원에 초점을 맞춘 상품이라면, 설문조사를 통해서 신입사원은 제외되고, 자격이 되는 베테랑 영업사원들만 솎아낼 것이다.

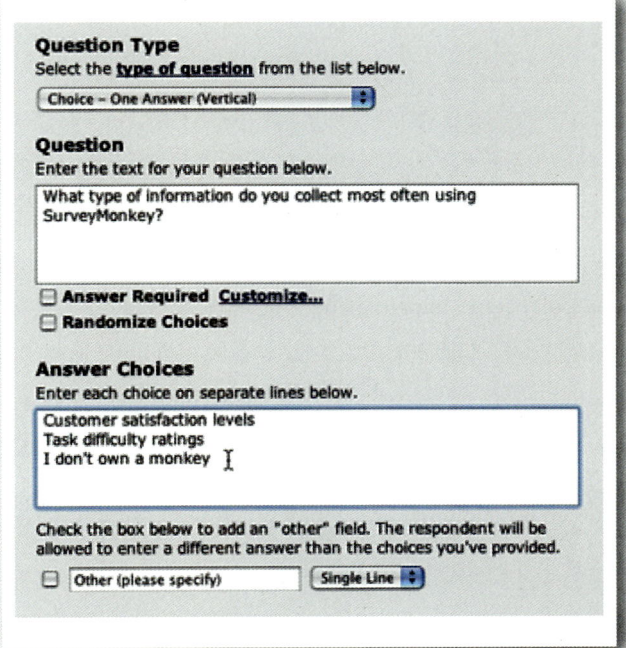

》 당신의 사용자를 더 잘 이해하기 위한 툴로써 SurveyMonkey.com 같은 설문조사 방법을 활용하라

SurveyMonkey.com이라는 사이트는 손쉽게 빠르게 훌륭한 설문지를 작성하는데 도움을 줄 것이다. 또한 설문 결과를 분석하는 일련의 기능들도 제공하고 있다. 개인적으로 이 사이트를 추천하지만, 어떤 방법을 사용하던지 이런 보조적인 툴들은 보다 간편하게 당신이 원하는 정보를 얻어낼 수 있게 도와준다.

설문조사는 보다 수준높은 정보를 얻는데 효과적이다. 예를 들면, 설문조사를 통해 어플리케이션에 대한 만족도 조사를 할 수 있고, 사람들이 어떤 방식으로 일을 처리하는지에 대한 투표방식으로 정보를 얻을 수도 있다.

구체적으로 어떤 부분에서 사용자들이 어려움을 느끼고 많은 시간을 소비하는지 딱 집어내기는 쉽지 않지만, 어플리케이션에 대하여 사용자들이 느끼는 전반적인 평가와 더불어, 어느 부분을 가장 좋아하는지, 어떤 부분이 가장 마음에 안드는지 등등에 대한 정보를 얻는데 도움을 받을 수 있다. 당신이 설문을 통해서 어떤 웹 쇼핑 사이트의 쇼핑카트를 사용하는 사용자의 미묘하고 자세한 정보들을 얻어내기란 거의 불가능하지만, 대신에 관심집단(Focus-group)의 전체적인 경향 정보를(Style information) 얻어내는 것은 쉬운 일이다.

3. 문맥 이해하기

문맥 이해하기(Contextual inquiry)란 인구지학적 조사(Ethnographic research)에서 특정한 문화를 가진 집단을 연구하기 위해 그 속에 들어가 내부자로서의 시각을 가지고 그들과 함께 생활하고 교감을 하면서, 그들을 이해하고 그들에 대해서 지식을 얻어내는 조사방법의 간소화된 버전이라고 할 수 있다.

우리들 대부분은 효율적인 웹 기반의 송장 시스템을 만들기 위해 회계사 집단의 사람들과 함께 살며 같이 일할 수 있을 만큼, 시간과 사정이 되는 것이 아니다. 하지만 우리는 인구지학적 조사를 본 따서 만든, '문맥 이해하기'라고 하는 축소판 인터뷰를 사용할 수 있다. 문맥 이해하기의 기본 골자는 대상 사용자가 일하고 생활하는 일상 속에서 실제로 그들이 무엇을, 어떻게 행하는지를 관찰한다는 것이다.

나는 경험을 통해서, 특히 실제로 내가 개선하려고 작업중인 어플리케이션이 있을 때, '문 맥 이해하기'라는 방법을 사용하여 어플리케이션을 사용하고 있는 사용자들을 관찰하면 꽹 장히 효과적이라는 것을 배웠다.

한번은 내가 비선형적인 인터넷용 교육자료를 만드는 작업을 하고 있을 때였다. 참고로 비선형적인 인터넷용 교육자료란, 피교육자의 반응에 따라 그에 맞는 다음 교육자료를 보여주도록 고안된 교육용 어플리케이션이다(좀더 자세히 설명하면, 피교육자가 어떤 토픽에 대한 질문에 틀린 답을 하면 다음 모니터 화면은 그 토픽을 좀 더 부각시킨 내용 들로 구성되고, 만약 정답을 맞췄었다면 그 화면이 나오는 것이 아니라 그 다음 단계로 넘어가게끔 고안된 교육자료를 말한다).

이 어플리케이션의 최초 사용자는 회사의 내부 직원들이었다. 회사는 어플리케이션 에 사용되는 오디오용 대본과 가이드를 작성하기 위해 한 무리의 교육전문 디자이너 (Instructional designer)들을 보유하고 있었기 때문이다. 따라서 매일 그들을 대상으로 문맥 이해하기를 수행할 수 있었고, 그들과의 인터뷰를 통해 엄청난 양의 정보를 추출 해 낼 수 있었다. 사실 이 어플리케이션 제작을 위한 로드 맵도 존재하지 않았고, 선행 된 제품디자인 작업도 없었다. 따라서 문맥 이해하기가 제품을 발전시켜 나가는데 가장 기초적이면서도 중요한 방법으로 사용되었다. 우리들 대부분은 교육전문 디자이너로서 의 경험이 전무했고, 제품 개발을 위해 우리가 할 수 있는 최선의 방법은 그들을 이해하 고 그들에 대해서 알아내는 것이었다.

사람들이 어떻게 어플리케이션을 사용하고 있는지 알아내고, 결과적으로 어떤 부분이 수정되어야 하는지 찾아내기 위해서 내가 한 일은 단순히 그 전문가들이 일하는 책상으 로 가서 그들이 특정한 교육 코스를 어떤 식으로 짰는지에 대해서 질문을 했을 뿐이다. 그러면 그는 어플리케이션을 열고, 마치 여행 가이드처럼 자세한 설명을 곁들여서 내가 질문을 했던 그 코스로 이동을 한다. 난 그들이 수행한 일련의 동작들을 보면서, 그들이 어플리케이션의 어느 부분에서 어려움을 겪는지 알아내고 그 부분을 기억하기만 하면 되는 것이었다.

문맥 이해하기란 어려운 것이 아니다. 사용자들과 함께 하면서 단지 그들이 일하는 방법, 그들의 생각, 작업 중 발생하는 이슈들, 그들이 결정을 내리는 방법, 궁극적으로는 어플리케이션이 효율적인지 아닌지 판단할 수 있는 근거가 되는 사용자들과 제품의 인터랙션을 관찰하기만 하면 된다.

인터랙션의 레벨에서는, 작업 중 사용자가 전화를 받고, 통화가 끝난 후에 다시 어플리케이션으로 돌아와 작업을 계속하는 것이 용이한가? 작업자가 작업 중에 어플리케이션의 다른 기능, 예를 들면 셋팅을 체크하는 기능에 갔다가 다시 원래 작업으로 돌아오는 것이 용이한가? 이런 상황이 발생한다면 왜, 무엇 때문에 그런 것인가? 이런 문제를 해소하기 위해 어플리케이션은 어떤 식으로 접근할 수 있을 것인가? 등의 내용을 파악할 수 있다.

어플리케이션 레벨에서는, 이 제품은 사용자의 기대와 요구에 부응하는가? 이 제품은 사용자가 그럴 것이라고 예상하는 방식대로 동작하는가? 또는 어플리케이션에 어떤 일이 일어났는지 어리둥절해 하면서 무엇을 해야 할지 모르는 난감한 상황이 발생하는가? 이해하기 쉽고, 원하는 것을 찾기 쉽게 잘 조직화되어 만들어졌는가? 사용자가 주로 사용하는 기능이 무엇이고, 자주 사용하는 빈도와 비례해서 그 기능에 접근하기가 용이한가? 등의 내용을 파악할 수 있다.

문맥 이해하기는 사실 알고 보면 사용성 테스트(Usability testing)와 유사한 점이 많다. 사용성 테스트와의 특징적인 차이점이라면, 관찰 대상으로서의 사용자가 그들 자신의 작업환경에 속해 있느냐, 즉 그들이 자신의 책상에 앉아서 동시에 여러 가지 어플리케이션을 조작하면서 매일매일의 일상적인 업무를 수행하는 그런 일상적인 환경에서 관찰이 진행되느냐 하는 것이다.

만약 당신의 어플리케이션이 실제로 사용하기에 아직 이른 상태의 수준이라면, 문맥 이해하기는 아직은 개념적으로만 존재하는 것들을 구체화시키는 작업에 활용될 수 있다. 즉, 무엇을 만들어야 할지 결정하는데 효과적으로 사용할 수 있다.

그림자처럼 따라 다니기(Shadowing)

만약 당신의 직업이 프로그래머라면, 당신은 복도 끝에서 높은 실적을 자축하는, 아주 사기가 충천한 영업사원들을 축하해주며 그들과 대화를 나누고 싶을 것이다. 그러나 당신의 제품이 영업사원을 겨냥한 것이라면, 당신과 의견이 맞지 않는 영업사원들을 찾아서 그들과 친하게 지내야 한다. 그들이 바로 당신이 찾는 사용자들이다. 그들은 그들이 하는 일이 어떤 일인지, 그 일을 잘하기 위해서 필요한 것이 무엇인지에 대한 정보를 가장 잘 알고 있는 사람들이다. 만약 당신이 고객사를 위한 제품을 제작 중이라면, 직접 그 고객사로 찾아가 복도를 어슬렁거리며 사용자들과 대화하고 그들이 무엇을 원하는지를 찾기 위해 그 곳에서 무턱대고 며칠 동안 설문 조사를 한다는 것은 거의 어불성설일 것이다.

당신은 Shadowing을 하기 위해 몇몇 사용자들과 개인적으로 약속을 잡아야 할 것이고, 그들과 친하게 지내기 위한 노력을 할 것이다. Shadowing이란 말 그대로, 자신이 어떤 일을 하고 있는지 잘 알고 있는 사람들을 마치 그들의 무등을 타고 다니듯이 착 달라붙어서 따라다니는 것이다. 때론 마치 제다이의 기사(Jedi Master)가 된 것 마냥 그들이 하는 일을 배워야겠다는 확고한 목적을 가지고 있어야 한다. 문맥 이해하기란 어찌 보면 단지 Shadowing을 그럴싸하게 보이게 부르는 다른 용어에 지나지 않는다.

Shadowing은 너무 형식에 얽매이지 않아도 된다. 아니, 당신이 관찰하는 사용자와 더 친밀해 질수록, 그들은 더 당신에게 마음을 열고 그들의 겪는 고충과 어려움들에 대해서 더 많은 것들을 얘기해 준다. 결국 그런 정보들을 통해서 당신은 어플리케이션이 무엇을 해결해야 하는지 알아낼 수 있는 것이다.

당연히 Shadowing을 잘 수행하기 위한 팁들이 존재한다. 혼자 흥에 겨워 춤추듯이 슬쩍 그들 틈에 끼어서, 그들이 당신이 원하는 것들에 대해서 술술 말해줄 것이라 기대하면 큰 오산이다.

- 첫째로, 절대로 당신이 관찰하는 대상으로 하여금 그들을 대체하기 위한 무언가를 만들기 위함이 아니라는 것을 확신할 수 있도록 반복적으로, 명백하게 그것을 주지시켜야 한다. 당신은 실제로도 그들의 대체품을 만드는 것이 아니라, 그들의 일을 더 수월하게 만들어줄 수 있는 도구를 만들고 있는 것이다. 괜히 뭔가 숨기는듯한 느낌을 줘서 그들이 의심하게 만들 필요도 없고, 그래서도 안된다.

- 둘째로, 그들 주변에서 항상 그들을 따라다니면서, 그들이 무엇을 하고, 어떻게 그 무엇을 수행하는지 관찰해라. 간단한 필기구로 메모를 하라. 비록 손으로 하는 메모가 구시대의 방법처럼 보일지도 모르겠지만, 이동 중에 메모를 할 수 있는 가장 좋은 방법이다.

- 질문을 많이 하되, 그들의 작업 수행을 방해할 정도로 하진 마라. 뭔가 불명확한 사항이 있을 때, 잘 이해되지 않는 것이 있을 때, 그런 경우 최대한 간단하게 요점만 질문하라.

- 위에서 언급한 당신의 임무를 수행하는 중에, 불필요하고 반복적인 작업들이 무엇인지에 대해서 끊임없이 고민하고 생각해보라. 좋은 어플리케이션이란 지루하고 반복적인 업무를 제거해 줄 수 있어야 한다.

- 관찰 과정 전반을 가볍고 큰 부담없이 진행하라. 7~8명의 전체 대상자를 하루에 한두 명, 또는 반나절에 한 명을 관찰하라. 만약 일정이 빡빡하다면 5~6명의 관찰자와 하루에 2시간씩 이틀 동안 관찰하고, 거기서 멈춰라.

- 어플리케이션을 직접 사용해 보고, 작업 보조라는 근원적인 목적을 현업에서 제대로 수행할 수 있는지 시험해보라. 아무도 실제로 사용해 보지 않고서 미묘한 부분들까지 알기 힘들다. 현장 경험은 매우 짧은 시간에 굉장한 통찰력을 갖게 해준다. 이에 대해서는 Chapter 4 "당신이 만든 개밥을 직접 먹어봐라" 부분에서 다시 언급할 것이다.

4. 원거리 사용자 조사

아마도 당신은 수백만 명의 사람들이 사용하도록 설계된 상업용 소프트웨어를 제작할 수도 있다. 그리고 당신 책상 주변 100야드 이내에서 사용자라곤 눈 씻고 찾아볼래야 찾아볼 수 없고, 고객들을 직접 방문할 수도 없는 그런 상황일 경우도 있을 수 있다. 그처럼 만약 당신이 사용자들을 직접 대할 수 없다면 WebEx, GoToMeeting과 같은 웹 툴을 사용하여, 또는 고객에게 직접 전화를 거는 등의 소위 원거리 사용자 조사라는 방법을 통하여 사용자들에 대한 동일한 정도의 정보와 통찰력을 얻을 수 있다.

비록 문맥 이해하기를 통해서 얻어내는 정보에 비하면 모자라고, 하루종일 동료를 졸졸 따라다니면서 '스토킹'할 수 있는 그런 환경보다는 미흡할지도 모른다. 그러나 당신은 여전히 전화 인터뷰를 통해서 그들이 무엇을 하는지, 그들이 최신 버전의 제품 또는 유사한 제품을 사용하면서 어떻게 작업을 수행하는지, 어떤 경우에 막히는지, 당신이 무엇을 어떻게 도와줄 수 있는지 등등의 많은 정보를 얻을 수 있으면, 그런 정보는 당신의 제품을 좀 더 조직적으로 잘 짜인, 기능적으로 더 높은 수준의 제품으로 만드는 데 사용될 수 있다(그러나 절대로 어떤 공약을 하진 말라. 그 약속이 다음 제품 출시 때 지켜지지 못한다면 그 공약이 때로는 당신의 뒤통수를 칠 수도 있다).

5. 페르소나(Persona)

'수용소를 뛰는 수감자(The Inmates Are Running the Asylum)'의 저자 Alan Cooper는 사용자들의 목적을 염두에 두는 가장 좋은 방법은 개별 사용자를 모델로 하여 각각의 페르소나(Persona, 분신)를 창조하는 것이라고 말했다. Persona의 중심에는 그들을 실존하는 인물로 포장하기 위한 가상의 이름, 사진 등 허구의 사실들을 담고 있는 인구통계학적인 측면이 아니라, 목적과 행동에 초점을 맞춘 사용자에 대한 묘사가 자리잡고 있다. 가상의 이름을 부여하고 사진을 제공하는 등의 작업을 하는 이유는 사용자를 실존하는 인물인 것처럼 좀 더 구체화하여, 실제 사용자와 어플리케이션의 인터랙션을 이해하고 분석함에 있어 그 둘 사이의 타이트한 관계를 유지하고, 인터랙션을 해석함에 발생할 수 있는 모호함을 줄여주기 위함이다.

Persona는 프로그래머들이 멀리 떨어져 존재하는 사용자들에 대한 실체감을 느낄 수 있게 도와준다. 마치 고무 인형을 이리저리 마음대로 구부릴 수 있는 것처럼, 사용자에 대해서 '이 정도는 할 수 있을 거야' 또는 '이 기능이 유용하다는 것을 알아낼 거야' 라는 식으로 그들 나름대로 판단하지 않도록 도와주는 효과가 있다. 프로그래머들과 매니저들은 영업부의 Molly가 'Publish'라는 기능이 그녀가 미처 끝내지 못한 작업의 내용을 '회사의 전체 직원이 볼 수 있는 인트라넷에 올린다는 것의 의미'을 모를 수도 있다는 것을 받아들일 수 있어야 한다.

Persona는 복잡하게 만들 필요가 없다. 짧으면 한 문단, 길어야 두세 문단이면 충분하다. 중요한 것은 가장의 사용자가 마치 실제 존재하는 사용자처럼 당신의 제품을 사용하면서, 얼마나 능숙한지, 왜, 어떻게 제품을 사용하는지 등을 이름, 사진 등의 몇 가지 가상의 사실로 포장하여 묘사하는 것이다(사진이 꼭 고해상도일 필요도 없다. 웹에서 저렴하게 구입한 저 해상도의 사진이면 충분하다. www.iStockphoto.com www.gettyimages.com에 가면 그런 사진들을 살 수 있다).

당신의 제품이 많은 사람들에게 폭넓게 사용될 지라도, 그들 모두를 위한 Persona를 제작할 필요는 없다. 제품이 지원해야만 하는 특정한 기능이 이슈가 될 때, 일반적으로 어느 한 사용자 집단에서 발생하는 문제점들은 다른 집단에서도 아주 유사하게 발생하는 것이 보통이다. 또한 너무 많은 Persona를 사용하는 것은 오히려 생산성을 저해하는 경향이 있다. 왜냐하면 모든 사람들 만족시키기란 거의 불가능하기 때문이다.

Persona는 먼저 사용자를 두세 가지로, 가능하다면 가장 단순화하여 분류하고 각각의 그룹에 적합한 Persona를 제작하는 것이 좋다. 그리고 그 중 하나는 주 Persona로써, 제품의 성공을 보장할 정도의 절대적인 역할을 할 수 있어야 한다.

Cooper는 디자인과 개발 등의 나머지 전 과정에서 모든 작업자들이 항상 눈앞에 두고 활용할 것을 장려한다. 개발팀의 모든 구성원은 Persona를 통해 태어난 사용자에 대해서 잘 알아야 한다. Greg, Anna, Mary라는 Persona를 탄생시켰다고 가정해보자. 그러면 개발자들은 그들 사용자들이 어떤 복잡한 인터랙션에 직면했을 때 각각 어떤 식으로 반응할지에 대해서 충분히 예측할 수 있어야 한다.

예를 들어, 만약 상용 사진 웹 사이트를 디자인한다고 가정해 보자. Persona 중 하나는 다음과 비슷한 모습일 것이다.

이름 Greg, 나이 26세, 캘리포니아 산호세에서 출판 디자이너로 활동. 그는 포토샵, 일러스트레이터와 같은 다양한 툴에 폭 넓은 경험을 가지고 있다. 웹 디자인에는 많은 경험이 없지만, 최근 몇 주 사이에 점점 더 많은 웹 프로젝트에서 참여하고 있기 때문에 기술적인 향상이 예상된다. 무역잡지와 안내물 등의 광고에서 종종 그의 작업을 볼 수 있으며, 다수의 수상을 하기도 했다. 그는 상용 사진 사이트를 자주 사용하고, 특히 그 중 Getty Images라는 곳에서 고해상도 사진을 자주 구매한다. 상용 사진 사이트를 이용하면서 가장 짜증나는 것은, 원하는 사진 한 장을 찾기 위해서 수천 장의 사진을 헤집고 다녀야 한다는 것이다.

》이 Persona는 출판 디자이너인 Greg의 것이다

이 간단한 가상의 사용자 Greg의 Persona에서 몇 가지 중요한 포인트를 뽑아낼 수 있다. 첫째, Greg은 컴퓨터와 인터넷의 사용에 불편함이 없고, 웹 디자인에 더 집중하고자 한다. 둘째로, 원하는 사진을 찾기 위해 수천 장의 사진을 헤집고 다니는 것에 상당한 거부반응을 보이는 것으로 보아, 계약 단위로 일하는 직업이기 때문에 시간이 매우 중요하다는 것을 알 수 있다. 셋째로, 그는 고해상도 사진을 필요로 한다. 그래야 앞으로 수상의 기회도 많아질 테니까.

Greg을 만족시키는 것이야 말로 상용 사진 웹 사이트의 성공의 중요한 열쇠일 것이다. 비록 웹 디자인에는 상대적으로 초보이지만, 앞으로 계속 더 많은 웹 프로젝트를 수행할

것이고, 그가 필요로 하는 이미지들을 구매하기 위해 웹 사이트를 즐겨 방문할 것이다. 당신이 Greg의 구미에 맞게 디자인된 웹 사이트를 제공한다면, 그는 충성도 높은 단골 고객이 될 것이다.

Greg이 가진 시간적인 제약을 해결하기 위해 인터페이스 레벨에서 몇 가지를 할 수 있다. 첫째로, 이미지의 파일 정보에 파일크기를 포함하여 웹에 적합한 이미지를 따로 표시해 주거나, 또는 웹에 바로 사용할 수 있도록 만들어주는 작은 아이콘을 제공하는 등의 방법을 쓸 수 있을 것이다. 웹 사이트의 이미지와 출판용 이미지의 차이점에 대한 정보를 볼 수 있는 링크를 제공하는 것도 하나의 방법이 될 수 있다.

다음으로 Greg이 검색한 결과는 저장하고 개인별 라이브러리에 그룹별로 이미지를 저장할 수 있는 방법을 제공한다면, 그래서 그가 나중에 쉽게 원하는 이미지를 찾을 수 있다면 장기적으로 엄청난 시간을 절약할 수 있을 것이다. 물론 처음 이런 웹 사이트를 사용할 때는 똑같이 수천 장의 사진들을 검색해야 하겠지만, 점점 사이트를 사용하는 횟수가 늘어남에 따라, 비록 당장 사용하지 않더라도 그만의 라이브러리에 점점 더 많은 사진이 그룹별로 저장될 것이다. 결국 Greg은 그가 원하는 이미지를 아주 빠르게 찾아낼 수 있게 되는 것이다.

예를 든 기능들은 Greg에게 아주 도움이 될 것이고, 그것은 바로 Greg이 어떤 사람이라는 것을 글로 쓰는 간단한 작업으로부터 출발한 것이다. 결국 이런 간단한 작업이 당신이 효율적인 어플리케이션을 디자인함에 있어 성큼 나아갈 수 있게 해준 것이다.

그렇다고 문제가 완벽하게 해결된 것은 아니다. 처음 몇 번의 사용에서 Greg은 여전히 수천 장의 사진을 훑어봐야 한다. 그런 경험은 일반 다른 사이트들과 유사하기 때문에, 단지 서너 번의 사이트 방문으로 Greg이 개인 라이브러리의 효용을 알아채기는 것이 쉽지는 않을 것이다. 우리 모두 알다시피 Greg은 이미 다른 상용 사진 사이트를 사용하고 있기 때문에 새로운 것으로 끌어들이기는 쉽지 않을 것이다. 따라서 그의 마음을 바꾸기 위한 그럴싸하고 합리적인 이유를 제공해야 한다. 그리고 바꿨을 때 즉각적인 이익을 제공하는 그런 미끼를 써야 한다. 이런 미묘한 이슈들은 Greg이라는 사람에 대해서 알기 전에는 절대로 표면적으로 드러나지 않을 그런 것들이다.

사이트를 사용하기 시작한 첫 달에 10장의 공짜 사진을 제공함으로써 문제를 해결할 수 있다는 사실은 Greg이라는 사람에 대해서 모르고서는 절대로 접근할 수 없는 것이다. 그런 후에, 당신은 그가 최초 몇 번을 방문할 때마다 개인 라이브러리에 이미지를 추가할 수 있다는 사실을 잘 알려주기만 하면 된다(사용자의 어플리케이션 적응속도를 높이는 방법에 대해서는 Chapter 5에서 얘기하겠다). 10개의 공짜 이미지를 얻기 위해 이곳 저곳을 둘러보면서 Greg은 개인 라이브러리에 이미지를 추가할 것이고, 그러면서 나중에 사용할 작은 창고를 만들게 되는 것이다. 당신은 이제 Greg이 다음에 또 사이트를 방문할 합리적인 이유, 나아가 계속해서 사이트를 꾸준하게 찾게 만드는 이유, 즉 반복적인 방문을 통해 그가 구경하는 이미지들을 구미에 맞게 분류할 수 있는 방법을 제공했다.

이제 Greg도 행복하고, 그러면 당신도 행복해진다.

당신도 보았듯이, 디자인 프로세스 중에 Greg과 같은 Persona가 있다는 것은 어플리케이션의 기능 리스트를 작성하기 시작할 때 매우 도움이 된다. Greg을 알고, 디자이너로서 Greg의 목적을 알면, 그 결과물로 당신은 무엇을 만들어야 할지를 알게 된다. 새로운 기능에 대해서 고려해야 할 때는 언제든지, 몇 번이고 Persona로 돌아가서 참고할 수 있다.

Greg은 실존 인물이 아니지만, 인격을 부여한 Persona를 통해서 사용자에 대한 지식을 넓힐 수 있다. 결과적으로 무엇을 가져가고 무엇을 제외시켜야 할지, 언제 걷고, 언제 뛰어야 할지를 알게 되는 것이다.

6. 이론상의 이득

Alan Cooper가 주창한 '목적 지향의 디자인(Goal-Directed Design)'에서 Persona는 중요한 부분을 차지하고 있다. Persona는 디자이너들이 사용자의 목적을 더 잘 이해하게 도와주고, 그 목적 달성을 위한 시스템을 디자인하는데 도움을 준다.

사용자와 디자이너 사이의 벽을 허물 수 있게 도와주는 것이 바로 '목적 지향의 디자인'의 본질이라고 할 수 있다. 비유적으로 표현하자면, 개발자와 사용자의 관계에서 개발자는 시스템에 무슨 일이 발생하면 그것이 어떻게 또는 왜 발생했는지 설명을 하려고 한다. 사용자는 고개를 끄덕이며 듣고 있다가 말할 것이다. "저는 어떻게 그런 문제가 발생했고, 왜 그렇게 됐는지 별로 관심이 없어요. 단지, 문제가 해결됐는지만 알면 돼요. 그리고 내 작업을 계속 진행할 수만 있으면 그만이에요" 개발자들은 시스템의 뒤쪽에서 발생하는 모든 것들을 대화상자나 오류 메시지를 통해서 사용자에게 알려주고 싶어하는 경향이 있다. 그러나 사용자는 그런 것에는 관심이 없다. 그들의 유일한 관심사는 시스템이 잘 작동하고, 그들이 하고자 하는 과업을 달성할 수 있으면 그만이다.

사용자의 목적이란 어플리케이션과는 별개의 것이다. 목적이란 개인에 따라 다양할 수 있다. 소수의 어떤 사람들은 PeopleSoft(HRMS와 CRM 서비스를 제공하는 회사)가 어떻게 작동하는지 이해하는 것이 그들의 목적일 수도 있다. 그러나 일반적으로 그런 종류의 목적은 또 다른 큰 목적을 위한 과정이 되는 경우가 많다. 예를 들면, Molly는 직장에서의 승진이라는 목적을 위해서 PeopleSoft를 더 잘 이해하고 활용하기라는 작은 목적 달성을 통해서 생산성을 높이는 것이 합리적인 방법이라고 생각할 수 있다. 어플리케이션은 그 자체로 목적이 될 수 없다. 오히려 어플리케이션은 Molly와 그녀의 목적을 가로막는 장애물이 가깝다.

당신이 웹 어플리케이션은 사용자의 목적과 아무런 상관이 없다는 것을 받아들일 수 있다면, 사용자의 진정한 목적에 주의를 기울일 수 있고, 사용자의 목적 지향적인 디자인을 할 수 있게 된다. 그렇기 때문에 목적 지향 디자인이란 사용자들이 어플리케이션을 사용하고 있다는 상황적인 가정하에서 철저한 사용자 조사, 얼마나 좋은 디자인인지 평가할 수 있는 척도로써의 Persona의 작성, 사용자를 고려한 사용자를 위한 디자인 등의 여러 가지를 포함하고 있다. 또한 목적 지향 디자인이라는 단어는 의미상 사용자의 말에 귀 기울이고, 그들의 진정으로 원하는 것에 대한 파악하여 폭넓은 시각을 가지고 제품을 만들어야 한다는 것을 내포하고 있다.

7. 현실

목적 지향 디자인은 성공한 수많은 디자이너들이 사용하는 방법으로써 매우 효과적인 도구이다. 그러나 어떤 의미에서는 목적 지향 디자인은 좁은 범위의 사용자들을 대상으로 하는 어플리케이션 디자인에 최적화되어 있다고 볼 수도 있다. 다시 말하면, 초기 사용자 집단의 다양성이 그다지 많지 않은 경우에 관심 사용자의 선별작업에 용이하다. 만약 다양성이 높은 수백만의 사용자들에 의해 사용되는 어플리케이션에 목적 지향 디자인을 적용하면, 아마 당신이 원하는 결과를 얻어내지 못할 수도 있다.

게다가 Persona는 시나리오(Scenario)와 함께 한 묶음으로 사용되는 것이 일반적이다. 시나리오란 Persona가 디자인된 시스템과 어떻게 상호작용을 해나가는지를 서술한 짧은 이야기이다. 이쯤 되면 Persona의 실용성에 대해서 헷갈리기 시작하고 그것의 실용성에 대해서 재고하게 될 것이다.

난 개인적으로 성격파 배우는 아니라고 생각한다. 난 실감나게 내가 마치 다른 사람인 척 하는 것에 서툴다. 만약 휘황찬란한 새로운 웹 어플리케이션이 내 앞에 주어졌을 때, 마치 내가 다른 사람이 된 것 마냥 내가 어떤 반응으로 보이고, 어떻게 그것과 상호작용을 할지 나조차도 단정지어 예상할 수 없다. 내가 그 새로운 웹 어플리케이션에 흥미를 느끼건 아니건, 그건 별 상관이 없다.

가상의 인터페이스에서 가상의 상황과 가상의 주인공들로 이루어진 가상의 현실을 상상하려 할 때, 아마 그 순간 장난감 병정과 스케치북을 사용해야겠다고 생각할 지도 모른다.

우리는 리서치를 하고, 사용자에 대해서 배워가고, 사용자들에게 적합한 것이 무엇인지 고민하고 상상한다. 그러다 머지않아 그런 상상 속의 허구였던 것들이 현실이 되어 우리 앞을 가로막는 순간이 오게 된다. 이미 혼란스럽고 모호했던 것들이 한층 더 혼란스럽고 모호해지는 순간이 오는 것이다. 자 이제 좀 더 실체적인, 뭔가 손에 잡히는 것들에 대해서 이야기할 때가 되었다.

@ 기능을 위한 디자인

설문지를 작성하고 문맥 이해하기의 계획을 세우기 전에 마지막으로 유념해야 할 것이 있다. 그것을 실제로 변화를 가져오는 근원이며, 명확한 디자인을 가능하게 만드는 원천이다.

자, 들을 준비는 되었는가?

"사람들은 기술을 받아들이고, 그것에 순응한다."

이 사실은 그리 놀라운 것이 아닐지도 모르지만, 한번 여러분의 일상적인 하루를 상상해보라. 디지털 알람 시계소리에 아침을 맞이하고, 리모콘으로 TV를 켜고, 커피 메이커의 스위치를 누르고, 주차장 스위치로 차고 문을 열고, Apple Ipod을 연결하면서 카 오디오의 스위치를 분주하게 조작하고, 속도계, 연료게이지를 주시하면서 동시에 Ipod를 조작하면서 직장으로 차를 몰아간다. 사무실에 도착하면, 컴퓨터를 켜고, 퇴근할 때까지 Email, 프로그래밍, 웹 페이지 등등을 기계적으로 찍어내듯이 작업한다. 다시 집에 오면 저녁식사를 준비하기 위해 화덕의 온도를 조절하고, TV 쇼를 녹화하기 위해 DVR(디지털 영상저장장치)를 세팅하고, 그러는 와중에 배우자와 통화를 하며 남편 또는 아내가 오늘은 늦을지도 모른다는 대화를 나눈다.

당신은 이런 일상생활에 너무나 잘 적응하여 살고 있다. 때때로 당신은 어떤 것에 대한 조작법을 몰라서 한두 종류의 설명서를 찾아보고, 사용법을 배웠을 것이다. 그러나 어느 정도 수준의 조작에 익숙해지면 그것들이 어떤 방식으로 작동을 하고 있는지 궁금하지도 않을 뿐더러, 그런 것들에 대해 상상조차 하지 않는다. 여기서 알 수 있는 것은 때때로 사용자들의 요구에 부응하는 디자인을 하기 위해서, 꼭 영화에서나 볼 수 있을 법한 삶의 목적, 꿈, 야망 등에 대해서 알아야 하는 것은 아니라는 것이다.

자동차, 자명종 시계, 오디오, 가스레인지 등등의 수백만 가지의 도구들 대부분이 목적 지향 디자인의 도움없이 발명되었다. 그것이 가능한 이유 중 하나는 이 세상에는 사용자 분석을 통하지 않고서도 훌륭한 제품을 디자인할 수 있다고 믿는 디자이너들이 넘쳐나기 때문이다. 그런 이유로 난 그들이 존경스럽다. 목적 지향 디자인은 모든 사람들에게 필요한 것은 아니다.

물론, Persona는 여러 장점들을 가지고 있다. Persona가 가져다 주는 사용자에 대한 깊은 이해는 그들에게 필요한 기능들이 무엇인지를 쉽게 알 수 있게 해준다. 반면에 철저한 사용자 조사는 많은 시간을 요하는 작업이다. 개인적 경험으론 단 한번도 철저한 사용자 조사를 하기에 충분한 만큼의 시간적인 여유가 있었던 프로젝트에서 일한 적이 없다. 대부분의 프로젝트는 빠르고, 지저분하고, 고통스럽다. 웹 메일 어플리케이션 전체를 디자인하고 개발하는데 6주가 소요된다. 6개월이 아니다. 단언컨대, 6주라는 시간은 사용자를 배우는데 절대로 충분한 시간이 아니다. 아마 와이어프레임(Wireframe)을 찍어내는 데만도 빠듯한 시간일 것이다.

당신이 사용자들과 친밀해질 수 있는 기회를 가질 수 있다면 좋지만, 아마 대부분 그러지 못할 것이다. 시간 제약, 예산, 의욕상실 외에도 많은 다른 요인들이 매 순간순간 당신과 작업에 훼방을 놓을 것이다. 더 최악인 것은 어찌어찌해서 운좋게 사용자들과 접할 수 있는 기회를 갖는다 하더라도, 자기주장 강한 사용자가 하는 말을 다 들어주다가 아이러니하게 다른 대부분의 사용자가 사용하기에 어려운 그런 제품이 나오는 경우도 종종 있다.

이런 현상을 방지하기 위해, 우리에 사용자의 말을 너무 맹신하면 안되고, 좋은 웹 어플리케이션을 디자인하기 위해서 우리들 스스로에 대한 믿음을 가질 필요가 있다. 저명한 사용자 경험의 대가인 Donald Norman은 Activity-centered Design이라는 좋은 해결 방안을 제시해 준다.

Norman의 저서 '때론 유해한 사용자 중심의 디자인'(Human-Centered Design) (http://www.jnd.org/dn.mss/human-centered.html) 에서, 그는 많은 기술과 상품들은 사용자들에 대한 이해로부터 발전한 것이 아니라 '그렇게 수행해야만 하는, 본래부터 그래야만 하는 동작들에 대한 이해'로부터 발전된 것이라고 지적했다. 그는 시계부터 악기에 이르는 다양한 예를 들면서, 그것들이 전부 그런 기능을 할 수 밖에 없는 동작을 가지고 있고 그 동작들에 대한 이해를 통해서 디자인된 것들이라고 한다. 그의 말을 직접 인용하자면,

> "중요한 것은, 개인이나 또는 한 집단이 그 자신 또는 그 집단의 이익을 통해서 어떤 것을 개선한다는 것의 의미는 반대로 다른 개인이나 다른 집단에게는 그런 개선을 위한 변화가 오히려 피해가 될 수도 있다는 것이다. 어떤 것을 특정한 집단의 특수한 기준, 예를 들면 선호도, 기능성, 또는 필요도 등에 따라 특화하면 할수록, 다른 집단에게도 유용할 가능성은 점점 낮아진다."

Norman의 통찰력은 매우 흥미롭고도 진실하다. 많은 웹 어플리케이션은 틈새 시장들의 개별적이고 특수한 요구를 충족시켜주기 위해 디자인되어 왔고, 그들의 개별 시장에서 꽤 성공적이었다. 반면에 사용자들에 대해서는 거의 완벽하게 도외시하지만, 능력있고 권위있는 디자이너에 의해서 주도되었을 때, 더 성공적인 웹 어플리케이션이 종종 존재한다는 것 또한 사실이다. 이런 현상은 굳이 웹이 아닌 곳에서도 발생한다. 애플사의 IPod은 사용자에 대한 철저한 이해없이 디자인되었어도, 지구상에서 가장 널리 사용되는 휴대용 음악 재생기이다. IPod은 이동 중에 음악을 듣는다는 동작을 지원하도록 디자인되었다. Norman은 다시 다음과 같이 말했다.

한 디자인 분야의 독재자는 이렇게 말했다. "사용자들이 뭐라고 하든 신경쓰지 말라. 난 그들을 위한 최선이 무엇인지 알고 있다" Apple 컴퓨터의 사례는 아주 좋은 예다. Apple 사의 제품들은 오랫동안 간편한 사용성 때문에 칭송을 받아 왔다. 그럼에도 불구하고, Apple 사는 유명하고, 능력있는 그들의 휴먼 인터페이스 디자인 팀을 한 명의 권위있는, 그리고 독재적인 리더로 교체했다. 그래서 사용성에 문제가 생겼나? 아니다. 오히려, 새 제품들은 위대한 디자인의 전형으로 간주되고 있다.

물론, 모두가 애플의 두려움없는 리더, Steve Jobs와 같은 디자인 감각과 비전을 가지고 있는 것은 아니다. 그러나 동작 그 자체를 이해한다면 틈새 사용자뿐만 아니라, 대규모의 일반 사용자들도 만족시킬 수 있는 제품을 만들어 낼 수 있다.

37signals이라는 Basecamp, Backpack과 같은 제품을 담당한 작은 회사도 이런 주장을 뒷받침하는 좋은 예다. Basecamp를 살펴보면, 그들은 프로젝트 관리 프로그램은 대부분 조직과 구조, 계획에 관한 것이라는 것을 발견하고, 대신에 메시지 보드, 파일 관리자, To-do-list, 최근 활동을 대쉬보드 형태로 보기 등등의 협업 기능을 통한 구성원 간의 의사소통에 초점을 맞춘 프로젝트 관리 프로그램을 만들기로 했다. 그들은 차트나 그래프 등은 프로젝트 참여자들에게 별로 중요한 것이 아니며, 웹 상에서 다른 팀원들과 서로 의견의 주고 받음으로써 더 능력을 잘 발휘한다는 것을 깨달았다.

당신이 이미 Basecamp을 알고 있다면 내 말에 동의할 것이다. 당신이 Basecamp를 잘 모르거나 또는 별로 좋아하지 않을 수도 있지만, Basecamp가 개념으로서의 관리가 아니라 관리의 활동(동작)을 지원하기 때문에 많은 사람들이 사용하고 있다. 37signals의 사람들은 사용자를 조사할 만한 충분한 시간이 있지도 않았지만, 실제로 그럴 이유도 없었다. 왜냐하면, 최초에 Basecamp는 그들 자신들을 위해 개발되었기 때문이다. 그들도 스스로 관리해야 하는 프로젝트가 있었고, 결과적으로 활동(동작)을 효과적으로 지원해 줄 수 있는 프로그램을 개발하였다. 그것은 그들 스스로를 만족시켰고 헤아릴 수 없이 큰 생산성 향상을 가져다 주었다. 그들은 활동이라는 것을 재료로 디자인하였고, 잠재적으로 수없이 다양한 타입의 사용자들을 활동이라는 매개로 연결시키는 것을 가능하게 만들었다.

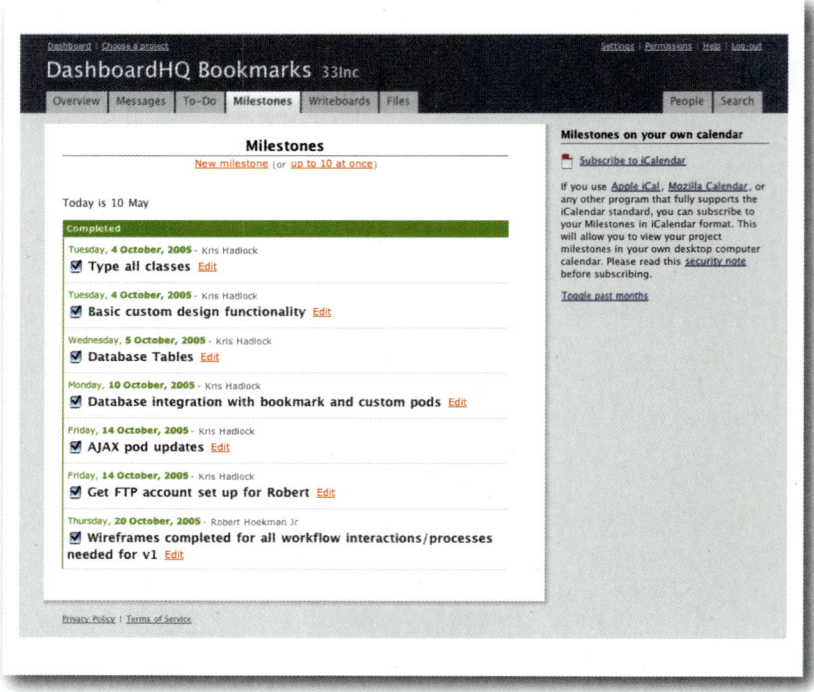

》Basecamp는 차트와 그래프에서 벗어나 의사 소통을 지원하였다.

비록 Norman은 그의 책에서 개별적인 활동에 대한 수준높은 이해를 구할 수 있는 방법에 대한 깊은 통찰을 제공해 주진 않았지만, 사용자를 위한 제품 디자인을 위해서 사용자에 대한 깊은 이해가 꼭 필요한 것은 아니라는 것을 보여주는 좋은 예시를 제공하였다.

목적 지향 디자인의 논의에서 내가 다뤘던 상용 사진 구매 사이트에서 사진을 검색하고 구매하는 예에서도 활동의 이해라는 똑같은 결론을 얻어낼 수 있다. 온라인으로 사진을 구매해본 사용자라면 사진 사이트에서 수백만 장의 사진들을 둘러보는 것은 참으로 성가신 일이라는 것을 알고 있다. 창조적인 사고를 통해서 Greg을 위해 내가 제안했던 그런 기능들의 리스트를 뽑아내는 것은 그리 어려운 일이 아닐 것이다.

활동 중심의 디자인은 어플리케이션이 지원해야만 하는 활동을 만들기 시작하는 그 순간부터 유용하게 사용될 수 있다. 다음으로 활동을 작은 단위의 작업들로 쪼개서 좀 더 실제적이고 쓸모있는 측면에 초점을 맞추면 된다. 쪼개진 작업들은 실재하는 구체적인 것이다. 당신은 사용자에 대해서 알지 못해도 그것들을 완성하기 위해 디자인할 수 있다. Norman은 활동 중심 디자인에 대한 두 번째 글(http://www.jnd.org/dn.mss/hcd_harmful_a_clari.html)에서 또 언급했다.

> 작업(Task)들은 개별적인 세밀하게 구체화된 목적을 가진, 예를 들면 '이 Email에 답장하기' 처럼 상황들이다. 활동(Activity)들은 서로 잘 짜여져서 작용하는 여러 작업들이 모여서 이루어진 더 큰 집합이다. 예를 들면, '매일매일의 일상업무에 대응하기', 다시 말하면, Email을 읽고, 답하고, 정보를 찾고, 복사/붙이기를 하고, 일정을 체크하는 등등의 일련의 연관된 작업의 집합이 활동이다.

1. 작업 흐름도

Norman은 작업 흐름도(Task-flow diagrams)의 사용을 지지한다. 그리고 나 또한 그러하다. Task-flow diagrams은 사용자가 어플리케이션 시작부터 마무리 시점까지의 모든 작업을 어떻게 수행하는지를 자세하게 묘사해주는 작업흐름도이다. 효과적인 작업 디자인은 뚜렷한 논리를 가지고 업무를 진행하게 된다. 이것은 하나의 단계에서 다음 단계로 넘어가는데 일정한 원리를 가지고 움직일 수 있게 해준다. 따라서 Task-flow diagrams과 같이 diagram을 가지고 계획을 세우면 자신이 원하는 디자인의 산출물을 나오게 해주는데 도움을 준다.

아래 diagram은 온라인 상거래에서 일어나는 전형적인 쇼핑의 흐름을 보여주는 예이다. 사용자는 책상 위에 놓을 램프를 사길 원한다. 이 업무를 수행하기 위해서 사용자는 처음에 물품 항목으로 가고, 물품 항목 하위에 있는 책상 램프 메뉴로 가게 된다. 그리고 사용자가 원하는 특정한 책상 램프를 선택하고 쇼핑카트에 추가한다. 마지막으로 체크아웃 하면 된다.

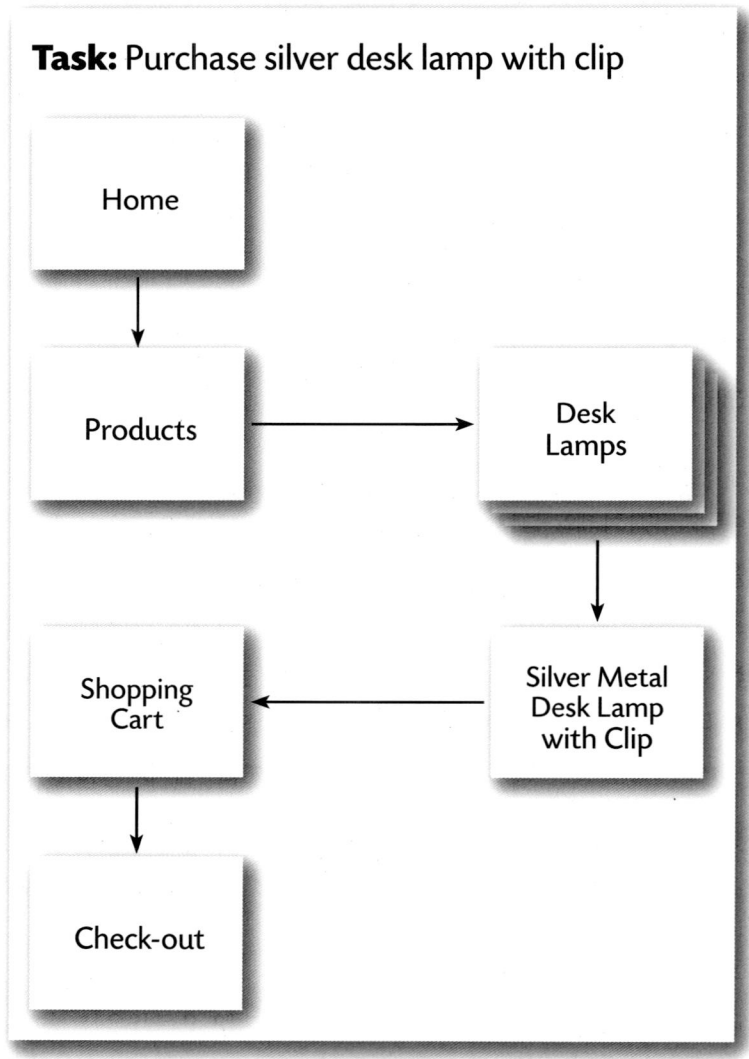

Task: Purchase silver desk lamp with clip

Home

Products → Desk Lamps

Silver Metal Desk Lamp with Clip

Shopping Cart

Check-out

Task-flow diagrams은 어플리케이션에서 업무가 어떻게 수행될지에 대해서 상세하게 표현해줄 뿐만 아니라 후에 만들어지게 될 프로토타입의 토대로 사용될 수도 있다. 이렇게 만들어진 프로토타입은 사용자가 업무를 수행하는데 디자인이 얼마나 잘 만들어졌는지에 대한 사용성 테스트에 유용하게 사용된다(프로토타입과 사용성 테스트에 관한 내용은 Chapter 4에서 다루기로 하겠다).

@ Use case 작성하기

만약 뭔가를 만들 준비가 됐다고 느낀다면, Use case는 최종적으로 어플리케이션에 녹아 들어갈, 작업 흐름을 파악할 수 있는 훌륭한 방법이 될 수 있다. Use case는 각 단계별로 작업이 어떻게 완성되는지 또는 어떻게 상호작용되는지에 대한 단계별 설명서이다. 당신은 Use case라는 단어를 사무실에서 아마 들어봤을 것이고, 그 용어가 무엇을 뜻하는지 이미 알고 있을지도 모른다. 당신이 만약 프로그래머라면 Use case가 실제로 코딩을 하고 개발을 진행하기 전에 작업 과정을 상세하게 설명해준다는 사실에 대해서 더 잘 이해하고 있을 것이다.

Use case는 전반적인 상황을 묘사해주는 상위 단계에 머물러 사용될 수도 있고(예를 들어 Mary가 그녀의 새로운 자택 사무실에 사용할 가구 목록을 Target.com에 들어가서 만든다), 또는 각 기능이 수행될 때마다 화면상에 어떤 일들이 벌어지는지 그리고 기능을 수행하는데 있어서 사용자가 인터페이스의 구성요소들과 어떻게 상호작용하는지와 같은 더 상세한 설명을 추가할 수도 있다.

1. 코딩보다 빠르게 실제 결과를 도출하기

Use case는 내가 즐겨 사용하는 기법 중 하나이다. 보통 Use case가 만들어지면 5분에서 30분 사이에 인터랙션이 어떻게 동작하는지 대한 정확한 과정을 나열할 수 있다. 이는 필연적으로 잠재적인 문제점을 도출하며, Use case를 작성하기 전에 작업에 대해서 내렸던 가정들을 뒤돌아 볼 수 있게 한다. 또한 개발자와 나 사이의 공통된 의견 수립의 기반이 될 수 있다. 우리가 Use case를 통한 의사소통을 한다는 것은 공통된 언어를 사용한다는 것이고, 그것은 긍정적인 것이다.

사실은 어제 나는 사용자가 제품에 대한 추천 글을 제공할 수 있는 작업에 대한 Use case를 만들었다. 이 Use case를 만들기 위해 몇 개의 단계를 다음과 같이 만들었다.

〈추천 글 쓰기〉

Step 1. 사용자는 〈추천 글 쓰기〉라는 텍스트 링크를 클릭하고 버튼 아래에 바로 추천 글을 쓸 수 있는 작은 폼이 생긴다.

   ▶ 기술적 이슈: 이 폼은 숨겨진 DIV에 있으면서, 페이지의 나머지 부분과 함께 로딩된다.

Step 2. 사용자는 빈 폼을 채운다.

Step 3. 추천 글을 전송하기 위해 〈OK〉를 누른다. 그럼 추천 글을 쓰는 폼은 사라지게 된다.

이 Use case를 보고 나는 뭔가 잘못된 거 같다고 생각하게 되었다. 만약 추천 글을 쓰는 폼이 〈OK〉를 누르자마자 사라지게 된다면 자신의 추천 글이 제대로 제출되었는지 알 수가 없을 것이다. 그래서 나는 〈OK〉 버튼을 누르고 난 후에 추천 글 쓰는 폼은 계속 보이게 해두고 그 위에 성공적으로 전송되었다는 메시지가 보이게끔 수정하였다. 그러다 보니 사용자가 추천 글을 제출하고 나서 추천 글을 쓰는 폼을 닫을 수 있는 방법이 필요하다는 것을 깨닫게 되었다. 그래서 나는 사용자가 〈닫기〉 버튼을 누르게 되는 네 번째 단계를 추가하였다. 하지만 〈닫기〉 버튼을 어디에 위치시켜야 하는지에 대한 새로운 고민이 생겼다. 나는 "이 새로운 기능의 버튼이 추천 글을 쓰는 폼의 한 부분에 위치해야 할까?" 하고 질문을 던져 보았다.

나는 사용문맥에 기반을 둬서 〈추천 글 쓰기〉 링크를 토글로 만드는 게 더 나을 거라고 생각했다. 이 링크는 추천 글을 쓰는 폼이 생기면 사용될 수 없다. 하지만 이처럼 사용될 수 없게 하는 것보다, 그리고 〈닫기〉의 기능을 수행하기 위해 새로운 버튼을 만들기보다는 〈추천 글 쓰기〉를 재사용하면 어떨까 하는 생각이 들었다. 〈추천 글 쓰기〉라는 버튼을 누르는 순간 라벨과 기능이 닫기 버튼으로 바뀌어지게 된다. 이처럼 두 개의 기능을 하나의 버튼에 합침으로써, 나는 사용자가 마우스를 움직이지 않고도 추천 글을 쓰는 폼을 열었다 닫았다 할 수 있게 만들었다(사용자가 굳이 폼을 완성하지 않을 수도 있는 그런 상황을 허용해야 할까? 그렇다).

이렇게 해서 나는 버튼을 클릭하고, 추천 글을 쓰고, 〈OK〉를 클릭해서 제출하고, 〈닫기

〉를 클릭하여 추천 글을 쓰는 폼을 사라지게 하는(필요한 경우에만) 4단계로 구성된 일련의 Use case를 만들게 되었다. 이제 나는 하나의 버튼으로 두 가지 기능을 할 수 있게 되었다. 결과적으로 사용자는 추천 글을 쓰는 기능을 다른 페이지로 넘어가지 않고 현재의 페이지에서 모든 작업을 할 수 있게 되었다. 따라서 모든 상호작용들이 '최대한 단순하게 그러나 지나치지 않게(Albert Einstein)'의 원리를 가질 수 있게 되었다. 완벽하다. 이것이 나의 Use case이다.

여기서 잠깐! 만약 사용자가 추천 글을 쓰던 중 제출을 하고 싶지 않는다면 어떻게 되는 거지?

2. 예외사항 고려

예외는 주 Use case가 설명할 수 없는 상황이 발생했을 때를 대비한 하위의 Use case이다. 이러한 예외는 웹 어플리케이션에서 아주 빈번하게 발생한다. 웹 어플리케이션을 사용할 때 모든 사람들이 똑같은 방법으로 사용하는 것은 아니고, 또한 내가 원하는 방법으로 사용하는 사람도 드물기 때문에 이에 대비할 수 있는 대안으로써 작업흐름도가 매우 절실하게 필요하다.

(짧은 일화 : 나는 몇 일간 최근에 적용된 변화가 어플리케이션에 어떤 영향을 미치는지 알아보기 위해 어플리케이션의 사용성 테스트를 해보았다. 하지만 어떠한 문제점도 발견하지 못했다. 그래서 아내 계정을 새로 하나 만들어서 아내에게 시도해보라고 하였다. 그랬더니 그녀가 가장 처음으로 한 행동은 그만두는 것이었다. 시작한지 2분도 안되어서 그만두게 되었다. 여기서 얻은 교훈은? 그 누구도 웹 어플리케이션을 정확히 같은 방식으로 사용하지 않는다는 것이다. 따라서 당신은 업무를 수행하는 가장 이상적인 방법만을 생각해서는 안되고 업무를 수행할 수 있는 모든 방법을 생각해야 할 것이다.)

위의 Use case step 3에서 사용자는 추천 글을 쓰는 것을 중도에 포기할 수도 있을 것이다. 이것에 대한 해결책으로 나는 간단한 예외를 Use case에 추가시켰다. 최종 버전의 Use case는 아래와 같다.

〈추천 글 제출하기〉

Step 1. 사용자는 〈추천 글 쓰기〉 링크를 클릭한다. 그럼 버튼 아래로 추천 글을 쓸 수 있는 작은 폼이 생기게 된다.

> ▶ 기술적 이슈: 이 폼은 숨겨진 DIV에 위치해 있게 되고 페이지에 있는 나머지 것들과 같이 돌아가게 된다. 버튼은 〈추천 글 쓰기〉에서 〈닫기〉로 바뀌게 된다.

Step 2. 사용자는 추천 글을 작성한다.

Step 3. 사용자는 〈OK〉를 클릭해서 추천 글을 제출한다. 추천 글 제출이 완료되었다는 메시지 창이 폼 위에 생긴다.

Step 4. 사용자는 〈닫기〉 버튼을 눌러서 폼을 닫는다.

〈예외〉

Step 3a. 사용자는 추천 글 쓰는 것을 완료하지 않은 상태에서 〈닫기〉 버튼을 클릭하게 된다.

> ▶ 기술적 이슈: 이것은 '취소'와 유사한 기능이라고 할 수 있다. 결국 추천 글을 쓰는 폼 안에 채워졌던 데이터들은 사라지게 되고 폼은 숨겨지게 된다. 하지만 DIV가 숨겨지는 것과 보여지는 것의 중간 단계이기에 데이터는 디폴트 값으로 유지되고, 사용자가 〈추천 글 쓰기〉를 두 번째 클릭하게 되면 데이터 값들이 다시 나타난다.

'3a'는 Use case에서 step 3에 적용된다는 것을 의미한다. 이것은 만약 사용자가 추천 글 쓰는 작업을 완료하지 않고 중도에 취소하고 싶다면 step 3a와 같은 새로운 작업흐름도가 시작된다는 것을 보여준다. 이것은 명료하다. Use case들은 때로는 길어질 수도 있다. 예를 들어 복잡한 내용을 다룬다든지 아니면 상호작용 단계가 방대한 경우에 Use case들은 길어질 수도 있지만, 결과적으로 각 Use case들은 위에 보여진 예와 비슷한 모습을 띠게 된다.

일반적으로 Use case는 어떤 버튼이 어디에 있어야 한다는 정도로 구체적이지는 않지만, 나는 이런 세부사항들을 추가하는 것이 매우 유용하다는 것을 발견했다. 왜냐하면, 그렇게 함으로써 디자이너들과 개발자들에게 인터랙션이 어떻게 보여지고 어떻게 동작하는지에 대한 더 정확한 생각을 전달할 수 있기 때문이다. 또한 이것은 인터랙션의 기술적인 가부를 심사숙고할 수 있도록 돕고, 구현하였을 때 사용성의 측면에서 어느 정도 명료할지 또는 복잡할지에 대한 판단을 도와준다. 위의 Use case의 경우, 나는 두 개의 버튼을 두 가지 용도를 가지는 하나의 버튼으로 통합할 수 있는 방법을 발견했다(실제 버전에서는 추가로 폼에 다른 내용들이 더해졌는데, 예를 들면 어떻게 필드의 라벨링을 할지, 어느 정도의 크기로 할지 등등의 것들이었다. 그러나 그런 사항들은 이번 예에서 중요하지 않기 때문에 언급하지 않았다.)

최초의 Use case에서 알 수 있듯이, 나는 인터랙션에 대한 중요한 가정을 했다. 필요에 따라 사용되는 간단한 폼은 무시할 수도 있다고 가정하였다. 한편 개발자들은 그들 나름의 가정을 했을 지도 모른다. 예를 들면, '폼은 두 개의 버튼이 필요한데, 하나는 폼을 열고, 다른 하나는 자료를 전송하는 것이다' 라는 가정을 했을 수도 있다. 개발자들이 내가 의도했던 것을 나름대로 정확하게 이해하고 그대로 구현을 하더라도, 결과적으로 나의 의도와는 달리 좋지 않은 인터랙션의 결과를 낳을 수도 있다.

그러면 나는 인터랙션의 리뷰를 할 것이고, 개발자에게 무엇이 잘못 되었는지 설명할 것이다. 개발자는 다시 코딩을 하겠지만, 그것은 제대로 새롭게 작업하는 것이라기보다는 인터랙션을 교정하는 수준일 것이다. 나는 다른 세부사항에 대해서도 추가로 언급하게 될 것이고, 이런 과정은 또 다시 몇 일이 걸린다. 개발자는 혼란스럽고, 나는 스트레스를 받으며, 귀중한 시간들이 허비된다. 하지만 초반에 효과적인 Use case를 위한 20분의 투자만으로, 이런 시행착오를 피할 수 있다.

핵심은 이렇다. 시스템의 어떤 기능을 수행하기 위한 복잡한 코드를 새로 작성하는 것보다는 워드 문서의 문장을 수정하는 것이 훨씬 쉽다. JavaScript와 CSS를 사용하여 HTML을 만드는 것보다 Use case를 작성하는 편이 훨씬 빠르다. 대부분의 경우 Use case로 다른 사람들(개발자 등)에게 작업이 어떻게 달성될 수 있는지를 설명할 수 있다.

Use case가 어떻게 그 역할을 하는지 감이 오는가?

Use case에 Kaizen 적용하기

설명에 앞서, 효율적인 결과물을 내는데 도움이 되는 실제적이고 간단한 조언을 하겠다.

프로그래머들은 코드를 깔끔하게 하고, 더 잘 실행되고, 버그를 줄이기 위해서 '리팩토링(Refactoring)이라는 과정을 즐겨 한다. 나 또한 프로그래머였기 때문에 약간은 선입관이 있을지도 모르지만, Use case를 개선하기 위해 비슷한 작업을 즐겨 사용한다.

Use case를 작성할 때마다, 난 Kaizen을 적용하는 것을 좋아한다. Kaizen은 일본어로 "개선을 위한 변화" 또는 간단히 "개선"을 의미한다. 원래 경영기법으로 사용되었었는데 (Toyota에서 내구성이 뛰어나고 품질이 우수한 자동차를 생산하고, 그에 따르는 고비용을 정당화하기 위해서 처음 사용되었다), 나는 이것이 모든 것에 적용될 수 있다는 것을 발견했다.

내가 Use case에 사용한 모든 인터랙션들은 반복적인 검토를 통해서 더 부드럽고, 빠르고, 쉬운, 한 마디로 더 명백한 것으로 개선된다. Use case에 전혀 변화가 생기지 않을 수도 있다. 중요한 것은 개선을 위해서 노력한다는 것이다. 인터랙션의 직관성을 개선하기 위한 어떠한 작은 변화도 훌륭한 것이다. 그렇다고 모든 개선이 진정으로 개선을 의미하지는 않지만….

예를 들어, 제품의 추천 글을 제공하는 Use case에서 작업을 더 쉽게 할 수 있는 한가지 방법은 사용자가 링크를 클릭할 때까지 폼을 숨겨놓는 것이 아니라, 시스템 기본으로 폼을 보여주는 것이다. 이는 추천 글을 제공하려는 사용자에게 최소한 한번의 클릭을 줄여준다. 쉽지 않은가?

단점은 폼이 항상 보여지기 때문에, 98%의 사용자들은 절대 사용하지 않는 것 때문에 페이지가 어지러워진다는 것이다. 이는 매번 페이지를 볼 때마다 불필요한 것을 보여준다. 쉬운 것이 아니란 것을 알게 됐다.

내가 사용한 개선안은 사용자가 다음 번에 추천 글을 쓰려할 때 폼이 사용자의 이름과 Email 주소를 기억하도록 하는 것이다(JavaScript의 쿠키를 사용해서). 따라서 사용자는 사용자 정보를 한번만 입력하면 된다. 이 기능은 처음 폼을 작성할 때는 큰 차이가 없지만, 반복적인 사용에서 더 빠르게 폼을 완성할 수 있게 해준다.

또 따른 개선은 첫 번째의 빈 필드에 자동으로 포커스가 가는 것이다. 만약 사용자 이름과 Email 주소가 그전 방문기록으로 자동으로 채워졌다면, 제품의 추천 글을 쓰는 필드에 자동으로 포커스가 가있을 것이다. 그렇게 된다면 〈추천 글 쓰기〉를 클릭한 후에, 추천 글 필드를 다시 클릭할 필요없이 바로 추천 글을 쓸 수 있을 것이다. 이것은 실제적인 개선이 될 것이다. 개발자에게 Use case를 보내기 전에 생각해낼 수 있기를 바란다.

Kaizen은 훌륭한 결과를 가져오지만 그 개념은 간단하다. 사용자 이름과 Email 주소를 기억한다는 것은 아주 사소한 것일 수 있지만, 작업을 쉽게 해준다. 사용자는 자세한 내용을 모를 수도 있지만, 추천 글을 쓰는 것이 쉽다는 것을 깨닫고 더 자주 추천 글을 쓸 가능성이 커진다. 재미도 있으면서, 이것이 바로 당신이 사용자로부터 원하는 것이다. 얼마나 효과적일 수 있는지 알겠는가?

혹시 요점을 놓쳤을까 봐 다시 한번 강조하면, 사용성을 개선한다는 것은 당신이 원하는 것을 사용자들로부터 이끌어낼 수 있는 가능성을 높인다는 것을 의미한다. 사소한 Kaizen이라도 당신을 도울 수 있다.

3. Use case에 대한 반론

어떤 사람들은 최종 제품에 직접적으로 기여하지 않는 것들이 가질 수 있는 장점에 대해서 회의적이다. 그들은 코딩 이외의 것에 시간을 투자하는 것은 낭비라고 말한다. 사용자들에 대한 이해 대신에, 당신들을 주 사용자로 하여 제품 디자인을 하라. 와이어프레임을 만드는 대신에(Chapter 4에서 다룬다), 스케치를 하고 바로 HTML을 시작하라.

이런 방식은 나름의 장점이 있기는 하지만, 대부분의 우리들이 속한 작업환경은 이런 스타일과는 맞지 않는다. 예를 들어, 내 직업은 어플리케이션의 인터페이스를 디자인하고 휴리스틱(Heuristic) 평가를 하는 것인데, 그 중 어떤 것도 나 같은 사람을 대상으로 하지 않는다. 각각의 개발팀은 서로 다른 제품을 개발하고 유지보수 한다. 곧바로 코딩을 하기에는 너무 많은 인터페이스, 인터랙션, 작업흐름, 어플리케이션이 존재한다. 대규모 디자인 팀의 지원이 없으면 그들간의 통일성을 유지하는 것이 매우 어렵다.

다시 말하자면, 당신이 원하는 방식으로 디자인하고 개발해도 된다. 그러나 그전에 Use case를 활용하라. 여러 가지의 복잡한 아이디어들을 하나로 뭉치고, 가능성과 문제점을 간파할 수 있는 빠르고, 값싸고, 쉬운 방법이라는 것을 깨닫게 될 것이다.

4. 나의 충고

나의 충고는 다음과 같다.

넓은 의미에서(당신의 어플리케이션에 국한된 사용자가 아니라) 사용자에 대해서 가능한 많은 것을 배워라. 그러면 당신은 그들이 어떻게 웹 기반의 제품을 사용하는지를 알게 될 것이다. 그리고 당신의 어플리케이션이 그 깨달음을 활용하여 디자인될 수 있도록 집중해라.

웹에 적합한 무언가를 만들기 위해서는 사람들이 어떻게 그것을 활용하는지 알아야만 한다. 당신이 사용자들에 대해 실제적이면서도 일반적인 이해를 한다면, 디자인을 통해서 제품에 대한 당신의 통찰력을 전개시킬 수 있고, 일반적이지 않은 사용자들의 변덕에 좌지우지되지 않을 수 있다(이에 대해서는 다음 장에서 살펴보겠다.)

어플리케이션이 지원하는 기능들에 대한 이해와 어떻게 사용자들이 그것을 수행하는지를 설명할 수 있다면, 이번 장에서 설명되었던 내용들은 당신에게 많은 도움이 될 것이다. 웹 사용자들에 대한 이해와 더불어, 잘 디자인된 웹 어플리케이션이 지원하는 기능들에 대한 이해도 할 수 있을 것이다. 이런 지식들을 통해서 명확한 디자인의 길에 들어설 수 있다. 그 후에 남은 일은 훌륭한 웹 기반의 소프트웨어에 필요한 인터페이스를 어떻게 구현해야 하는지는 찾으면 된다. 이 책의 나머지 부분은 그것들에 대한 세부적인 내용이다.

꼭 필요한 것만 디자인하자

사용자의 요구에 따라 어플리케이션을 개선하려고 할 때, 안좋은 방향으로 가려는 경향이 있다. 겨우 10%의 사용자를 위한, 또는 전체 사용량의 10% 만을 위한 기능들이 추가됨으로써 나머지 90%의 기능성을 가로막는다. 그게 아니면 깔끔한 인터페이스를 어지럽히고, 가장 많이 쓰이는 기능들의 사용에 방해가 된다.

이런 '만능 지향(Creeping featurism)' 현상이 발생하면, 원래는 의도하지 않았던, 즉 버그를 잡아내고, 더 많은 도움말을 제공하기 위한 기술적인 지원을 밑도 끝도 없이 하고 있는 당신을 발견할 것이다. 그러면서 더 중요한 것들을 무시하게 된다. 이런 현상들이 어떤 넋빠진 프로그래머들에겐 재미있는 일처럼 보일 수도 있겠지만, 분명 그것은 잘못된 길이다.

중요한 것은 기능이 아니라, 어디에 집중할 것인가이다. 명확한 어플리케이션이란 집중된 어플리케이션이다. 이것은 사람들에게 설명하기 쉽다. 그 자체로 명백하고, 목적이 분명하기 때문에 사용자에게도 설득력을 갖는다. 개별 기능들은 전체 어플리케이션이 제공하는 하나의 작업을 수행할 수 있도록 지원한다.

1. 더 많은 기능, 더 많은 혼란

사용자가 느끼는 혼란이란 일반적으로 기능의 난이도에 따라 정비례로 늘어나는 것이 아니라, 사실 기하급수적으로 늘어난다. 하나의 기능이 늘어난다는 것은, 더 많이 배워야 하고, 더 많은 설정을 해야 하고, 더 많은 옵션을 선택해야 하고, 더 많은 도움말을 읽어야 한다는 것을 의미한다. 다시 말해, 더 많은 실수와 오류의 가능성이 생기는 것이다.

당신에겐 단지 하나의 기능일지 몰라도, 사용자에겐 이미 혼란스럽고 많은 기능들에 더해지는 또 다른 기능인 것이다. 그 외의 다른 모든 것들에도 영향을 주기 때문에, 이는 단지 그 추가되는 기능 하나 만의 문제가 아니다.

파일을 숨겨버리고, 끊임없이 오류 메시지나 대화 상자를 띄워주는 고집불통의 파일시스템을 가진 운영체제…

클릭했을 때, 과연 내가 보고 싶은걸 보여주는 것인지 어떤지 전혀 알 길이 없는 브라우저….

할머니께 보낼 Email에 대용량의 사진을 첨부하여 보내기까지 도대체 어느 정도의 시간이 걸릴지 알 길이 없는 Email 서비스….

사용자들은 이 모든 것들과 싸우면서, 동시에 어플리케이션을 잘 사용하기 위해 신경써야 한다. 혼란은 빠른 속도로 가중되는 것이다. 아마 여러분에겐 이런 것들이 별것 아닐지도 모른다. 사실 나도 별것 아니라고 생각한다. 그것이 바로 슬픈 현실이다. 우리는 우리를 화나고 미치게 만드는 이런 것들에 둔감해졌기 때문이다. 우린 이미 마비되었다. 좋게 말하자면 우린 컴퓨터에 능숙한 것이다.

2. 그래서 어떻게 하란 말인가?

아주 끝내주는 기능이 없다면, 당신의 어플리케이션은 경쟁에서 도태될 것이다. 새로운 기능이 추가되지 않은 업그레이드 버전은 아무도 구매하지 않을 것이다. 수많은 경쟁품들과의 1대 1 대결에서 승리하지 못하면, 아무도 다른 제품보다 훌륭하다고 이야기 하지 않을 것이다.

Alan Cooper의 말을 빌리면, 기능적인 측면에서 경쟁 제품과 싸우는 것은 마치 엄호사격 없이 전쟁터를 뛰어다니는 것과 같다고 한다. 원하는 곳 어디라도 뛰어 다닐 순 있지만, 어디로 가든지 총알이 날아올 것이다. 엄호사격은 당신이 몇 분 동안 살아남는데 도움이 될 것이다. 짧지만 그 시간은 당신이 어딘가로 숨기에는 충분한 시간이다. 회사는 항상 선두에 서고 경쟁자들을 뛰어넘기 위해 끊임없이 노력한다(만약 그들이 총을 가졌다면, 당신은 더 큰 총을 가져야 한다). 이 게임은 누군가 쓰러질 때까지 계속 될 것이며, 그 과정은 결코 유쾌하지 않다. 계속해서 더 큰 총이 등장하고 전쟁은 지속될 것이다. 다음의 안전지대로 가는 한 걸음 한 걸음마다 엄호사격을 하느라 총력전을 펼칠 것이다.

이런 과정을 통해 누구는 살아남고, 누구는 죽어간다. 전투에 참가하기 위해 당신이 해야 할 일은, 벤처 캐피탈을 통해 자금을 모으고, 빚을 지고, 뛰어난 개발자를 모은 후, 곧바로 개발에 착수하는 것이다. 계획이나 디자인을 하기 위한 시간적인 여유 따위는 없다. 달리고 달려서 27페이지 분량의 기능 리스트를 들고 시장으로 돌격한다. 만약 적군이 따라잡으려 하면, 다시 기능들을 추가하여 '가장 완전한 버전'이라고 부르짖으며 새 제품을 내놓고 시장 점유율을 유지하려 노력한다. 하지만, 다시 적들이 더 많은 기능의 새 버전을 내놓으면 다시 그것을 능가하기 위한 작업에 착수한다. 이것은 참으로 소모적인 전쟁이다.

이는 사용자에게도 소모적이다. 더 많은 기능을 제공할수록 사용자가 배워야 할 것들이 늘어난다. 더 많은 옵션을 제공할수록, 사용자들은 그것을 위해 더 많은 선택을 해야 한다. 더 많은 사용자 설정기능을 제공하면, 사용자들은 이것저것 조작하느라 점점 더 안절부절 못하게 된다. 사용 그 자체보다 설정하는데 더 많은 시간을 소비한다. 전쟁의 결과는 원래 계획하고 기대한 바에 훨씬 못미치는, 사용하기에 복잡하고 난해한 어플리케이션이 탄생하게 된다.

결국 살아남기 위해서 당신이 선택할 수 있는 유일한 옵션은 그 전장에서 빠져 나오는 방법뿐이다.

@ 다르게 생각하기

Firewheel Design(www.firewheeldesign.com)은 웹 기반의 구매확인서 시스템인 Blinksale(www.blinksale.com)을 제작함으로써 전장을 빠져나올 수 있었다. 이 간단한 어플리케이션은 구매확인서를 만들고, 보내고, 추적할 수 있는, 아주 단순하지만 수많은 사용자들에게 절대적으로 필요한 기능을 제공한다.

Blinksale의 기능을 최소화하기로 한 Firewheel의 의사결정은 실수가 아닌가라고 생각될 수도 있었다. 왜냐하면, 그런 최소화된 기능으로 거대한 회사들과 경쟁하는 것 자체가 불가능한 것처럼 보였기 때문이다. 그러나 Firewheel은 큰 회사들이 하지 못한 것을 해냈다. 그들 틈에서 우뚝 설 수 있게 해준 특별한 것을 창조함으로써 전쟁터에서 빠져나온 것이다.

Blinksale은 사람들을 혹하게 만드는 대단한 것을 제공하기 보다는 오히려 그런 화려한 것을 필요로 하지 않는 고객들을 겨냥했다. 대다수의 사람들은 단순하고 기본적인 기능만을 필요로 한다. 기본기능이란 구매확인서를 만들고, 보내고, 송금확인이 되면 거래를 완료하고, 고객에게 확인 영수증을 발송하는 정도다. Blinksale의 제작 초기에 Firewheel의 디자이너들은 심플한 것이 대다수의 사용자를 만족시킬 수 있을 것이란 걸 알고 있었다. 복잡한 것은 오히려 사용자의 요구를 만족시킬 수 있는 가능성을 낮게 만든다는 것을 이미 깨닫고 있었는지도 모른다. 그들은 한가지를 잘할 수 있는 어플리케이션을 디자인했고 결과적으로 매우 성공적이었다. 사용자들의 구매확인서 업무를 빠르고 효율적으로 처리할 수 있게끔 하였다(설명하는 것 조차 쉽지 않은가? 그것이 바로 좋다는 증거다.)

이 시스템은 굳이 특별한 사용자가 아니더라도, 일반 사람들이 쉽게 사용할 수 있다. 원숭이도 훈련만 받으면 사용할 수 있을 정도로 쉽다. 단지 몇 가지의 중요한 기능들로만 구성되어 있기 때문이다.

1. 대쉬보드와 새로운 구매 확인서 화면

당신이 Blinksale에 로그인하면, 최근의 활동(구매 확인서 개설, 과거의 기록 등등)에 대한 요약정보를 볼 수 있다. 마치 자동차의 계기판을 보는 것처럼 구매확인서들의 정보를 한 눈에 확인할 수 있다. 그리고 거기엔 눈에 확 띄는 세 개의 버튼이 있다. 각각은 세 가지 다른 종류의 구매확인서를 만들기 위해 사용된다.

구매확인서가 필요한 고객을 고르거나, 같은 페이지에 있는 새 구매확인서 만들기를 실행하여, 새 구매 확인서 페이지로 갈 수 있다. 이 페이지는 실제 구매 확인서처럼 보이기 때문에, 실제로 구매확인서를 작성하고 있다는 느낌을 받을 수 있다. 입력필드를 입력하고, 수정한 후에 'Save Invoice'라는 커다란 버튼을 누르기만 하면 된다.

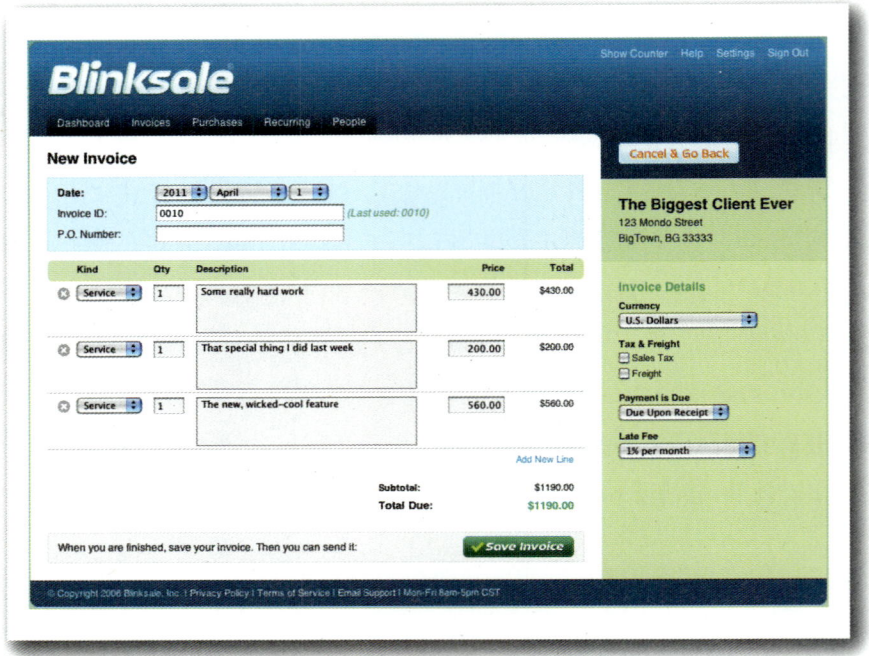

》 Blinksale의 구매확인서 편집화면은 편리한 사용성을 제공한다.

작업을 마친 후, 완료된 구매확인서와 함께 발송, 수정, 삭제를 위한 버튼들을 볼 수 있다. 'Send Invoice' 버튼을 누르면 구매확인서를 보낼 고객을 선택하고, 추가적인 메시지를 작성할 수 있는 화면을 보여준다.

2. 완료된 구매확인서

구매확인서는 HTML 형식의 Email이지만 브라우저를 통하지 않고서도 멋지게 보이기 때문에, 단지 5분 정도면 별다른 설정을 할 필요도 없이 고객에게 보낼 훌륭한 구매확인서가 완성된다.

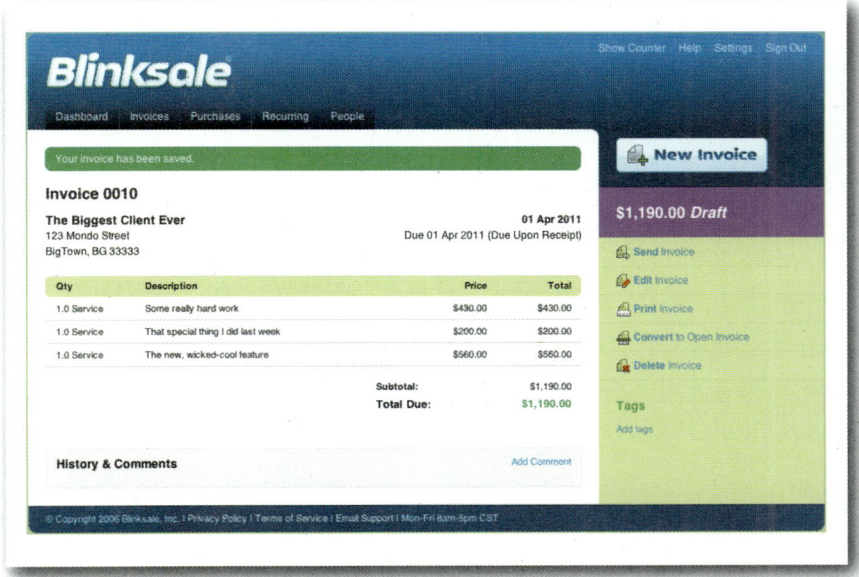

》 Blinksale은 한 번의 클릭으로 읽기 쉬운 구매확인서를 고객에게 Email로 보낼 수 있게 한다.

그게 전부이다.

3. 전문가를 위한 기능들

Blicksale은 능숙한 사용자를 위해서 iCalendar에 구매확인서를 기입할 수 있는 옵션을 제공한다. 따라서 Mac 사용자들은 Mac OS X에 포함되어 있는 iCal이라는 달력 프로그램을 사용하여 구매확인서를 확인할 수 있다. 또한 구매확인서의 자료를 XML 파일이나 Excel로 변환할 수 있기 때문에, 만약 Blinksale의 계정을 삭제하는 경우라도 모든 자료를 보존할 수 있다.

Blinksale의 설정을 통해서 다른 모양의 구매확인서를 선택할 수 있는 기본적인 형식들을 제공하고 지불이 지연된 고객에게 알림 서비스를 하거나 기한 내 지불을 완료한 고객에게는 감사의 메시지를 전달할 수 있다.

전체 프로그램을 구석구석 배우고 사용하는 데는 불과 30분이면 충분하며, 비용은 구매

확인서를 만들 때마다 건 단위로 지불하면 된다(이 글을 쓰고 있는 현재, 한 달에 20개까지는 6달러, 500개 까지는 29달러의 비용이 든다).

Firewheel은 구매확인서 업무가 필요한 고객들은 위해 정말로 필요한 핵심 사항들로 제품을 구성했다. 애매하고 이해하기 힘든 설정 옵션도, 중복된 기능들도(하나의 작업을 위한 단 하나의 방법만 제공함으로써, 배우기 쉽게 하였다), 알아채기 힘들고 난해한 소소한 인터페이스도 없다. 해야만 하는 것들을 단순하고 깔끔한 인터페이스를 통해서 수행하고, 결과물로는 친근하고 매력적인, 마치 점심식사를 같이 하고픈 친구와 같은 느낌의 구매확인서를 만들어낸다(소프트웨어의 특색에 대해서는 Chapter 9에서 이야기할 것이다.)

4. 결론

Blinksale의 제작자 중 한명인 Josh Williams는 그들이 해낸 일에 대해서 자부심을 갖고 있다(물론 당연하겠지만). 그는 최근에 나에게 이렇게 말했다.

> "작은 디자인 회사로써 우리들은 고객의 고지서 업무 처리를 위해 우리의 몫을 해냈다. 불행하게도 그 전까지 우리의 제품은 지역의 사무용품을 파는 상점에서 쉽게 살 수 있는 송장과 고지서 처리용 소프트웨어에 비해서 그다지 매력적이지 못했었다. 몇 년간의 시련을 겪고, 우리는 우리만의 웹에 기반한 송장처리 서비스를 구축했다. 우리의 첫 번째 목표는 사용의 편리성이었고, 두 번째 목표는 디자인과 개발에 드는 비용을 최소화하는 것이었다. 주목할 만한 것은, 이런 두 가지 목표는 동시에 달성되는 경향이 있다는 것이다."

Firewheel은 Blinksale의 디자인 타임에 Intuit QuickBooks의 간편한 12개의 단계를 통해서 세금정보를 구성할 수 있고, 연말에 Intuit TurboTax로 정보를 전달하는 기능뿐만 아니라 다른 많은 기능들로 꽉 찬 Blinksale을 디자인할 수도 있었다. 그들은 제품의 많은 기능을 통해서 경쟁제품에 대응할 수도 있었다. 그러나 그렇게 하지 않았다. 그들은 20%의 사용자가 정말로 필요로 하는 것을 만들었다. 그 이상도 그 이하도 아닌 딱 그 수준을 겨냥했다.

한편으로 컴퓨터에 능통한 사람들을 위한 몇 가지의 부수적인 기능을 제공해야만 할 때는 최대한 단순하고 간결하게 만들었다. 만약 당신이 하고자 하는 작업이 구매확인서를 만들고 고객에게 발송하는 것이라면(대부분의 사용자가 Blinksale에서 가장 많은 시간을 할애하는 작업 중 하나) 당신은 그것을 2~3분이면 아주 만족할 만한 수준으로 처리할 수 있다.

@ '있으면 좋을' 기능들은 포기하라

내가 사용해본 거의 대부분의 어플리케이션들은 일반적으로 얘기해서 "만약 이 기능이 있다면 정말로 좋을 텐데…"라고 표현할 수 있는 기능들을 최소한 두세 개씩은 가지고 있었다. 그러나 대부분의 이런 기능들은 전반적인 웹의 인터페이스를 어수선하게 만들 뿐이다. 우리가 해야 할 일은 이런 현상을 예방하고, 이미 어플리케이션에 존재한다면 제거하는 것이다. 명백한 인터페이스란 정말로 중요한 것에 초점을 맞추고, 단순히 '있으면 좋을' 것들을 골라내는 것이다.

'현실화(Getting Real)'라는 책에서, 37signals(회사이름)는 오직 중요한 기능들에 초점을 맞추는 것에 대해서 이야기했다.

> "진정으로 필요한 것에 매달려라. 많은 좋은 아이디어들이 모아질 수 있지만, 당신이 생각하기에 제품에 꼭 필요한 것을 골라서 그 중에 절반만 골라내라. 다시 그 중 가장 필수적인 것 하나가 남을 때까지 거르고 걸러라. 그리고 그런 과정을 되풀이 해라."

위 말은 Steve Krug가 쓴, 웹 사용성에 대한 가장 위대한 저서들 중에 하나인, '나를 고민하게 만들지 말라(Don't Make Me Think)'에서 말한 것과 유사하다. 그것은 사용성에 관한 Krug의 제 3법칙이다.

> "매 페이지에서 절반의 글을 삭제하라. 그리고 그 중 다시 절반을 삭제하라."

Krug의 법칙은 William Strunk와 E.B. White의 '스타일의 요소'에서도 그 흔적을 찾아 볼 수 있다.

> "힘있는 글은 간결하다. 문장에는 불필요한 단어가 없어야 하고, 문단에는 불필요한 문장이 없어야 한다. 똑같은 이유로 그림에는 불필요한 선이 없어야 하고, 기계에는 불필요한 구성품이 없어야 한다.:

독자들은 이 말을 명심하기를 바란다. 그들 모두는 단순성을 강조하고 있다. 단순하다는 것은 명확하다는 것이다. 이는 전하려 하는 바를 강조한다. 그리고 잡음없는 상호간의 의사전달을 가능하게 한다.

1. 쭉정이 테스트

잡다함이 없는 어플리케이션을 만들기 위해서는, 어플리케이션의 기능리스트를 그 골격만 남을 때까지 얇게 잘라내 버릴 수 있어야 한다. 그리고 무엇이 가장 중요한 것인지 알아내야 한다. 이를 유념하고, 내가 '쭉정이 테스트(The Unnecessary Test)'라고 부르는 연습과정을 따라 해 보자.

최근에 작업을 했던 웹 어플리케이션을 열고, 아주 오래 전에(그 어플리케이션을 만들기 전부터 일지도 모를) 당신이 아주 중요하다고 생각했던 기능 하나를 찾는다. 그리고 스스로에게 다음의 질문을 던져본다.

이 기능이 어플리케이션이 원래부터 지원하려고 의도했던 활동(Activity)의 수행에 필요한 업무(Task)를 완수하는데 있어서 사용자에게 직접적으로 도움이 되는가?

만약 '아니오'라고 대답했다면, 그 기능은 불필요한 것이라고 생각할 수 있다. 영화 편집실의 유망한 후보로서의 당신을 발견한 것이다.

반대로 '예'라고 대답했다면, 당신은 '슈퍼스타' 기능을 발견한 것이거나, 아니면 그 기능을 객관적인 시각으로 충분하게 관찰하지 않은 것이다. 당신 스스로를 과거 당신의 작업과 최대한 분리시켜서 좀 더 객관적인 시각으로 질문을 던져라.

당신이 어떤 대답을 하였건, 당신의 어플리케이션에는 쓰레기통에 들어갈 만한 7~8개의 기능들이 있을 가능성이 높다. 따라서 당신은 기능 하나하나에 충분한 시간을 가지고 '쭉정이 테스트'를 해야 한다.

테스트를 마쳤으면, 어플리케이션을 종료시키고 다음의 세 가지 질문을 더 해본다.

- 이 어플리케이션이 지원하는 활동(Activity)는 무엇인가?

- 이 어플리케이션이 없다는 가정하에, 만약 당신은 어플리케이션이 지원하는 그 활동을 수행해야 하고, 마술나라의 요술 지팡이를 휘둘러서 그 업무(핵심업무)를 아주 간편한 방법으로 수행할 수 있는 어플리케이션을 만들어 낼 수 있다면 그 어플리케이션은 무엇을 할 수 있겠는가?
  (힌트: 작업의 근본 목적과 관계되는 큰 그림을 그리는 서너 개의 문장으로 답할 것.)

- 직접 그 어플리케이션을 만든다면 시간이 얼마나 걸리겠는가?

마지막 질문은 농담이었다. 아마도 처음 두 질문 중 하나에는 당신이 틀렸다는 것을 인정하지 않는 방향으로 답을 했을 가능성이 있다. 즉, 사실과 다르게 답을 의도했을 가능성이 있다. 나 자신 또한 스스로 해봤기 때문에 잘 알고 있다. 당신의 어플리케이션이 의도된 모습과 다르다는 것을 인정하는 것은 힘들다.

만약 믿지 못하겠다면 다른 사람에게 똑같은 질문들을 하고 질문들의 답이 다른지 확인해보라. 더 좋은 것은 당신의 사용자에게 질문해보라.

난 여기서 존재하는 어플리케이션에서 기능들을 뽑아내 보라고 이야기하는 것이 아니다. 이 질문과 답을 함으로써 사용자들을 화나게 만들 수도 있다. 원래 복잡한 기능들을 사용하고 있던 사용자에게는 그 기능들을 제거하는 것이 큰 실수일 수도 있다. 난 당신이 이미 했던 일을 통해서 뭔가를 배우고, 나아가 다음 번에는 좀 더 집중된 어플리케이션을 만들 수 있기를 바라고 제안할 뿐이다.

2. 60초 데드라인

여기 효과적인 방법으로 낮게 목표를 정하고, 당신의 어플리케이션이 중요한 20%에 초점을 맞출 수 있는 방법을 배우는 빠른 길이 있다. 내가 당신의 상사라고 가정하고, 당신의 사무실에 들어와서는 무미건조한 톤으로 다음과 같이 이야기 한다고 상상해보라.

"프로젝트에 주어진 시간이 반으로 줄었습니다. 우리는 지금 회의실에서 기다리고 있는 고객을 만나기 전에, 무엇을 가지고 가고 무엇을 버릴지 60초 안에 결정을 해야 합니다."

이 상황에 어떻게 대답할 것인가? 그 답이 무엇이든, 앞에서 얘기했던 저칼로리 샌드위치의 일화에서 했듯이 충동적으로 이상적인 답을 해서는 안된다. 진짜 해답을 구하라.

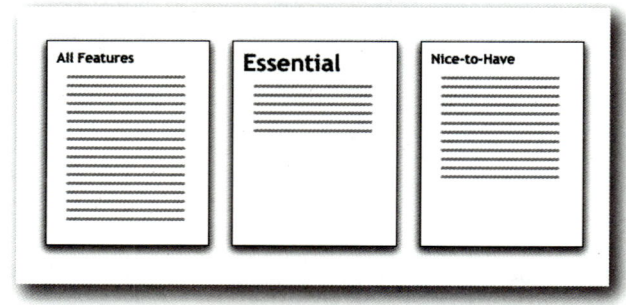

빈 종이와 펜을 들고, 작업 예정된 어플리케이션에서 계획된 기능의 리스트를 60초 동안 적어보라. 리스트에서 어플리케이션을 전반적으로 망치지 않는 범위 내에서 잘라내도 될 기능들에 줄을 그어 삭제한다. 이것의 목적은 어플리케이션의 목적에 부합하는 필수적인 사항만을 남기는데 있다.

종? 삭제되었다.

호루라기? 삭제되었다.

업무수행을 위해서 절대적으로 있어야 할 것들만 남을 것이다.

다 된 후에, 좀 더 정확한 측정을 위해서 하나 더 삭제하라. 단지 그 기능이 멋있기 때문에 가지고 있던 기능을 제거하라. 장담하건대 그런 기능이 최소한 하나 정도 최초의 리스트에 있을 것이다. 지워버려라.

60초 동안 수고가 많았다. 자, 이제 다른 종이를 한 장 더 꺼내서 삭제되지 않고 남은 항목들은 깔끔하게 옮겨 적어라. 보기 좋지 않나? 너무 많은 것들이 없어져서 약간 마음이 불편하다는 것을 잘 알고 있다. 그러나 단언컨대 당신의 어플리케이션을 설명하기가 훨씬 쉬워졌을 것이다.

마지막으로, 또 다른 종이를 한 장 꺼내서 삭제했던 항목들을 옮겨 적고, 제목을 '있으면 좋을 기능들'이라고 적어라. 그리고 당신의 캐비닛 파일에 꽂아두고 일단 기억에서 지워버려라. 뒤에 다시 꺼내 볼 시간이 온다.

처음엔 이 모든 것들에 별로 내키지 않을 것이다. 당신은 이 방법이 시간과 정력을 낭비할 뿐 어플리케이션에 어떤 도움도 되지 않는다고 생각할지 모른다. 또한 이것이 오히려 마음을 불편하게 할 수도 있다. 그러나 뭔가를 안다는 것은 이미 반은 해결했다는 뜻이다. 다음 번에는 실제로 코딩을 하기 전, 무엇을 만들어야 할지 알아내기 위해 쭉정이 테스트와 60초 데드라인을 같이 사용할 수도 있다. 그러면 당신은 최대한 잘 만드는 것에만 시간과 노력을 집중하면 된다.

중요하지 않은 것은 배제하고 중요한 것에 집중할 수 있기 때문에 잠을 자고, 휴가를 즐기고, 주말을 즐기는데 시간을 더 할애하고, 행복하고 건강한 삶에 가까워질 수 있다. 또는 나처럼 남는 시간에 더 많은 어플리케이션을 만들 수 있다. 그게 여러분이 진정으로 원하는 것이라는 것을 잘 알고 있다.

3. 적은 것이 많은 것이다

어떤 식이 되었든 궁극의 목적은 항목들을 조금씩 깎아내서 이미 제작되었거나 또는 계획하고 있는 것을 그 중 약 20%로 줄여서 어플리케이션에서 무엇이 가장 중요한가를 결정하는 것이다. 물론 나머지 80% 중에는 어떤 면에서, 어떤 사람에게, 어떤 순간에 유용한 것들이 있을 수도 있다. 그러나 사용자의 80%, 사용량의 80%를 위한 것이 아닐 가능성이 크다. 아마 당신은 별로 중요하지도 않은 것을 위해 개발시간의 80%를 쓰게 될지도 모른다.

이런 생각의 근간에는 20대 80의 법칙이 웹 기반 소프트웨어의 세상에도 적용되기 때문이다. 일반적으로 파레토의 법칙(Vilfredo Pareto의 이름을 따서)이라고 알려진, 20대 80의 법칙은 원래 80%의 결과는 20%의 원인에 의한 것이라는 내용이다.

'좋은 것'이라는 관점에서 깔끔한 웹 어플리케이션 디자인이라고 하면, 어플리케이션의 유용성 중 80%는 20%의 기능에서 나온다는 것을 의미한다. 이를 응용하면, 제작 작업 중의 20%가 어플리케이션의 80%를 만들어 낸다고 할 수 있다. 나머지 80%의 작업은 20%의 사용자를 만족시키기 위함이다.

더 집중된 어플리케이션을 만들기 위해, 꼭 필요한 20%의 기능에 집중하고 80%의 사용자 요구사항에 관심을 가져야 한다. 그 외에 것들은 경쟁자들이 고민하도록 놔둬라. 경쟁자들이 쓸데 없는 나머지 80%의 기능에 집중하여 당신보다 앞장서려고 발버둥 치는 사이에, 당신은 80% 더 많은 휴가와 80%의 시장 점유율을 누리면 된다.

적은 것이 많은 것이다. 낮게 목표를 잡아라.

4. 인터페이스 수술

내가 봤던 어떤 웹 기반의 입사지원서는 두 개의 창으로 구성되어 있었다. 첫 번째 창에서 몇 개의 화면을 넘기면, 두 번째 창을 띄우고 수많은 입사지원정보를 입력하도록 한다. 첫 번째 창은 사용자의 로그인 세션과 연결되어 있고, 일종의 타이머가 작동하도록 되어 있어서 사용자가 20분 동안 시스템을 사용하지 않으면 자동으로 로그아웃 되도록 설계되어있다. 그러나 두 번째 창은 로그인 세션과 연결되어 있지 않고 20분의 시간 카운팅과는 무관하기 때문에, 사용자가 계속 입력작업을 하고 있는 중에도 만약 작업이 20분 보다 길어지면 아무런 알림 메시지 없이 사용자를 로그아웃시킨다.

제작사의 해결책은 첫 번째 창에 20분이 지나면 로그아웃된다는 경고 메시지를 보여주는 것이었다. 그런 해결책은 말많은 사용자의 불평을 막아보겠다는 미약한 시도일 뿐으로, 마치 상처에 붙이는 작은 반창고와 같은 것이다. 이는 실제로 문제를 해결하는 것이 아니라, 단지 사람들이 기대하는 바를 몇 마디 말로 처리했을 뿐이다. 사용자는 여전히 20분 안에 작업을 완료해야 한다. 제작사는 이에 이렇게 말했다. "예, 우린 당신이 입사지원서의 입력을 완료하기 전에 당신의 세션이 끝날지도 모르는 그런 무식한 시스템을 만들었습니다. 그러나 여러분, 시작하기 전에 우리는 경고를 했습니다. 그럼 된거죠!"

반창고는 좋은 처방전이 아니다. 반창고라는 미봉책보다는 차라리 문제들에 칼을 대는 외과수술을 추천한다. 이른바 '인터페이스 수술(Interface Surgery)'이라는 것이다. 첫 인터페이스 수술에서, 우리는 가상의 웹 호스팅 회사의 가상의 웹 메일 어플리케이션에서 불필요한 기능들을 잘라낼 것이다. 소소한 불필요한 기능들을 고치고 개선하는 방법을 찾는 대신에, 그런 것들을 과감히 제거하고 절대적으로 필수적인 것들만 남길 것이다.

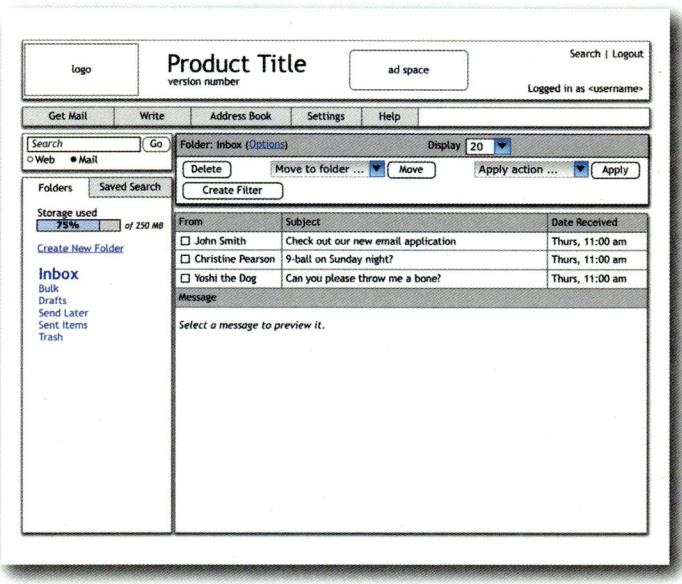

이 어플리케이션에는 엄청나게 많은 기능들이 있다. 단지 Email을 확인하는 것 외에 웹

검색을 할 수 있고, 저장 공간을 확인하고, 어떤 사용자 아이디로 로그인 했는지 확인하고, 저장된 검색조건을 재사용하고, 자동 응답기능 같은 편의기능들을 수행하고, 받은 메일을 자신만의 폴더로 이동시키고, 글자크기 같은 설정 옵션을 선택하고, 페이지마다 보여지는 메일의 개수를 설정하는 등등의 다양한 기능들을 수행할 수 있다. 이들 중 필수적인 것도 있지만 아닌 것도 많다.

먼저, 웹 검색을 수행하는 검색기능부터 살펴보자. 세상엔 수많은 웹 검색이 존재한다. 대부분의 웹 브라우저는 기본적으로 웹 검색을 제공하고, 원하면 언제든지 사용할 수 있다. 이미 너무나 다양한 웹 검색이 존재하는 상황에서 굳이 똑같은 기능을 중복해서 제공할 이유가 없다. 우린 단지 메일 검색 기능만을 남겨둘 것이기 때문에, 2개의 라디오 버튼을 없애고 그 공간을 다른 곳에 활용할 것이다.

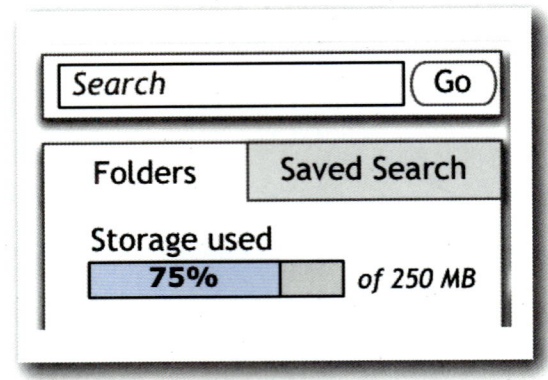

검색 조건 저장 기능도 없앨 것이다. 검색 조건을 저장하고, 나중에 저장된 조건을 다시 검색하는 등의 작업은 단지 몇 개의 키워드를 입력하는 것에 비교해서 더 번거로울 뿐 그리 효율적이지 않다. 물론 소수의 어떤 사용자에겐 유용하게 사용될 수도 있겠지만, 대다수의 사용자에게 꼭 필요한 기능이라고 할 수 없다. 검색 조건 저장 기능에 사용되었던 Tab 인터페이스도 사라질 것이고, 남아있는 '폴더 보기'는 유일한 옵션이기 때문에 굳이 Tab을 써서 '폴더 보기'라고 표기해 줄 필요도 없어진다.

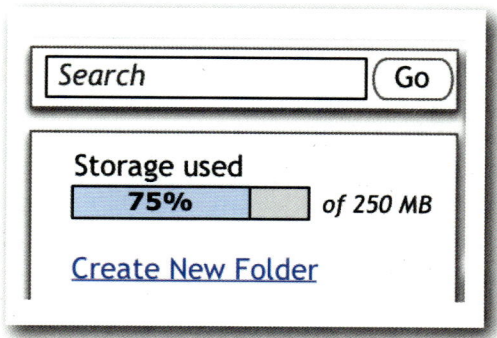

다음으로, 저장공간 중 남은 사용된 공간을 알려주는 백분율 표시를 제거할 것이다. 만약 이 표시가 다시 필요하다고 결정되면, 설정 화면에서 표시해줄 수 있을 것이다. 메인 화면에서 굳이 붙박이로 공간을 차지할 이유가 없다.

계속해서, 현재 로그인 되어 있는 사용자 아이디를 보여주는 문장을 제거하자. 대부분의 사용자는 하나의 아이디만을 가지고, 키보드를 두드려서 직접 로그인 과정을 거칠 것이기 때문에 굳이 어느 아이디로 로그인 했는지 보여줄 필요가 없다. 이미 사용자가 알고 있는 사실을 확인시켜줄 이유가 없는 것이다.

또한, 메일 리스트에서 한번에 몇 개의 메일을 보여줄 지 선택하는 옵션을 제거하자. 이것은 기능으로써 충분히 가치가 있는 것이지만, 매일 사용하는 일상적인 기능이 아니다. 따라서 설정 화면으로 보내도 되는 기능이다.

그리고, 검색 바가 왼쪽 사이드 바에 있기 때문에, 화면 상단의 '검색 링크'는 없어도 된다.

현재 어느 폴더를 보고 있는지 보여주는 타이틀 바 또한 사이트 바에서 볼드체의 큰 글자로 이미 보여주기 때문에 중복이다. 만약 타이틀 바를 제거하면, 세로로 생기는 여유 공간을 '편지'같은 좀 더 중요한 콘텐츠 영역으로 대신 활용할 수 있다.

메일 리스트가 화면에 뜨면, '답장', '전체 답장', '보내기', '삭제', '스팸 메일' 등의 기능을 제공하는 작은 바가 리스트의 상단에 생긴다.

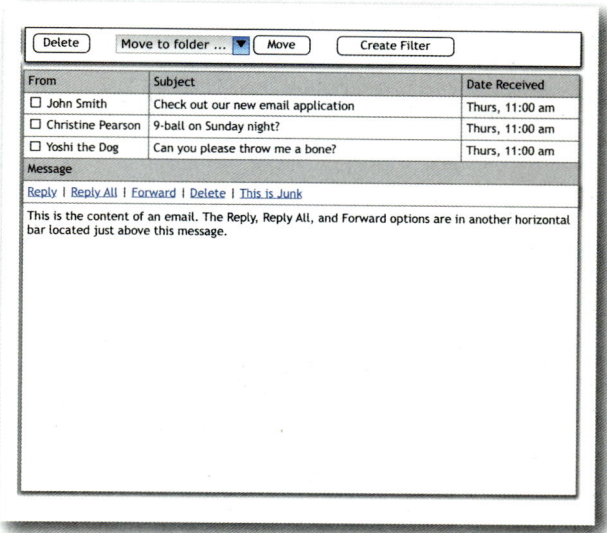

근데 이미 '삭제' 버튼은 리스트의 상단에 존재하고 있다. 이 '삭제' 버튼을 제거하여 상단 영역의 기능을 통합하고 말끔하게 정리하여 단일 인터페이스를 제공한다면 코딩작업을 줄일 수 있을 뿐 아니라, 좀 더 심플한 인터페이스는 사용자의 혼란을 예방할 수 있다.

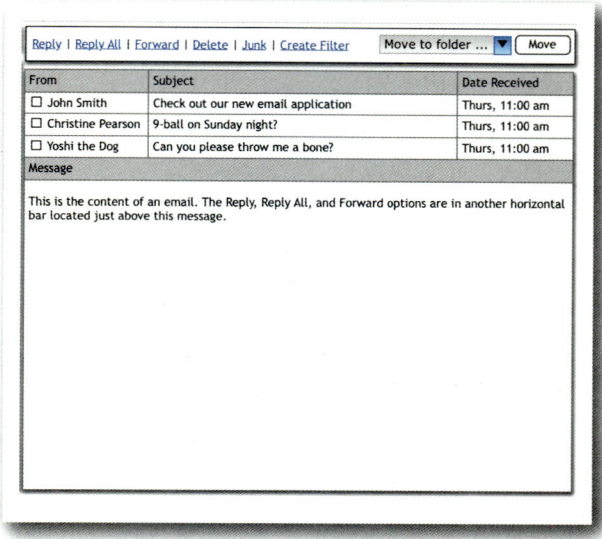

마지막으로, 약간의 개념적인 개선을 적용해보자. '답장', '전체 답장', '보내기' 등은 하나 이상의 메일이 선택된 상황에서는 비활성화 시킨다. '삭제', '스팸 메일', '필터 설정' 등은 복수의 메일에도 적용할 수 있는 기능이기 때문에 항상 활성화되어 있다. 일련의 수술을 통해서, 우린 공간 활용을 높이면서도 기능적으로도 개선할 수 있게 된다.

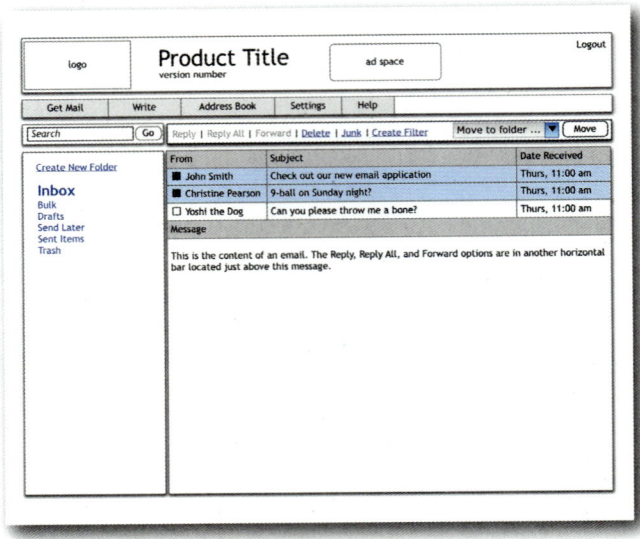

자, 훨씬 나아지지 않았나? 몇몇 기능들과 몇몇 인터페이스의 구성을 빼버리고, 정리정돈을 통해서 이해하기 쉽고 사용하기 편한 인터페이스로 거듭났다.

이 책에서는 어플리케이션의 개선을 위해서 한번에 한 건의 '인터페이스 수술'을 계속해서 진행할 것이다.

5. '있으면 좋을 기능'에 대한 재평가하기

그렇다면 캐비닛 파일에 꽂아두었던 '있으면 좋을 기능'들의 리스트는 언제 다시 꺼내 볼 것인가? 간단하게 말하면, 제품이 출시되기 전에는 단 1초도 꺼내 보지 않을 것이다.

제품이 출시되고, 실제로 사용자들이 사용하고, 필연적으로 뒤따르는 버그들을 수정하고 제품이 어느 정도의 안정된 궤도에 오른 후에야 처박아 두었던 리스트를 꺼내볼 순간이 온다. 이때가 아마도 크게 한번 웃음을 터뜨릴 순간일지도 모른다.

당신이 일반적으로 직면하게 되는 현실이란, 원하는 것이 무엇인지 또는 무엇이 불만인지를 토로하는 사용자들을 만나게 된다는 것이다. 그들 중 아무도 '있으면 좋을 기능'들에 대해서 이야기하는 이는 없다. 사용자들은 항상 어플리케이션에 대해서 당신이 가지고 있던 관점과는 다른 관점을 가지게 된다. 그들 중 아무도 당신이 예측했던 대로 어플리케이션을 사용하지 않는다. 불만이든 요구사항이든 그전에 당신이 중요하다고 생각했던 것들과 사용자가 이야기하는 것과는 큰 거리감이 있게 마련이다.

만약 당신이 이런 상황을 맞이했다면, '있으면 좋을' 리스트는 다른 캐비닛에 다시 던져 버려라. 아마 그 캐비닛은 쓰레기통처럼 생겼을 것이다. 그 날은 일단 일과를 종치자. 프로젝트의 초기에 매우 훌륭하다고 생각했던 아이디어들, 예를 들면 로고에 다른 색깔을 적용한다던지 하는 아이디어들은 대개가 꼭 있어야 하는 '슈퍼스타' 기능들을 알아보기 힘들고, 조작하기 힘들고, 결국은 사용하기 힘들게 만들 뿐이라는 사실이 명백해진다.

6. 그들을 말하게 하라

일단 제품이 세상의 빛을 보게 되면, 당신은 사용자들이 당신에게 피드백을 줄 수 있는 방안을 마련하고 그들의 말에 경청을 해야 한다. 대기업들은 일반적으로 Email이나 전화를 통한 고객과의 넓은 커뮤니케이션 채널을 열어놓고 그들의 불만이나 질문사항을 귀담아듣는다. 이런 방법은 마케팅의 관점에서 배울 점이 많다.

Seth Godin는 '크고 빨간 터키 모자(The Big Red Fez)'를 포함한 수많은 마케팅 베스트셀러의 저자이자 웹의 영역에서 '바이러스성 마케팅'을 주창하는 주요인물이다. 웹에서 바이러스성 마케팅이란 기본적으로 사람들이 당신의 제품에 대해서 거론할 수 있는 기회를 제공하고, 자유로이 사람들이 의견을 교환할 수 있게 만드는 것이다. 이는 사람들이 다른 사람들에게 당신의 제품을 추천할 수 있는 방법을 제공해주는 훌륭한 마케팅 수

단일 뿐 아니라, 그들이 어떤 문제를 가지고 있고, 제품의 무엇이 바뀌기를 원하고, 무엇이 추가되기를 원하는지에 대한 정보를 흡수할 수 있는 레이더와 같은 역할을 한다. 당신의 웹 사이트에 아주 단순한 포럼 형식을 사용해서 사람들을 유도한다면 고객 지원에 드는 비용을 매우 낮출 수 있을 뿐 아니라(유지비용 또한 매우 적게 든다), 그들로부터 대량의 정보를 얻어 낼 수 있다.

그렇다고 그들이 제공하는 모든 정보가 다 당신에게 호의적인 것은 아니다. 분명히 그들 중엔 불만만을 이야기하고, 최악의 제품이라는 말 외에는 그 어떤 발전적인 언급을 하지 않는 무례한 사람들도 있을 것이다. 그래도 그냥 내버려 두라. 만약 당신이 부정적인 내용을 걸러내고 검열을 한다면, 그건 고객의 목소리에 귀를 기울이겠다는 포럼의 원래 목적을 스스로 포기하는 것이다. 고통 또한 목적을 위해 감수해야 하는 것이다.

당신이 고객에 귀를 기울이는 동안, 당신은 새로운 '있으면 좋을 기능'의 리스트를 얻게 될 것이다. 그것 또한 파일에 잘 꽂아 두자. 그들의 요구 사항이 당신이 가진 큰 그림과 어울리지 못한다면 과감히 무시할 수 있어야 한다는 말이다. 그건 아마도 단지 사용자들의 변덕일 수 있고, 그런 변덕에 일일이 대응할 필요는 없기 때문이다. 당신은 몇 명의 내부 사용자들을 모집하여, 실제 제품을 출시하기 전에 제안된 기능들로 제작된 프로토타입을 테스트해 볼 수도 있다. 만약 좋은 것이 아니라고 판명되면 그 기능들은 빼내면 된다. 그것에 대해 수치심을 느낄 필요도 없다. 그것은 단지 발전해가는 과정일 뿐이다.

마지막으로 다시 한번 강조한다.

가장 많이 요구되고, 가장 중요한 기능들에 초점을 맞춰라.

사용자 멘탈 모델 지원

우리가 서류를 정리한다고 할 때, 아마 가장 먼저 서류 정리함을 떠올릴 것이다. 마분지 폴더에다 서류를 각각 분류해서 넣은 다음 그 폴더들을 서류 정리함에 차곡차곡 채워 넣고는 나중에 어떤 서류들이 어떤 폴더에 있는지 기억하기 쉽도록 깔끔하게 라벨을 붙이기도 할 것이다. 요즘은 컴퓨터 운영체제의 바탕화면에서 이런 폴더(아이콘으로 그려진)를 볼 수 있다. 우리는 거기서 원하는 것을 찾고, 열어 보고, 그 안에 필요한 파일(서류)이 있는지 살펴보게 된다

하지만 컴퓨터의 입장에서는 이런 파일과 폴더라는 개념은 아무런 상관이 없다. 대신 실제로 컴퓨터는 이런 특정 비트(bit)와 바이트(byte)가 저장된 곳을 말해주는 나름의 주소 체계를 사용한다. 이 주소 체계는 우리가 알고 있는 파일/폴더 시스템과는 전혀 상관도 없고 일치할 필요도 없다. 사실, 우리가 보기에 같은 폴더 안에 있는 파일들이라 하더라도 하드디스크 상에서는 서로 연속되게 배치될 필요도 없는 것이다.

다른 한 가지 예를 들면, 우리가 뭔가를 버리려 할 때 보통 휴지통을 생각한다. 휴지통은 집이든 사무실이든 한 쪽 구석에 위치해서 필요없는 것을 버리게끔 해주는 역할을 한다.

오늘날의 컴퓨터에서도 뭔가를 버릴 때, 우리는 애매한 커맨드라인 명령어로 파일을 삭제하는 대신(예전에는 다 그렇게 했다), 그냥 파일처럼 생긴 아이콘을 끌어다가 휴지통처럼 생긴 아이콘에 던져 버린다. 시각적인 메타포(metaphor, 은유)가 명령어를 대신해버린 것이다. 이제 파일을 삭제하는 것은 그냥 휴지통에 버린다는 의미가 되어 버렸다.

》 Mac OS X의 휴지통 메타포(은유)는 우리의 멘탈 모델(Mental Model)을 형성하도록 도와 줌으로써 파일을 삭제한다는 행위를 마치 실제 생활에서처럼 시각화시켜 준다.

현실에서 보면 컴퓨터에서 파일을 지우는 것과 휴지통에 무엇인가를 버리는 것과는 전혀 닮은 점이 없다. 그러나 사용자는 어느 것이 더 이해하기 쉬울까? 파일을 휴지통에

버리는 행위일까? 아니면 하드디스크에서 인덱스 주소를 삭제해 나중에 컴퓨터가 다른 것을 저장할 수 있도록 만드는 행위일까?

결국, 유용하고 구체화된 메타포는 실제 현상을 효과적으로 대체해 버린다. 그리고 누구도 그것이 이상하다고 생각하지 않는다. 결국 메타포는 모두에게 통하는 방법이면서 실제로도 현실을 훨씬 더 단순화시켜 주기에 이해가 더 쉽다.

위의 두 경우 모두에서 사용자는 컴퓨터 관련 내용보다는 우리생활 속의 지식에 좀 더 밀접한 메타포를 전달받았다. 휴지통은 뭔가를 버리기 위해 사용되고, 서류 정리함은 파일을 정리하기 위해 사용되었다. 이는 우리가 실생활에서 행하는 방식과 동일한 것이기도 하지만 이제는 우리가 컴퓨터에서 행하는 방법이기도 하다(물론 더하고 덜하고의 차이는 있겠지만). 우리가 그럴 것이라고 믿기에 당연히 컴퓨터도 똑같을 것이라 생각하지만 사실은 컴퓨터는 우리와 전혀 다른 동작과 처리를 하는 것이다. 단지 우리는 우리 현실세계의 경험에 기대어 그런 것들을 이해하고 받아들이는 것뿐이다.

@ 멘탈 모델 이해하기

멘탈 모델(Mental Model)이란 우리가 사실이라고 믿는 것이다. 보통은 우리의 경험에 비추어서 사실이라 믿거나 또는 우리가 가지고 있는 지식에 근거하여 믿는 것을 말한다. 하지만 멘탈 모델은 실제로 일어나는 사실을 반영하지 않아도 되며, 대부분의 경우 진짜 사실과는 다르다. 그저 우리가 밤에 편히 잘 수 있도록 복잡하지 않게 머리 속에 그려 주면 된다. 꼭 컴퓨터가 실제로 동작하는 원리를 이해시킬 필요는 없는 것이다.

사용자가 어떤 어플리케이션에 대해 호감을 가지려면, 자신들이 그 어플리케이션을 잘 알고 있는 것처럼 느껴져야 한다. 따라서 어플리케이션을 사용자가 이해할 수 있도록 가능한 쉽고 단순하게 만드는 것이 바로 명확한 디자인인 것이다. 비록 사용자가 단순하게 이해하고 있는 것이 실제현상과는 다르더라도 그것이 유효하기만 하다면 좀 더 성공할 수 있는 기회는 높아진다.

다시 말해, 비록 사용자가 실제현상과는 완전히 다르게 이해하고 있더라도 이해한 내용에 의거해 사용자가 효과적으로 소기의 목적을 달성할 수 있고, 그것이 편하다면 완전히 잘못된 사실일지라도 아무런 문제가 되지 않는다는 것이다.

반면에, 구현 모델(Implementation model)은 시스템 밑에서 처리되는 실제 내용이 반영되도록 디자인된 것을 말한다. 보통은 전혀 '디자인'되지 않은 채로 말이다. 구현 모델은 시스템을 사용하는 사람을 전혀 고려하지 않는데다, 보통은 그 시스템을 만드는 사람을 만족시키는 것에 중점을 두고 있다.

구현 모델의 한 예로 정말 오래된 DOS 프롬프트를 들 수 있다. DOS는 우리가 하드디스크가 어떻게 동작하는지 알고 있다고 생각하고, 파일을 지우는 방법도 다 알고 있다고 가정한 상태로 만들어져 있다. 이제는 그런 시대는 지나갔다. 그런 어이없고 괘씸한 것들은 버려야 된다.

웹 어플리케이션에서는 디자인된 기능을 표현할 수 있는 더 좋은 방법이 있음에도 불구하고 정말 많은 구현 모델 디자인이 존재한다. 이번 장에서는 어떻게 하면 구현 모델 디자인을 배제하고 사용자에게 기반기술을 이해하도록 강요하지 않으면서도 의미가 전달되는 인터페이스를 디자인 할 수 있는지에 대해 알아보겠다.

@ 멘탈 모델 디자인하기

웹 어플리케이션이 구현 모델을 사용해 기능을 표현하려 할 때 보면, 몇 가지 일반적인 경향을 찾아 낼 수 있다.

첫 번째는 에러 메시지가 개발자 전용 버그 리포트 같은 형태로 보여진다는 것이다. 프로그래머들은 종종 디버깅을 위해 개발 중간 중간에 코드를 삽입해 놓는 경우가 있는데, 이는 개발자들이 문제를 좁혀 갈 수 있도록 개발자들만의 언어로 작성되어 있다. 제품이 출시되기 전이라면 별 문제가 없지만, 이런 불가사의한 메시지가 출시 후에도 존재하게 된다면 사용자를 당황하게 만들기 딱 좋다. 이런 메시지는 개발자 입장에서 시스템을 파헤쳐 보여 주는 것이지, 사용자의 이해도를 높여 시스템이 주는 혜택을 느끼게 해주는 것이 아니다.

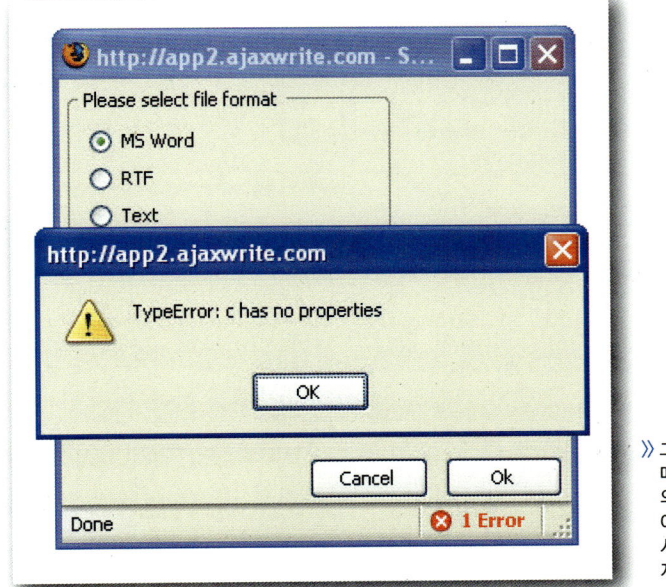

》 그림과 같은 에러 메시지는 사용자에게 의미가 없을 뿐만 아니라 어플리케이션을 계속 사용하고 싶은 생각 자체를 없애 버린다.

두 번째로, 구현 모델 형태로 디자인된 인터페이스는 필요 이상으로 복잡하다는 것이다. 개발자들은 시스템에서 제공할 수 있는 모든 선택사양과 설정항목을 보여주는 것을 좋아한다. 버튼이든, 다이얼로그 박스든, 설정항목이든 불가능한 것들을 빼고는 모조리 인터페이스에다 박아 넣는다. 구현 모델 디자인은 집중해야 할 곳에 집중하기 보다는 모든 것을 다 포함할 수 있는 것에 집착해 버린다. 시스템이 허용 가능한 범위의 모든 것을 제어할 수 있도록 하다 보니 결국 사용의 편의성을 제물로 바치게 된다.

보통 개발자들은 컴퓨터에 관해서는 세상 누구보다도 자신들이 가장 잘 안다고 생각한다. 그래서인지 개발자들은 엄청난 양의 제어기능들을 어플리케이션 안에 모두 표현해 내길 원하고, 그렇게 구현된 어플리케이션이 보통 사람들에게는 얼마나 배우기 힘든 제품이 되는지는 상관하지 않는다. 하지만 대부분의 사용자들은 그 많은 제어기능이 필요가 없다. 그냥 어떻게 하면 빨리 일을 끝내고 가족과 함께 시간을 보낼 수 있을지 알고 싶어할 뿐이다.

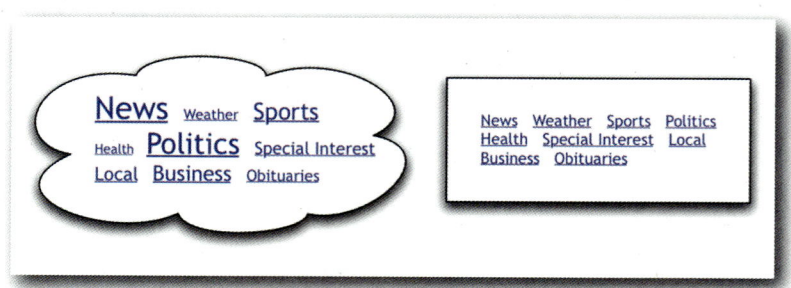

바로 어제 필자는 블로그 템플릿 디자인 하나를 보게 되었는데, 블로그에 올려진 글을 보면서 왼쪽 부분에 그 글과 관련된 키워드 목록을 보여주게 하는 디자인이었다. 그 키워드 목록은 두 가지 형태로 보여 질 수 있었는데, 하나는 태그 클라우드(tag cloud) 형태로 관련성이 높은 키워드는 좀 더 큰 폰트로 보여지고 관련성이 낮은 키워드는 상대적으로 보다 작은 폰트로 표시해 주는 방식의 보기였다. 다른 하나는 그냥 모든 키워드가 일반적인 목록처럼 동일한 폰트와 크기로 보여지는 형태였다. 그런데 아래쪽에 사용자가 원하는 보기 형태를 선택할 수 있도록 클라우드와 리스트라고 이름 붙여진 버튼 두 개를 제공하고 있었다. 내가 왜 그 버튼들이 있는 것인지 물었더니 그 디자이너는 개발자가 "사용자가 두 가지 보기 형태 중 원하는 것을 선택하여 볼 수 있으면 좋을 것 같다" 라고 말했다.

물론 개발자들이 어떤 생각에서 그런 말을 했는지 충분히 이해한다. 앞서 말했듯, 개발자는 모든 것을 포함하여 제공하기를 좋아한다. 만약 목록을 두가지 방법으로 보여 주는 것이 가능하다면, 당연히 선택을 할 수 있도록 해야 한다는 생각인 것이다.

그러나 이 페이지를 온라인 상에서 보게 되는 대부분의 사용자들은 아마 태그 클라우드 자체가 무엇인지도 모를 것이고, 그런 사용자라면 보기 형태를 바꾸지도 않을 것이다.

그들에게 선택을 제공하는 것은 의미가 없는 것이다. 태그 클라우드를 보고 이해하는 사용자는 키워드 간의 관련도를 금방 알아챔으로써 이득을 볼 것이고, 그렇지 않은 사용자는 여전히 단순한 키워드 리스트를 보는 것으로 만족해 할 것이다. 모르면 실수할 일도 없다.

그러나 두 가지 보기 형태로 서로 전환할 수 있는 옵션버튼이 제공된다면, 태그 클라우드 자체를 모르는 사용자는 이 두 개의 버튼이 무슨 뜻인지 알아내기 위해 괜히 고민을 하게 된다. 사용자는 그 페이지에 익숙해 지기 위해 알 필요도 없는 것을 배우도록 강요받게 되는 것이다.

이런 선택의 제공은 아무에게도 도움이 되지 않는다. 오히려 그 페이지의 기본적인 기능을 이해하는데 방해만 될 뿐이다. 이런 식의 구현 모델 디자인이야 말로 사용자가 페이지를 성공적으로 사용할 수 있는 기회를 감소시키게 된다. 다행히도 디자이너는 그 두 개의 버튼을 없애고 그냥 태그 클라우드 형태 하나만 보여주기로 하였다.

구현 모델 디자인으로 인해 나타나는 세 번째 경향은 작업을 진행하는 것이 종종 번거롭고 귀찮다는 것이다. 왜냐면 시스템이 작업을 잘 수행하도록 하려면 사용자가 계속 온갖 필요한 정보를 시스템에게 제공해 주어야만 하거나 계속 작업이 잘 수행되도록 가이드 해야만 되도록 강요하기 때문이다. 결국에는 시스템이 필요한 정보를 모두 얻을 때까지 계속 사용자를 괴롭히게 된다.

이런 방식은 시스템이 어떻게 동작하는지 모르는 사람들에게는 아무리 좋은 명칭이라도 의미전달을 할 수 없다는 것을 증명한다. 마치 '클라우드' 라고 이름 붙여진 버튼과 같이 말이다.

어쨌든 이런 방식은 상당히 무례한 것이다. 이것은 사용자를 위해 시스템이 무엇을 하는 것이 아니라 시스템을 만족시키기 위해 사용자가 모든 것을 해야 하는 상황이 되어 버린다. 모든 사람에게 모든 것을 제공하려고 시도하는 어플리케이션의 경우, 결국엔 아무것도 주지 못하고 그 누구도 만족시키지 못한 채 실패해 버리게 된다. 물론 이런 어플리케이션이 성공하는 사례도 있다. 하지만 그런 경우는 보통 비슷한 요건을 가진 다른 어플리케이션이 시장에 없거나 하는 등의 특수한 상황이나 이유 때문에 비롯되는 것이 대부분이다.

이런 슬픈 사례가 존재한다고 해서 어플리케이션이 무례하게 만들어져도 괜찮다는 것은 아니지만, 이런 무례한 어플리케이션이 너무나 자주 만들어지는 이유는 구현 모델이 계속 그 못생긴 얼굴을 들이밀기 때문이다. 하지만 만약 어플리케이션이 잘 만들어져서 사용자에게 편안한 자신만의 멘탈 모델이 형성된다면 모두가 만족스럽게 될 것이다.

1. 통하는 메타포 만들기

37signals 사에서 제작한 Backpack(www.backpackit.com) 사이트는 소규모 프로젝트와 정보를 관리하는 매우 간편하면서도 훌륭한 웹 어플리케이션이다. Backpack은 마치 가방에 물건들을 채워 넣듯이 웹 페이지를 만들고 거기에 어떤 것이든 채워 넣을 수 있게 해 준다.

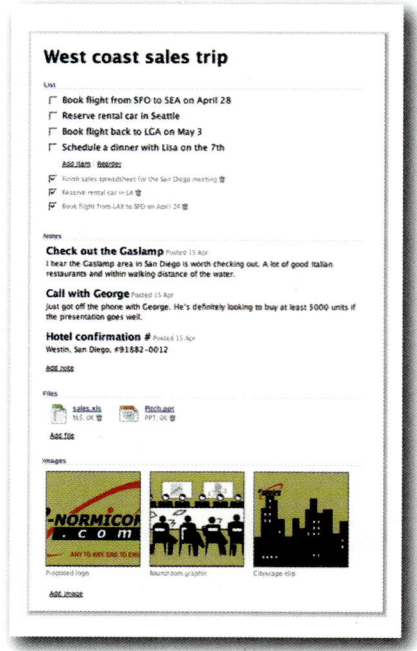

》 이 Backpack 사이트의 샘플 페이지는 할일, 노트, 파일, 그리고 이미지들을 모두 하나의 페이지에서 관리할 수 있다는 것을 보여준다.

Backpack에서는 한번의 클릭으로 페이지를 생성한 다음 이름을 붙이고 바로 원하는 어떤 것이든 채워 넣기 시작하면 된다. 노트든, 이미지든, 파일이든, 모두 하나의 페이지에 보관된다.

Backpack이 있기 전이었다면, 난 어떤 새로운 리서치나 작은 프로젝트를 시작할 때마다 이곳 저곳에서 마구잡이로 정보를 수집했을 것이다. 아마 바탕화면에 폴더 하나를 만들어 파일을 마구 던져 넣었을 것이고, 웹 브라우저에도 북마크 폴더를 만들어 북마크를 계속 추가했을 것이다. 이미지를 모으기 시작하고, 할일 목록도, 노트도 계속 쓰고 있었을 것이다. 결국 그렇게 어지럽게 자료를 수집하고는 정리하느라 미쳐버리고 있을 것이다.

하지만 Backpack을 쓰고 난 후, 난 그런 모든 정보들을 한 곳에 모아둘 수가 있게 되었다. 마치 가방에 책과 노트와 숙제와 그리고, 도시락까지 넣고 다니는 학생처럼 말이다. 구현 모델의 전형인 운영체제는 북마크나 파일, 그리고 할일 목록이나 이미지가 모두 다른 종류이기에 서로 다른 어플리케이션에 저장되어야 한다고 말한다. 하지만 Backpack은 그와는 달리 이런 정보가 실제생활에서 어떻게 다루어지는지에 대한 멘탈 모델을 잘 제공해주고 있다. 실제 현실에서 나는 Backpack(가방)에 여러 가지를 한꺼번에 담아둘 수 있고, 이젠 웹 상의 Backpack도 똑같이 해주고 있다.

Backpack을 처음 접했을 때, 나는 그 목적과 잠재력을 파악할 수 있었다. 하지만 솔직히 그것이 나에게 과연 유용할 지에 대한 확신은 없었다. 그래서 우선은 무료계정에 가입한 뒤 한 주 동안 내가 작업하고 있던 사설기사를 위한 모든 노트를 그곳에서 정리해보기로 했다.

그러고는 바로 다음날, 난 그 기능에 완전히 반해서 바로 유료 계정으로 전환해 버렸다. Backpack은 나에게 전혀 다른 정보끼리의 관계와 구성을 그대로 유지하면서도 하나의 묶음으로서 그 의미를 가질 수 있게끔 해주었다. 정보와 아이디어는 보통 산발적으로 일어나는데 Backpack은 "각각 다른 종류의 데이터 간의 관계와 구조를 유지해!"라고 강요하지 않고 자연스럽게 흐르는 대로 일할 수 있도록 해 준다. Backpack은 내가 운영체제가 강요하는 정리방식의 틀에 갇혀 있곤 할 때, 내 방식대로 정보를 정리할 수 있도록 해준다.

내가 37signals의 리더인 Jason Fried에게 Backpack의 영감을 어떻게 얻었는지 물었을 때 그는 다음과 같이 말했다.

> "우리가 만드는 모든 제품에서처럼, 무엇인가를 만드는 동기는 모두가 가려워하는 곳을 긁어 주는 것에 있습니다. 우리가 필요했던 것은 '생활에서 느슨하게 널려진 것들을 하나로 묶어주는 것'이었고 그래서 Backpack을 만들게 되었습니다. 기존에 우리가 경험했던 비슷한 종류의 소프트웨어들은 너무 복잡했었고, 또한 너무 많은 질문과 형식을 강요하고 있었습니다.
>
> 사실 정보라는 것은 정형화되지 않은 어떤 흐름 속에서 찾아 오는데, 바로 그런 것들을 담을 수 있는 공간이 필요했습니다. 정보를 정리하는 것은 나중 일이죠. 하지만 머리 속에서 뭔가를 생각해 냈을 때, 어딘가보관해 놓지 않는다면 결국 잊어버리게 됩니다. Backpack은 바로 이런 정형화 되지 않은 정보들을 모두 한 곳에 모아 둘 수 있는 장소를 제공하기 위해 디자인 것입니다. 그런 다음, Backpack을 통해 제공되는 간단한 할일 목록이나 노트, 글귀, 이미지, 파일들, 그리고 기념일 작성도구들을 사용해 머리 속에만 있던 것들을 좀 더 현실성 있는 무엇인가로 만들 수 있게 됩니다."

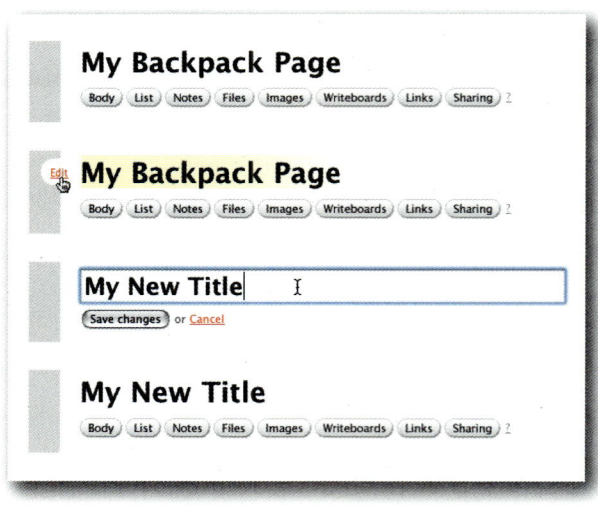

» 페이지 제목에 마우스를 올려 놓으면 Edit 링크가 표시되고, 그것을 클릭하면, 바로 새로운 페이지 제목을 적어 넣을 수 있는 입력 필드로 전환된다. 그런 다음, 저장 버튼을 클릭하여 간단하게 저장하면 된다.

Backpack의 또 다른 흥미로운 부분은 바로 페이지에 있는 모든 것이 해당 페이지에서 바로 편집 가능하다는 것이다. 예를 들어, 새로운 노트를 만든다면, 해당 페이지 내에 바로 입력만 하면 되도록 텍스트 입력필드를 제공해 주고, 할일 목록을 만드는 것도 한 번의 클릭으로 간단히 목록을 만들고 입력박스에 첫 번째 할 일을 입력해 주면 된다. 일단 작성한 할일 목록을 저장하면, 각 항목들 앞에는 체크박스가 표시되어 이미 한 일을 체크해 없애버릴 수 있도록 만들어 준다. 파일을 추가하는 것도 파일을 찾고 업로드하는 외에는 힘들 것이 없다.

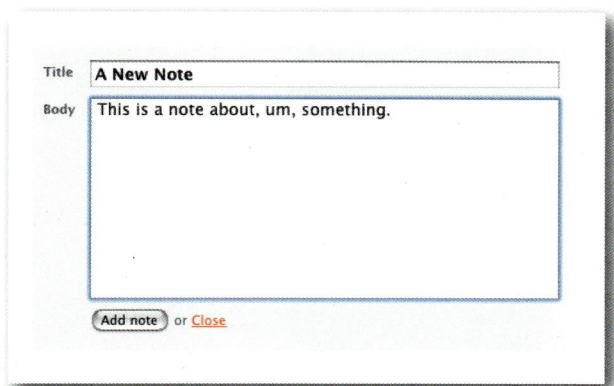

》》 새로운 노트를 작성하기 위해
필요한 입력필드를 바로 그
해당 페이지에 제공함으로써
사용자는 다른 페이지로
이동할 필요없이 새 노트를
만들 수 있다.

절대 다시 새로운 페이지를 불러오기 위해 기다리지 않아도 되고, 어떤 링크를 통해 어떤 페이지로 이동하여 작업을 어떻게 수행해야 했는지 전혀 기억할 필요가 없다. 나에게 Backpack은 정말 귀중한 장소가 되어버렸다. 왜냐하면 Backpack은 날 귀찮게 하지 않으면서도 필요한 모든 일을 할 수 있게끔 해주었기 때문이다. Backpack을 사용하면서 어플리케이션적인 에러메시지를 아직 한 번도 보지 못했고, 나에게 시스템 내부 작동방식을 이해해야만 사용할 수 있게끔 강요하지도 않았다. 사용법을 익히는데 넘어야 될 산이란 전혀 없었다.

확실합니까?

Backpack을 사용하면서 내가 본 유일한 구현 모델 디자인 부분은 뭔가를 삭제하려고 했을 때 뜨는 자바스크립트 경고 메시지였다. 거기에는 그냥 단순히 "정말 확실합니까?" 라고 묻기만 한다.

이 메시지 자체는 매우 일반적인 확인 메시지이긴 하지만, 그 의미는 결국 "되돌리기 기능이 없으니, 페이지에서 뭔가를 지우려 할 때, 작업 진행을 방해할 지라도 이런 메시지를 통해 당신이 하려는 바를 확실히 알고 있게끔 알려주는 것 뿐이다." 라고 시스템 내부의 사정을 전하는 것이다.

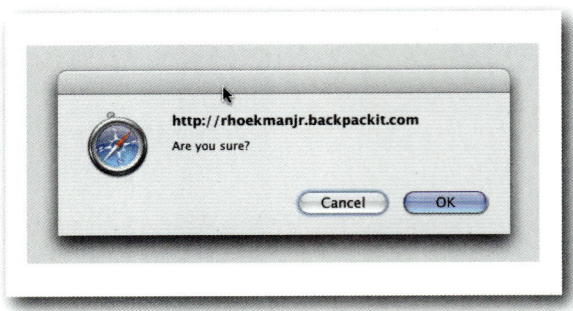

>> 그래, 그래 확실하다니까. 앗..잠깐!
메시지에 뭐라고 써 있었지?
보지도 않고 버릇처럼 확인 버튼을
클릭해 버렸네.

사실, 실제 우리의 생활에서는(내 멘탈 모델의 근간이 되는 곳인) 얼마든지 휴지통에서 버린 것을 다시 꺼낼 수 있다. 더구나 뭔가를 버릴 때도 정말 버리겠냐는 질문을 던지지는 않는다.

만약 그 기능을 내게 맡겼다면, 난 아마 되돌리기 기능을 어플리케이션에 추가시키고 그런 확인메시지를 없앴을 것이다. 사용자가 뭔가를 없애버리는 행동을 확인없이 할 수 있도록 해주는데 문제가 되는 것은 아무것도 없기 때문에 되돌리기 기능을 제공해야 된다. 아마 이미 진행된 것을 되돌릴 수 있는 다른 수단이 없는 작업을 수행할 때마다 페이지에 간단한 되돌리기 링크를 표시해 주면 된다. 이 링크는 사용자가 또 다른 작업을 수행하기 전까지는 표시해 주어, 사용자가 가장 최근에 수행한 작업을 되돌릴 수 있게끔 해 주는 것이다. 어떤 작업을 되돌리는 능력은 자바스크립트 경고 메시지보다 훨씬 오래 유지될 수 있는데다 사용자의 작업진행에 전혀 지장을 주지 않는다. 두 마리 토끼를 한 번에 잡을 수가 있는 것이다. 시스템적인 사항은 사용자에게서 멀리 감춰두고, 좀 더 사용자의 관점에서 없애버리는 행동을 이해할 수 있는 멘탈 모델을 제시해 주게 된다.

그러나, 전반적으로 Backpack은 그 사용 목적을 내가 바로 알 수 있도록 정말 잘 만들어져 있다. 게다가 이름도 참 잘 지어졌다. 진짜 백팩 가방처럼 Backpack은 내 모든 물건들을 집어 넣게 해주는 공간인 것이다. 난 회사에서는 Backpack을 인터페이스 아이디어를 끄적거리는 용도로 사용하고, 집에서는 작업 중인 기사들을 정리하고 개인적인 프로젝트를 계획하는 용도로 사용한다. 더구나 Backpack은 웹 기반으로 만들어졌기 때문에 내가 어디에 있던지 함께 가져가는 것과 마찬가지가 된다. 진짜 Backpack 가방을 들고 가는 것처럼 말이다. 정말 Backpack은 내 머리 속에 있는 정리의 개념의 사고를 매우 효율적으로 지원해 주고 있다.

앞서 말한 자바스크립트 확인메시지를 제외하면 Backpack은 단 한 번도 나의 작업을 방해하는 행동을 한 적이 없다. 정말 나에게 딱 맞는 어플리케이션인 것이다. 그것만으로도 난 37signals에 매일 감사하고 있다.

내가 누군가에게 어플리케이션을 잘 만들어 주어서 고맙다는 말을 들은 것이 언제였지?

2. 인터페이스 수술 :
구현 모델 디자인을 멘탈 모델 디자인으로 전환시키기

웹 상에서 가장 성가신 구현 모델의 위젯 중에 하나가 바로 트리 뷰 인터랙션이다. 트리 뷰는 사용자를 고려하지 않고 시스템의 내부 구조만을 반영한 인터페이스 요소 중 하나로 꼽을 수 있는 아주 좋은 예이다.

두 번째 '인터페이스 수술(Interface Surgery)'에서는 이 구현 모델 위젯을 멘탈 모델 위젯으로 바꾸는 것을 살펴볼 것이다.

트리 뷰는 세트가 구성되는 계층단계를 명확하게 보여줌으로써 폴더세트의 계층 구조를 표현해 줄 때 사용된다. 그리고 이런 면에서는 확실히 장점을 가지고 있다. 다음 그림에서 쉽게 파악할 수 있듯이 트리는 마치 논문을 쓸 때 개요를 만들 때처럼 계층구성을 보여준다. 루트 폴더와 서로 중첩된 폴더들, 그리고 폴더를 펼치고 접을 수 있는 작은 플러스-마이너스 아이콘을 볼 수 있고 어쩌면 각 폴더들이 클릭 가능하다는 것도 알아챌 수 있었을 것이다. 그러나 일반 사람들은 우리가 믿는 만큼 이 트리 뷰 위젯을 이해하지 못한다.

》 눈부시게 빛나는 트리 뷰 인터페이스를 바라보라

물론 여러분은 "윈도우를 사용하는 사람들은 아마 트리 뷰를 알고 있을걸요? 윈도우 탐색기에 있는 거잖아요" 라고 얘기할 거라는 걸 알고 있다. 하지만 생각해 보면 대부분의 사람들은 트리 뷰를 사용하지 않는다. 왜냐하면 윈도우 탐색기의 기본 보기형태에는 트리를 보여주지 않기 때문이다. 윈도우 탐색기의 기본 보기형태는 파일과 폴더가 나열된 화면과 함께 왼쪽에 CD 굽기와 같이 각 파일들에 대해 제공되는 기능을 보여주는 영역이 있는 형태이다. 그리고 사람들은 보통 기본값을 잘 바꾸지 않는다. 어떻게 하는지 몰라서 그럴 수도 있고, 자신들이 기본값을 바꿀 수 있는지 조차도 몰라서 그럴 수도 있다. 심지어는 기본값을 변경하는 것을 왜 해야 하는지도 모르는 사람도 있을 것이다.

그러나 가장 큰 문제는 트리 뷰에서 표현되는 계층구조를 이해하는 사람들은 바로 우리처럼 IT 업계에 종사하는 사람이 대부분이라는 것이다. 윈도우 탐색기를 항상 쓰면서 웹 사이트가 실제로는 이런 중첩된 폴더 구조로 서버에 이루어져 있다는 사실을 이해하는 그런 사람들만이 트리 뷰의 계층구조 표현을 이해한다는 것이다.

그럼에도 불구하고, 개발자들은 종종 이런 패러다임을 웹 상에 옮겨 놓으려고 한다. 사용자들은 당연히 이해할 수 있을 것이라고 믿으면서 말이다. 그러나 대부분의 경우 그들은 이해 못할 것이다.

마이크로소프트 조차도 이 트리 뷰에 관해서는 같은 의견을 보인다. 마이크로소프트의 MSDN 라이브러리(msdn.microsoft.com/library/)에 보면, "고급 사용자는 좀 더 트리 뷰에 익숙하다. 만약 어플리케이션이 초보자를 타겟으로 했다면 트리 뷰를 사용하는 것을 피하도록 한다."라고 되어있다.

우리와 같지 않은 세상에 사는 많은 사람들은 '내 문서' 폴더에 모든 것을 집어넣어 놓고 나중에 파일을 찾는데도 힘들어 한다. 그리고 이런 일은 현저하게 많이 일어난다. 왜냐하면 파일을 열거나 저장할 때, 윈도우의 기본 폴더가 '내 문서' 폴더이기 때문에 특별히 기본 위치를 바꾸지 않는 한 이런 일은 자주 일어나게 된다.

디자인적으로 이 트리 뷰를 이해하기도 어려운데다가 덧붙여 이 작은 위젯은 정말 엄청난 양의 기능을 포함하고 있다. 왼쪽에 작은 더하기/빼기 아이콘을 클릭하면, 해당 폴더 하위에 있는 폴더들이 보였다 감춰졌다 하고, 바로 옆에 있는 폴더 이름을 클릭하면 그 폴더가 포함하고 있는 내용이 다른 곳에 보여지게 되어있다. 하지만 더하기/빼기 아이콘의 경우는 이 같이 해당 폴더의 내용은 보여주지 않는다. 단지 해당 폴더를 펼치거나 접는 기능만 있을 뿐이다.

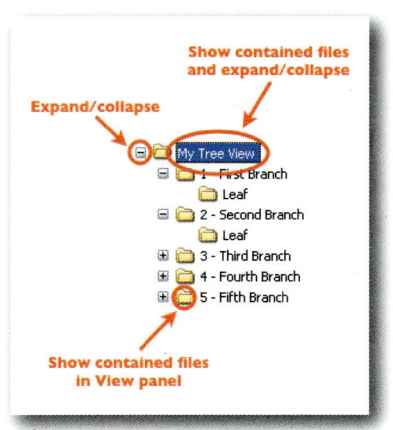

》 트리의 각 부분은 모두 뭔가 다른 동작을 하며, 구현된 많은 트리 뷰 인터페이스들끼리도 서로 다른 동작을 한다. 옆의 그림은 가장 일반적인 트리 뷰 인터페이스의 예제이다.

게다가 트리 뷰를 잘 사용하기 위해 이런 복잡한 방식을 따라야 하는 것에 덧붙여서 사용자들은 세상에 나와있는 다른 모든 트리 뷰들에 대해서도 익숙해 져야 한다. 왜냐하면 그 각각의 트리 뷰들은 모두 서로 다르게 동작하는 경우가 많기 때문이다.

내가 너무 비판적인 것 같긴 하지만, 한가지 더 말하자면, 더하기/빼기 아이콘의 경우 보통 크기가 작기 때문에 마우스를 올려 놓고 클릭하기가 상당히 어렵다. 더구나 "난 버튼이에요! 클릭할 수 있어요!"라고 외쳐 주지도 않는다.

어찌되었건 트리 뷰는 컴퓨터광들이나 좋아할 만한 복잡한 물건이다(사실 나도 컴퓨터광이지만, 트리 뷰는 정말 좋아할 만한 부분이 없다).

트리 뷰의 그 무수한 동작방식은 시스템에 의해서 가능하다. 이것을 만든 개발자들은 사용자와 상호작용 가능한 모든 방법을 파악하고는 각각을 선택적으로 사용할 수 있도록 만드는 것을 고집했다. 여기에서는 더 많은 선택을 하는 것이 필요한 것이 아니다. 필요한 것은 보다 단순한 인터페이스로서 똑같은 기능을 수행하면서도 좀 더 쉽게 이해할 수 있는 것이다.

새로운 관점에서 다음을 한 번 보자.

트리 뷰 컨트롤은 보통 메뉴처럼 사용하게 된다. 그 이상도 이하도 아니다. 사람들은 자신이 원하는 파일이나 데이터를 찾을 때까지 메뉴를 선택하게 된다. 결국 트리 뷰는 선택을 위한 컨트롤인 것이다.

이를 염두에 두면, 우리는 트리 뷰를 하위 메뉴들을 포함하고 있는 메뉴처럼 다시 디자인해 볼 수 있다. 하지만 하위에 하위를 계속해서 포함하게 되면 이것 역시 트리 뷰 못지않게 복잡한 것이 되어 버린다. 왜냐하면 그 누구도 4단계 이상의 하위메뉴를 잘 기억하며 따라 들어가기는 쉽지 않기 때문이다.

그럼, 우리는 어떻게 이 트리 뷰를 없애 볼 수 있을까? 그리고 하위에 하위로 묶여진 메뉴구성을 어떻게 하면 잘 표현해 줄 수 있을까? 가장 먼저 파악되는 것은 트리의 최상위(root)단계를 없애버릴 수 있다는 것이다. 이 최상위 단계는 트리 뷰에서 정말 필요가 없다.

》 그림은 최상위 노드가 없는 트리 뷰 인터페이스이다.
최상위 노드는 없어도 전혀 문제가 없다

이것은 단지 트리 뷰에서 다른 모든 것을 포함하고 있는 어떤 개체가 있다는 것 뿐이다. 사실 어떤 간단한 선택을 하는 입장에서 보면 아무 소용이 없는 것이다. 결국 최상위 단계를 없애버림으로 해서 우리는 선택 리스트만 남길 수 있게 되고, 따라서 간단한 리스트박스 형태로 표시해 줄 수가 있게 된다.

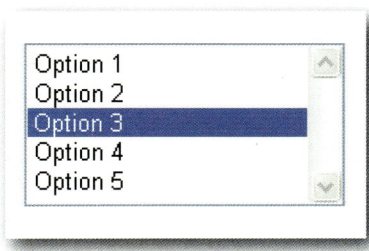

》 이 리스트박스가 트리 뷰의 첫 번째 층을 대체할 수 있다

두 번째로 이해할 것은 하위 메뉴들이 무한히 계속해서 뻗어갈 수 있어야 한다는 것이다. 따라서 우리는 처음에 하나의 선택목록을 보여주고, 그 목록에서 선택된 항목에 대한 하위 선택목록을 원하는 것을 만나게 될 때까지 계속해서 보여줄 수 있는 해결책이 필요하다. 이를 위해 우리는 몇 개의 리스트박스를 가로로 쭉 늘어놓을 수 있다.

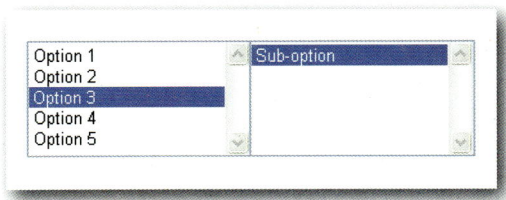

》 좀 더 메뉴처럼 보이는 이 캐스케이딩 리스트 뷰 인터페이스는 트리 뷰를 대체할 수 있다.

아직도 잘 느낌이 안오는 사람을 위해 자세히 설명하자면, 위 그림은 캐스케이딩 목록 (Cascading List)이라는 새로운 컨트롤이다. Apple 사가 자신의 운영체제인 OS X에서 이런 모범적인 실례를 사용하고 있다. 이는 간단히 말해 그냥 리스트박스를 옆으로 배치하여 묶은 뒤, 트리보다는 훨씬 친화적으로 단계 단계를 선택하고 표시하게끔 설계되어 있다. 트리의 모든 가지와 잎사귀 형태를 보는 대신, 그냥 선택할 수 있는 목록을 보게 하는 것이다. 사용자로 하여금 시스템에게 자연스러운 계층 구성을 보여주고 배우게끔

하는 것이 아니라 그냥 선택하는 것만을 보여준다. 하나의 목록에서 클릭하여 선택하면 그 다음 목록에 해당하는 선택목록을 표시해 준다. 아주 단순하다. 캐스캐이딩 목록에서 선택을 하는 방법은 단 한가지 밖에는 없다. 그냥 항목명에 클릭하면 된다. 만약 화면에 표시 가능한 컬럼 수를 넘어선다면, 가장 왼쪽에 있는 처음 컬럼이 스크롤되면서 가려지게 해주고 대신 마지막 컬럼을 나타나게 해 주면 된다.

신기하게도, 이런 형태의 컴포넌트는 아직 몇 가지 드문 경우를 제외하고는 잘 만들어지지 않고 있다. 따라서 이제 여러분이 시작해 볼 수 있다.

트리를 없애라. 그리고 캐스캐이딩 목록을 사용하라.

@ 구현 모델을 없애라

이 장의 나머지 부분은 여러분의 어플리케이션 기획에서 어떻게 하면 구현 모델 (Implementation-Model) 디자인이 실제로 구현되기 전에 찾아내어 제거할 수 있는 지에 관해 다룰 것이다. 와이어프레임(Wireframes)을 만들거나 사용성 테스트를 하는 것과 같은 일반적인 디자인 방법론도 물론 좋은 방법이지만, 이 책에서 우리는 우리의 어플리케이션이 사용자의 멘탈 모델을 확실히 도울 수 있는 방법 쪽에 초점을 맞출 것이다.

1. 핵심을 얻기 위해 와이어프레임을 만들어라

건축가가 새로운 빌딩을 설계할 때 가장 먼저 하는 주요 디자인 과정은 바로 청사진 (blueprint) 만들기이다. 마찬가지로 웹 어플리케이션 디자이너들이 새로운 어플리케이션을 만들 때 가장 좋은 시작점은 와이어프레임(Wireframes)이라고 할 수 있다. 와이어프레임은 인터페이스에서 청사진과 동일한 개념인 것이다.

와이어프레임은 그 형태와 크기가 다양하게 존재한다. 하지만 결국 그 목적은 제품의 초기 디자인 아이디어를 스케치하는 것에 있다.

일반적으로 와이어프레임은 나중에 구현될 실제 디자인의 연필스케치 버전 정도를 넘진 않는다. 레이아웃과 공간 간의 관계, 그리고 나중에 인터페이스에 삽입될 컨텐츠에 대한 개략적인 암시 등을 표현하게 된다. 가끔은 특정 인터페이스 요소를 다른 것들과 부각시키기 위해 대비를 강하게 하기도 한다.

시중에는 와이어프레임 만드는 것을 도와 주는 다양한 프로그램들이 있다. 그 중 대표적인 것들에는 마이크로소프트 사의 Visio, 어도비 사의 illustrator, 그리고 Axure가 있다. 이들 프로그램에 관해서는 나중에 따로 설명하기로 하겠다. 이들 각각의 프로그램들은 자신들만의 장점과 단점을 가지고 있긴 해도 확실히 도움이 되고, 없으면 불편한 것들이다.

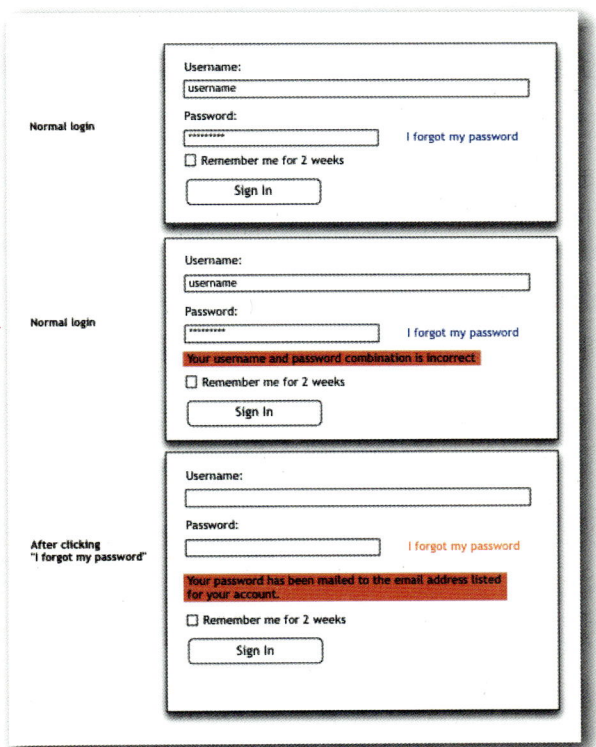

>> 위의 그림은 로그인 화면의 와이어프레임으로 화면 내(in-line) 검증을 통해 사용자에게 아이디와 비밀번호 오류메시지를 팝업이 아닌 화면 내에 표시됨을 보여주고 있다.

와이어프레임이 주는 혜택은 바로 디자인의 이해를 돕게 해 주는 것이다. 와이어프레임을 이용하면 단 몇 분만에 전체 인터페이스를 그려볼 수 있고, 또 쉽게 수정해 볼 수도 있다. 또한 어떤 요소가 사용자로 하여금 어플리케이션의 목적을 이해하는데 방해가 되는지 금방 알아낼 수도 있다. 어플리케이션이 어떻게 생겨야 하는지 생각해 놓은 것이 없어도 와이어프레임을 만드는 것을 시작할 수 있다. 그저 이런저런 UI 요소들을 화면 속에 배치시켜 보는 것을 시작으로 디자인이 현실성있게 만들어 질 때까지 차근차근 레이아웃을 다듬고, 정리하고, 또 각각의 UI 요소들에게 인터랙션을 덧붙여 보면 된다. 결국 이런 작업을 사용자가 가장 잘 사용할 수 있다고 보일 때까지 반복하게 되는 것이다(예를 들면, 여러분은 다음과 같은 질문들은 자신에게 계속 던지면서 디자인을 하게 되는 것이다: 과연 백그라운드 작업이 실패했을 때 실제로 사용자가 알 필요가 있을까? 사용자에게 경고메시지를 제공하지 않고도 작업을 잘 진행할 수 있는 방법은 없을까? 이 화면은 여기보다는 다른 곳에 있는게 낫지 않을까? 아니면 그냥 이 화면을 없애버릴까? 등등).

2. 3-R 주의점

와이어프레임을 만들 때, 다음의 세가지 점에 주의하여 만들도록 해야 한다. 나는 이 세 가지를 3-R이라고 부른다.

● 요구사항(Requirements) : 프로젝트의 요구사항에 주의해야 하는 것은 어찌 보면 당연한 것이지만, 나는 이것을 지속적으로 상기시켜야 한다는 의미에서 첫 번째 R에 포함시켰다. 왜냐하면 어플리케이션 디자인을 하다 보면 정말 쉽게 다른 사람 또는 내 자신이 바라는 기능을 넣게 된다. 하지만 실제로는 프로젝트에 정말 필요한 기능, 즉 제품이 가지고 있는 목적에 부합하는 기능에 충실한 것이 훨씬 낫다.

또 한번 강조하지만 '있으면 좋은 기능' 이 초기에 제품을 디자인하는데 포함되지 않도록 항상 주의하도록 한다. 이런 '있으면 좋은 것'들은 Chapter 3에 설명했듯이 따로 목록을 작성해 두고 나중에 정말 필요한 것이 있는지 살펴보도록 한다. 지금과 같이 화면을 응시하면서 이런저런 박스와 UI 요소들을 그려보는 시점에서는 기본과 요구사항에 충실한 것이 무엇보다 중요하다. 어플리케이션에 대해 알아야 될 것이 적으면 적을수록 이해하는 것은 쉬울 것이다.

- **간소화(Reduction)** : 요구사항에 충실한 것과 더불어 가능한 인터페이스 요소를 간소화할 수 있도록 한다. 방해물과 중복을 줄이고, 사용자 오류의 가능성을 줄이고, 장황한 설명을 줄이고 줄여서 정말 꼭 필요한 것들만 남을 때까지 간소화 시키도록 한다. 만약 어떤 하나의 인터페이스 요소가 당연한 하나의 사용모델을 유지하면서 다른 3가지 목적을 달성할 수 있다면, 그렇게 하도록 한다. 만약 7개의 단어를 2단어로 압축할 수 있다면? 그렇게 한다. 다른 방법으로 목적하던 정보를 얻게 되어 어떤 인터랙션 자체를 없앨 수 있게 되었다면? 당연히 그렇게 한다.

이런 모든 간소화 방책들은 인터페이스를 보다 분명하고 이해하기 쉽게끔 만들어 줄 것이다. 아인슈타인의 명언을 기억해 보라.

> *"모든 것은 보다 더 단순하게 하는 것이 아니라, 가장 단순해질 수 있을 때까지 단순하게 만들어져야 한다."*

간소화에 대해서는 Chapter 8에서 더 깊게 설명하기로 하겠다.

- **규칙성(Regularity)** : 규칙성은 사실 무언인가를 의도적인 것처럼 보이도록 만드는 것이다. 폼 레이블에 같은 폰트와 폰트크기를 사용하고, 입력박스들을 한 줄로 정렬시킴으로써 일관성있는 디자인을 만들고, 똑같은 간격으로 텍스트박스를 배치하고, 비슷하거나 관련있는 인터페이스 요소는 같은 색상을 적용시키는 등등이 바로 그것이다. 규칙성은 만약 어느 텍스트박스가 왼쪽에서부터 20픽셀 떨어져 있다면, 그 다음 요소도 동일하게 왼쪽에서 20픽셀 떨어져 있어야 한다는 것이다. 규칙성은 인터페이스의 정돈, 정렬, 일치 그리고 최적화의 개념으로써 좀 더 명확하고 단순한, 그리고 심미적으로 보기 좋은 인터페이스를 제공하는 것이다.

Chapter 7에서는 통일성을 주제로 좀 더 깊게 이야기할 것이며, 더불어 불일치함을 가지고 어떻게 중요성과 의미를 강조할 수 있는지에 대해 살펴볼 것이다.

이 세가지 주의점을 항상 염두에 두기 바란다. 이 세가지 주의점은 여러분이 딴 생각이 들거나 클립을 인터페이스에 만들어 모든 사용자 질문에 답하도록 하고 싶은 욕구를 바로잡아 줄 것이다. 마이크로소프트가 벌써 이 클립을 만들었지만 결코 좋은 결과로 이어지지 못했다. 위에서 얘기한 3-R을 항상 생각하고 실천하길 바란다.

결국 궁극적인 목적은 어플리케이션을 디자인함에 있어서 하지 말아야 할 것들을 정의하는 것에 있다. 시스템의 필요를 만족시켜주는 질문을 사용자에게 제공하기 보다는 사용자의 필요를 만족시켜주도록 해야 하며, 사용자가 수동으로 옵션을 선택하게 하기 보다는 항상 무엇인가 선택되어 있는 옵션을 제공하도록 해야 한다(기본 선택값을 제공하는 것은 어플리케이션의 목적이 암시되도록 도와 주며, 사용자의 의도를 지원해 주기도 한다). 사용자에게 강제적으로 설정화면으로 들어가 무엇인가를 설정하게끔 하기 보다는 시작점을 잘 보여주고 안내해 주도록 한다. 사용자에게 시스템이 어떻게 동작해야 되는지 설명하게끔 만들기보다는 어플리케이션 자신이 자동으로 설명을 제공하도록 해야 한다.

와이어프레임은 다른 방법으로는 발견하지 못했을 문제들의 해결책을 보여 줄 수 있다. 이제 와이어프레임을 만들어 보라. 그리고 시스템적 모델을 찾아서 사용자 입장에서 말이 되도록 바꿔 놓아 보자.

3. 와이어프레임에 적용하는 개선이란?

와이어프레임을 만들기 전에 옆에 있는 노트를 펼치서 여러분의 아이디어를 스케치 해 보자. Firewheel Design 사는 Blinksale 사이트를 제작할 때 이 방법을 사용했다고 한다. 내가 이 방법에 대해 물었을 때, 조쉬 윌리엄은 이렇게 말했다.

> "우리는 실제 HTML 코드로 구현되기 전, 제품의 75퍼센트를 종이에 그려서 디자인합니다. 실제로 이 방법은 정말 유용했는데 이유는 단순히 종이에 그려질 수 없는 UI라면 그것은

내가 보통 가장 먼저 해보는 것은 몇 가지 디자인 시안들을 화이트 보드에 그려보는 것이다. 가끔 어떤 프로젝트에는 다른 사람들과 함께 이런 작업을 진행하기도 하지만 보통은 나와 마커 한 자루가 멤버의 전부이다. 난 일부러 쓰기 편하도록 바로 뒤에다 화이트보드를 배치해 두고, 그저 의자를 한 번 빙글 돌려서는 미친 듯이 뭔가를 그려대기 시작한다.

보통은 거기까지만 한다. 그러나, 만약 어플리케이션을 디자인하고 구현까지 가능한 사람이라면, 아마 당연히 스케치에서 바로 실제 구현작업을 진행할 수도 있을 것이다. 그것이 그저 단순한 HTML 정도일 지라도 말이다.

그런데, 문제는 이렇게 최초 한 번의 스케치만으로 모든 것이 완벽한 인터랙션을 설계되어 바로 구현작업으로 진행해도 좋은 경우는 아주 몇몇의 한정된 능력자들만이 가능하다는 것이다. 이런 것이 가능한 사람들은 평균적인 사용자들 보다 훨씬 더 컴퓨터 인터랙션에 대해 깊이 알고 있거니와 또한 복잡한 시스템에 대한 이해도도 대단히 높다.

그래서 유즈케이스(Use cases)와 와이어프레임을 사용하면, 디자이너는 초기 단계에서 인터페이스와 관련된 문제들을 파악하고, 그 문제에 대해 깊이 고민할 수 있게 된다. 결국 디자이너들은 모든 화면에 대한 고민과 어떻게 그것들이 서로 연관되어 있는지, 작업할 때 어떤 단계로 흘러가는지, 그리고 그것을 사용자는 어떻게 이해하게 될 지를 계속 생각할 수 밖에 없게 된다. 결과적으로 창의성의 역할이 좀 더 큰 비중을 차지하게 되는 것이다.

디자이너들은 충분한 시간과 환경이 허락될 때, 좋은 아이디어를 떠올리는 경향이 있다. 만약 코딩을 시작하기 전에 단 한번의 스케치만을 했다면, 아마 다른 좋은 가능성들을 파악하기는 어려울 것이다. 하지만 만약 전체 어플리케이션의 그림을 개발팀과 공유하려는 목적이라면, 그 작업은 와이어프레임으로 시작해서 와이어프레임으로 끝나게 될 것이다.

예를 들어, 나는 화이트보드에 아이디어를 스케치한 다음, Axure 또는 파워포인트 등을 사용해서 좀더 상세한 와이어프레임을 만든다. 그런 다음 나는 바로 '개선' 모드로 돌입한다. 개선은 반복 디자인을 수행하는 것과 동일한 의미이다(Chapter 2와 8에서 설명되어 있다).

나는 보통 리뷰나 검증을 위해 와이어프레임을 넘기기 전, 몇 번이고 검토를 한다. Use case를 가지고 했던 것처럼 매번 task flow에는 개선할 것이 없는지, UI를 좀 더 분명하게 만들어야 하는 것은 없는지, 화면에 오류는 없는지 등을 살펴본다.

최근에 웹 페이지 생성 어플리케이션의 사용성 개선을 위해서 편집기능을 개선하는 작업을 하였다. 나는 곧바로 메뉴와 툴바 옵션들을 정리하여 인터페이스를 좀 더 깔끔하게 할 수 있는 몇 가지 방안들이 떠올렸다. 우선 문서를 하나 만든 뒤, 서로 그룹을 지을 수 있는 것들과 메인 툴바에서 제거 가능한 옵션들, 그리고 없앨 수 있는 팝업들을 모두 적어 놓기 시작했다. 더불어 이런 모든 것들이 잘 정리된 후, 인터페이스가 어떻게 보여질

지에 대한 것도 스케치해 놓았다.

당연히 이전보다는 훨씬 단순해지게 되었다. 하지만 아직 충분하지는 않았다. 새로운 웹 페이지를 편집하기 위해서 2가지 모드가 존재했고, 그 중 어느 모드도 사용자에게 적절한 상황에 대한 설명을 해주진 않고 있었다. 양쪽 모두 사용자를 메인 인터페이스에서 몰아내거나, 편집을 하고 난 후의 페이지를 예상하기 어렵다 보니 자꾸 인터페이스의 보기 형태를 바꾸게 되었다.

그래서 나는 메인 인터페이스에 이 두 가지 편집모드를 함께 배치할 수 있는 방안을 모색하기 시작했다. 그렇게 하면, 사용자는 보는 그대로 작업할 수 있게 되고, 또 사용자가 다른 모드로 이동하는 대신 페이지에서 바로 편집할 수 있게 되므로 사용자는 훨씬 간단한 멘탈 모델을 가지고 작업을 할 수 있게 될 것이다.

이를 통해, 나는 메인 툴바에 몇 가지 일반적인 기능과 메뉴를 제공하게 되는 방법을 알아냈다. 그리고 매번 사용자가 편집 텍스트 박스에 있을 때 보여 주게 되는 방법을 알아냈다. 그러나 첫 와이어프레임을 만든 후, 매번 페이지의 다른 부분에서 툴바가 계속 위치를 바꿔가며 표시되는 것이 뭔가 아직 이상해 보였다.

왜냐하면 사용자는 공간기억력이란 것에 의존하기 때문이다. 사용자는 페이지의 어떤 것이 어디에 있는지를 기억하고 마지막으로 수행했던 작업을 위해 그 곳으로 돌아가려고 한다. 툴바를 계속 옮겨 다니는 것은 효과적인 방법이 아니었다. 와이어프레임을 가지고 조금 놀다 보니 나는 결국 툴바를 메인 인터페이스의 고정영역에 옮겨놓고 거기다 탭을 추가해 놓게 되었다. 각각의 탭은 서로 다른 편집 기능을 가지고 있었다. 하나는 문장서식을 편집하는 도구를 가지고 있었고, 다른 하나는 폼을 추가하거나 폼 자체의 속성을 조정하여 사용자가 원하는 폼을 페이지에 생성할 수 있는 기능을 가지고 있었다. 또 다른 하나는 이미지 편집 도구를 포함하고 있었다. 각 탭은 사용자가 스스로 웹 페이지에 요소들을 추가할 수 있는 방법을 제공하고 있었다. 그리고 툴바는 그 자체로 상황에 맞게 되어 사용자가 텍스트 블럭에 클릭하면 문장서식 툴을 보여주고, 이미지를 클릭하면 이미지 편집도구를 보여주는 형태가 되었다.

이 해결안이 여태까지 가능한 해결안 중 가장 나은 것이었다. 몇 가지 구현 모델 디자인도 없어지게 되었고(예를 들면, 하나의 편집모드로 들어가기 위해 팝업 창을 띄우는 것 같은 것), 시점에 알맞은 도구를 제공해 줄 수 있었으며, 또한 많은 중복 기능들을 제거될 수 있는 해결안이었다. 이런 개선작업을 진행함에 따라, 새로운 디자인은 제품이 좀 더 쉽게 이해될 수 있게끔 만들어주고 있었다.

만약 한번의 스케치 후에 바로 코딩을 시작했었다면 아마도 이런 가능성을 발견하지 못했을 것이다. 내가 얻은 교훈 하나를 말하자면, 바로 코딩작업으로 들어간다 하더라도 절대 최초의 스케치를 토대로 작업하지 말라는 것이다. 적어도 몇 개는 더 그려보고 살펴보는 여유를 가진 후에 무언가를 결정하고 진행하도록 하는 것이 좋다.

내가 하나의 디자인 안에 대해 확신이 서면, 난 다른 인터페이스 디자이너에게 그 안을 보여주고 의견을 구한다. 그 절차가 끝난 후에는 바로 제품 관리자에게 전달해서 다른 이슈들을 파악해 낼 수 있도록 한다(와이어프레임이 모두 검증되면, 결국 그래픽 디자인을 위해 그래픽 디자이너에게 보내지고, 마지막에는 구현을 위해 개발자에게 전달된다).

하지만 그 와이어프레임은 개발팀에게 전달되기 전에 아마 10번은 바뀔 것이다(이런 수정작업을 만약 개발시점에 한다면, 정말 오랜 시간과 노력이 소요될 수 있다. 극단적인 예로, 2시간 동안의 와이어프레임 수정작업은 한 주간의 개발수정작업과 맞먹는다고 할 수 있다. 와이어프레임은 실제 개발과는 달리 훨씬 간단하고 적은 비용으로 수정을 진행할 수 있다). 반복적인 각각의 수정작업은 한 단계씩 개선을 거듭하면서 시스템의 내부적인 작업수행 흐름이 아닌, 좀 더 사용자의 멘탈 모델을 반영한 디자인에 가까워 지게 된다.

@ 디자인을 프로토타입화 하라

원래 프로토타입이란 상호작용이 가미된 와이어프레임의 묶음버전이다. 인터랙션이 어떻게 동작하는지, 화면들 사이를 어떻게 이동하게 되는지, 또는 드래그 앤 드랍 장바구니 같은 특정 위젯이 어떻게 행동하는지 등을 볼 수 있는 버전의 와이어프레임인 것이다. 프로토타입은 매우 다양하게 제작될 수 있는데, 사실 프로토타입은 얼마나 멋있게 만들어졌는지 또는 정말 미래의 모습을 정확하게 반영한 것이든 아니든 크게 의미가 있지는 않다. 진짜 중요한 것은 어떤 것이 특정 방식으로 어떻게 동작해야 하는지를 제대로 보여주는 것이다.

프로토타입의 가장 중요한 이점은 시스템적인 논리가 지시하는 경우들을 모두 끄집어낼 수 있다는 점이다(더불어 클라이언트와 유관부서의 동료들에게 실제로 동작하는 무언가를 보여줄 수 있다). 클라이언트는 인터페이스 요소들을 직접 클릭해 보고 그 결과를 보면서 어떤 어플리케이션인지 또는 어떤 사이트인지를 실감할 수 있다. 또한 실물을 바로 보고 있기 때문에 매우 간단히 구현 모델 디자인 부분을 찾아낼 수 있기도 하다. 이같은 점을 파악하는 것이야 말로 구현 모델을 없애는 첫 발걸음이 된다. 프로토타입은 클라이언트에게 무언가 만지고 사용해 볼 수 있는 것을 주는 것 외에도 너무 개발이 진행되어 수정이 어려워지기 전에 인터페이스에 대한 피드백을 유도하기에 딱 좋은 물건이다. 프로그래밍을 한 후 그것을 바꾸는 작업은 너무 많은 시간과 노력이 들어가기 때문에 개발이 많이 진행되고 난 다음에 근본적인 수정이 일어나면 예산과 일정을 지키기 어렵게 된다.

그러나 프로토타입에서는 모든 것을 다 바꾼다 하여도 문제될 것이 없다. 쉽고 빠르게 그리고 적은 비용으로 진행될 수 있다. 그리고 프로토타입은 보통 한 사람이 만들고 유지하므로 프로젝트를 일정대로 진행하는데 큰 영향을 미치지 않게 된다.

프로토타입은 여러 가지 좋은 피드백을 얻게끔 해주며 새로운 버전이 어떻게 동작하게 되는지를 바로 확인할 수 있게 해준다는 사실이다. 만약 만들어 놓은 버전의 프로토타입을 좋아하지 않는다면, 그저 다시 바꾸면 되는 것이다. 사실 프로토타입을 만들다 보면, 그 목적대로 개발을 하기 전에 먼저 여러 가지 해결책을 모색하여 바꿔보게 되고, 그래서 마지막 해결안을 도출할 때까지 몇 번의 새로운 프로토타입을 만들어 보게 된다.

프로토타입의 또 다른 이점은 전체 개발기간 동안 하나의 인터페이스를 바로 앞에 보유하게 된다는 것이다. 그렇게 함으로써 원래의 목적에서 벗어난 새로운 기능이 추가되거나 사용자의 멘탈 모델을 흔드는 기능이 추가되는 것을 막아낼 수 있다. 또한 제품의 마지막 모습을 모두가 공유하게 되므로 서로 자신의 할 일을 명확하게 인지하게 되고, 여러분은 프로젝트의 이른 시점에 제품을 바로 보면서 조금씩 필요한 부분을 개선할 수 있게 된다.

그러나, 조심해야 할 것은 프로토타입을 만들기 위해 사용한 프로그래밍 소스코드를 실제 제품을 만들 때 사용하지 않도록 해야 한다. 프로토타입의 코드는 빠른 구현을 목적으로 하기에 보통 안전성이나 최적화에 대한 고려가 전혀 되어있지 않다.

프로토타입의 마지막 이점으로는 이른 개발단계에서 사용성 테스트를 할 수 있다는 것이다. 프로토타입이 명확하게 각 단계에서 일어나는 모습을 표현하고 있는 한, 실제 사용자에게 그것을 제공하여 어떤 문제가 있는지, 어떻게 개선할 수 있는지를 빠르게 파악할 수 있다. 어플리케이션을 어떻게 테스트하는지에 대한 것은 이 장의 후반부에 설명하겠다.

프로토타입을 제작하는 방법에는 꽤 많은 방법들이 있다. 물론 각각의 스타일마다 장단점이 존재한다. 다음에 소개되는 몇가지 일반적인 프로토타입 스타일은 그 중 몇 개의 대중적인 방법들이다.

1. 종이 프로토타입(Paper prototyping)

종이 프로토타입은 종이에 인터페이스의 요소를 그려서 만드는 것이다. 어플리케이션의 다양한 상태와 화면을 보여줄 수 있어야 되므로 매번 다시 그리지 않도록 각각의 다른 종이에 인터페이스를 그려놓게 된다.

종이 프로토타입은 초기 사용성 테스트로 사용될 수 있는데, 한 사람이 컴퓨터의 역할을 하고 다른 한 사람이 테스트 참여자의 역할을 하게 된다. 사용자가 원하는 곳을 '클릭'(만지기) 하면 컴퓨터의 역할을 하는 사람이 스케치된 종이를 움직이거나 바꿔서 어플리케이션에 어떤 변화가 일어나는지를 보여준다.

종이 프로토타입에 대해 좀 더 배워보고 싶다면 케롤라인 스나이더(Carolyn Snyder)

의 책 'Paper Prototyping: The Fast and Easy Way to Design and Refine User Interfaces (2003)'을 찾아서 한번 읽어보기 바란다.

2. HTML

HTML 프로토타입은 웹 페이지로 만들어지며, 색상이나 폰트 등 상세디자인이라고 생각되는 것을 제외하고 만들게 된다. 이것의 목적은 단순히 중요 화면 요소들을 간단한 HTML 형식으로 만들어 사용자가 어플리케이션의 기본 목적과 작업의 흐름 그리고 인터랙션 모델을 이해하는지 테스트하는 것이다. 어도비 드림위버와 같은 시중의 다양한 위지윅(WYSIWYG, what-you-see-is-what-you-get) 에디터를 사용하면 정말 빠른 시간에 간단한 형태의 웹 프로토타입을 만들어 낼 수 있으며, 이를 통해 어플리케이션이 실제로 어떻게 동작하는지를 보고 빠르게 사용자의 멘탈 모델을 지원할 수 있는 방안을 모색할 수 있다.

3. 클릭진행 목업

클릭진행 목업(click-through mockup)은 어플리케이션의 다양한 상태와 화면을 표현한 여러 목업들의 묶음을 말한다. 각각의 목업들은 버튼과 같은 트리거(trigger)를 통해 다음 화면으로 이동하게 되어 사용자가 가장 기본적인 작업 흐름을 볼 수 있게 해준다. 이런 종류의 프로토타입은 하나의 연결고리를 가진 액션을 보여주는 데에는 유용하지만 하나의 화면에서 복합적인 인터랙션이나 상태를 요구하는 것을 표현하는 데에는 그다지 효율적이지 않다.

다시 말하면, 클릭진행 목업은 단계별로 하나씩 진행되는 방식을 보여주는 것에는 적절하지만 여러 화면으로 이동하게 되는 많은 액션이 필요한 화면을 보여주려고 한다면 사용하지 않는 것이 좋다. 하지만, 역시 클릭진행 목업도 나중에 구현 모델이 어디에 존재하는지 발견하는 것을 예방하고 현시점에 그것을 파악할 수 있도록 도와 준다.

4. 플래시

플래시(Flash)는 프로토타입을 만드는 데 있어 환상적인 도구이지만, 액션스크립트(ActionScript)를 다룰 줄 알아야 하고, 기본으로 포함되어 있는 UI 컴포넌트 세트를 사용하여 처음부터 인터페이스를 만들어 낼 수 있어야 한다. 만약 여러분이 이미 그런 플래시 사용 능력을 가지고 있거나 그럴 예정이라면 플래시를 사용하여 프로토타입 제작을 시도해 보는 것도 좋은 일이 될 것이다. 연락처 입력폼 같은 간단한 프로토타입을 만들어 보고 효율적인 예제를 위해서는 얼마나 투자를 해야 할지 자신이 가늠해 보기 바란다. 플래시가 제공하는 풍부한 인터페이스를 통해 얻을 수 있는 이점은 아마 플래시 프로토타입을 만들기 위해 추가적으로 사용하는 시간이 아깝지 않을 수 있다.

@ 테스트 해보라

일단 완성된 어플리케이션의 사용자 경험을 살펴보고, 구현 모델 디자인이 아직 남아있는지 찾아내는 가장 첫 번째 방법은 바로 테스트를 해 보는 것이다. 아마 여러분은 모두 사용성 테스트에 관한 요란한 이야기 하나 쯤은 들어봤을 것이고, 또 그에 관한 기사들도 한두 개쯤은 읽었을 것이다. 어쩌면 직접 사용성 테스트를 진행해 본 적이 있을 수도 있다. 하지만, 대개는 여러 번 할 필요가 있어도 자주 해보지 못하거나 여러 방식으로 진행해 보아야 함에도 그러지 못했을 경우가 많았을 것이다. 왜냐하면, 일반적으로는 사용성 테스트가 시간과 비용이 많이 든다고 생각하기 때문이다. 그러나 세상에는 더 나은 어플리케이션을 만들기 위한 정보를 찾아내고 테스트하는 정말 많은 방법들이 존재한다. 그리고 그것들을 통해 얻는 혜택은 매우 광범위하다. JotSpot의 개발자 아베 페티그(Abe fettig)는 다음과 같이 말했다.

> "제품개발의 전체 과정에 사용자를 참여시키는 것은 제품의 문제를 파악하는데 정말 상당한 도움을 주었습니다. 만약 우리가 어떤 중요한 기능을 빠뜨렸거나 또는 UI의 특정 부분이 이해하기 어렵다거나, 아니면 짜증날 만한 오류가 하나 있거나 하면, 바로 그것에 대한

의견을 보통 한 사람 이상에게서 들을 수 있었습니다. 특히 개발을 진행하는 중간에 새로운 피실험자를 참여시키는 것은 처음 제품을 접해보는 사람들에 대한 예상치를 얻을 수 있었기 때문에 조금 더 특별한 가치가 있었습니다. 이는 새로운 사용자들이 UI의 어떤 부분에서 혼란을 느끼게 되는지 알아내는데 도움이 많이 되었습니다."

1. 브라우저 없이 하는 셀프 테스트

제작한 사이트에 대한 빠른 의견을 얻을 수 있는 가장 확실한 방법은 바로 브라우저 없이 하는 테스트 방법으로 직접 자신이 사이트를 테스트 해보는 것이다. '브라우저 없이 하는(browserless)' 이란 말은 필자가 만들어낸 말로, 브라우저의 주요 기능을 사용하지 않고 테스트를 해보는 것을 의미한다. 이 테스트를 위한 준비는 단순히 웹 브라우저 상단의 도구 모음(Tool bar) 영역을 숨겨버리면 끝난다. 즉, 그 이후부터는 브라우저에서 가장 많이 쓰는 앞으로 그리고 뒤로 버튼과, 즐겨찾기(북마크), 새로 고침 버튼 등을 사용할 수 없게 되는 것이다.

일반적인 브라우저들의 경우 이런 도구들을 숨길 수 있는 기능을 제공하는데, 보통은 '보기' 메뉴 쪽에 보면 '도구 모음'을 감추게 하는 메뉴가 있다. 거기서 '도구 모음'을 보이지 않도록 설정하면 이제 테스트를 위한 준비는 모두 다 된 것이다.

일단 '브라우저 없이 하는' 상태가 되었다면, 이제부터는 사이트의 네비게이션이 정말 잘 만들어졌는지에 대한 판단을 시작하면 된다. 사용자가 얼마나 사이트의 요소들을 잘 알아볼 수 있게 구성되었는지, 또 얼마나 잘 이동해 다닐 수 있는지를 측정해 보기 시작한다. 만약 디자인이 구현 모델의 정보구조를 가지고 있다면, 꽤 많은 어려움을 겪을 수도 있다. 왜냐하면 시스템에서 바라보는 논리적 구성은 사용자가 생각하는 구조와는 보통 매우 다르기 때문이다.

우선 '고무오리인형 구매하기', '책상전등 찾기' 등과 같은 일련의 작업들을 구상해 놓은 다음, 직접 각각의 작업을 진행해 보면서 얼마나 쉽게 그 작업들을 처리할 수 있는지를 살펴 보도록 한다. 아마 곧 브라우저 없이 한다는 것이 거의 오른손을 잃어버린 듯한 느낌이라는 것을 알 수 있을 것이다. 우리가 얼마나 브라우저의 뒤로, 앞으로 버튼에 의존하고 있는지는 아마 그것을 사용못하는 상황이 되지 않는 한 절대 깨닫지 못할 것이다. 그저 뒤로 가려는 것 뿐인데 갑자기 기존에 내가 있었던 페이지의 이름을 기억해내야 하고, 뒤로 가는 링크를 찾을 수 있어야 하며, 또한 그 링크가 과연 맞는 것인지에 대한 확신이 있어야만 되게 되어버린다. 물론, 키보드에서 backspace나 delete 키를 통해 꼼수를 부려 볼 수도 있겠지만, 테스트를 진행하는 것인 만큼 제대로 진행해 보길 바란다. 대부분의 사용자들은 이런 shortcut 키들이 있는지도 모를 뿐더러, 그렇게 꼼수를 쓰는 것은 사이트를 개선하는데 아무런 도움이 되지 않는다.

만약 현재 보고 있는 페이지의 링크가 적절한 제목을 적용했고 명확하다면, 사이트 내에서 페이지를 찾는 것은 아주 쉬운 일이다. 만약 링크가 연결된 페이지의 제목을 그대로 사용할 수가 없다면, 최소한 사용자가 링크를 클릭해서 가는 곳이 맞다라는 자신감은 심어주어야 한다. 만약 그 페이지가 모든 다른 페이지에서 바로 링크될 수 없다면, 사용자는 사이트의 경로를 따라가면 결국에는 원하는 그 페이지에 도달할 수가 있어야 된다.

현재 보고 있는 페이지의 링크들의 레이블이 명확하게 잘 적용되어 있다면 사이트에서 페이지들을 찾아 내는 것은 어려운 일이 아니다. 하지만 만약 링크를 페이지의 제목으로 적용할 수 없는 경우가 있다면, 최소한 그 링크는 클릭했을 때 사용자가 예상했던 곳으로 확실히 갈 것이라는 자신감을 심어 줄 수는 있어야 한다. 또한 만약 어떤 페이지로 한 번에 다른 곳에서부터 방문할 수 없는 경우가 있다면, 적어도 사이트 내의 특정 경로를 따라가면 결국에는 그 페이지에 잘 도달할 수 있도록 해 주어야 한다.

브라우저없이 하는 셀프 테스트는 자신이 직접 사이트가 잘 정리되었는지를 경험하게 함으로써 사용자의 멘탈 모델을 예측하고 개선할 수 있도록 도와준다. 만약 여러분의 사이트가 이 테스트를 견디어 낸다면 그 사이트는 구조는 매우 견고하게 잘 짜여졌다고 볼 수 있다.

예를 들어, 회사소개 페이지의 경우는 아마 사이트의 고정 네비게이션에 항상 링크가 위치하고 있어서 거의 모든 페이지에서 사용자는 쉽게 그 회사소개 페이지로 가는 방법을 찾을 수 있을 것이다. 그러나 만약 수 만개의 제품을 판매하는 사이트에서 '고무오리 장

난감'의 제품정보 페이지를 찾는 것이라면 그렇게 쉽게 찾게 되지는 않는다. 고무오리 장난감을 찾기 위해서는 아마 전체 사이트의 구조를 헤집고 다닐 줄 알아야 할 것이다. 간단하게 사이트의 검색 기능을 이용해서 찾아 볼 수도 있다. 만약 검색 결과가 좋다면, 아마 바로 고무오리 장난감을 찾을 수 있을 것이다. 하지만 데이터베이스가 잘 디자인되지 않아서 사이트의 네비게이션의 장애가 될 정도로 그 검색 결과가 나쁘거나 아니면 검색기능 자체가 없거나 또는 어떤 검색어를 입력해야 될지 전혀 감을 잡을 수 없을 경우라면, 아마 '제품' 페이지 링크를 클릭해서 고무 장난감 카테고리를 선택한 후, 그 다음 그 카테고리의 메인 페이지에서 특정 고무오리 장난감을 선택할 것이다.

이것이 뜻하는 바가 무엇이냐 하면, 모든 페이지는 제품 카탈로그로 갈 수 있는 링크를 제공해야 되는 것 뿐만 아니라, 그 링크가 제품의 광고가 아닌 고무오리 제품의 상세한 정보로 연결해 주어서 고무오리 장난감 같은 제품을 찾아낼 수 있는 시작점이 된다는 것을 정말 명확하게 알려 주도록 해야 한다는 것이다.

나는 Target.com 사이트에 브라우저 없이 하는 테스트를 적용해서 책상전등을 찾는 것을 해 보았었다. 난 그때 단 2번의 클릭 만으로 책상전등의 사진이 꽉 채워진 페이지에 도달할 수가 있었다. 고정 네비게이션에서 '가구' 메뉴를 선택한 다음, 사이드바에 있는

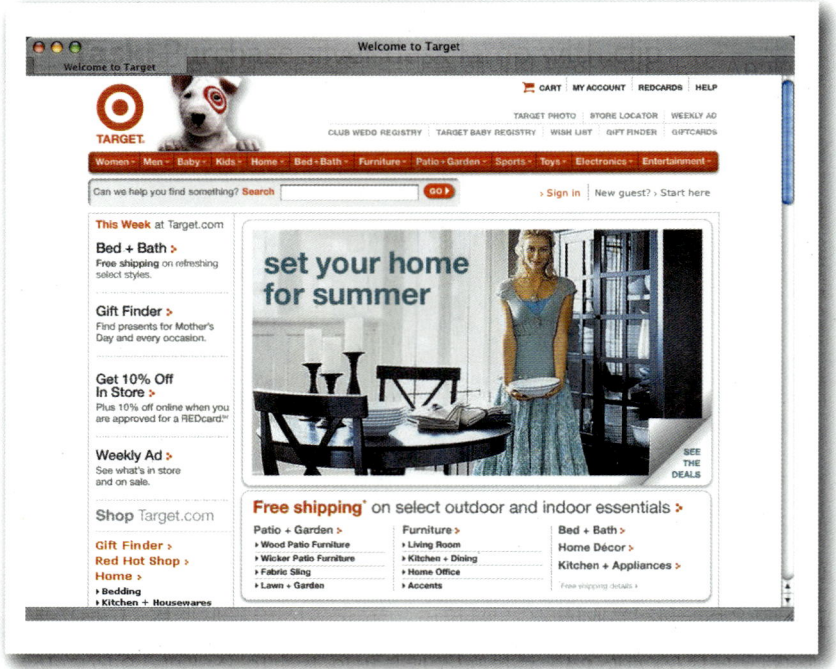

» 뒤로, 앞으로 같은 브라우저 버튼의 도움없이 테스트한 Target.com 사이트

로컬 네비게이션에서 책상전등 메뉴를 선택하면 되었다. 이거… 괜찮은데?

하지만 어쩌면 운이 좋은 경우였을 수도 있기에 다른 방법으로 시도해 보았다. 나는 고정 네비게이션에서 생활(Home) 메뉴에서 조명(Lighting)을 선택한 다음, 사이드바에 있는 책상전등 카테고리의 모두 보기(See All) 링크를 클릭하였다. 나는 여전히 2번의 클릭만으로 이전과 매우 비슷한 페이지에 도달했다. 상당히 괜찮군.

"잘 만들었어, Target.com. 누군가 나의 멘탈 모델에 대해 고민을 좀 했나 보군."

2. 5초 테스트

User Interface Engineering(www.uie.com)에서는 '5초 테스트'라 불리는 테스트를 권장하고 있다. 이런 종류의 사용성 테스트는 사용자 몇 명을 모아 참여시키거나 아니면 회사식당과 같이 사람들이 한번에 많이 모이는 장소를 찾아가 테스트를 진행해야 된다. 따라서 '브라우저 사용불가 셀프-테스트' 보다는 좀 더 복잡할 수 있긴 하지만, 5초 테스트의 경우에는 사이트가 얼마나 명확한 지에 대한 통찰을 얻는 것에 그 초점을 두고 있기 때문에 그 목적 자체가 많이 다르다.

5초 테스트를 진행하기 위해서는 우선 사이트나 어플리케이션의 화면들 중 특히나 간결, 명료해야 하는 화면들의 목록을 작성해 두어야 한다. 이 목록을 새로운 창에 띄워놓거나(또는 하나의 창 안에서 다른 탭 속에 담아놓아도 된다), 아니면 인쇄를 해서 사용자에게 보여준다. 그런 다음 사용자에게 각 화면들을 한번에 하나씩 5초 동안 보여준 뒤 사용자에게 자신이 본 모든 것을 적도록 요구한다.

5초 테스트의 가장 알맞은 후보군은 바로 어떤 하나의 분명한 목적을 가지고 있어 그것이 사이트의 성공에 큰 영향을 미칠 수 있는 페이지들이다. 예를 들면, 도메인 등록 사이트에서 도메인을 검색하는 페이지의 경우, 반드시 아주 간단 명료하며 정확하여야 한다. 왜냐하면 도메인을 검색하는 작업이 어려워서 도메인 구매절차를 이해하기 어렵게 된다면 그것은 회사 매출에 크나큰 영향을 주기 때문이다. 이런 페이지들을 사용자에게 5초 동안 보여주고 5초가 지나면 바로 해당 페이지에 대해 기억하고 있는 모든 것을 적어 보게 한다. 사용자들에게 그 페이지에서 가장 중요하게 생각했던 것은 무엇이었고, 도메인의 종류는 어떤 것들이 있었으며, 어떤 종류의 도메인 확장자를 선택했는지 물어본다.

만약 그렇지 않았다면 그 말은 곧 페이지를 개선해야 한다는 신호이다. 하지만 그렇다고 해서 페이지를 완전히 다시 디자인하지는 않도록 한다. 결과가 완전히 기대 이하로 안 좋았다면 모르지만, 보통의 경우 UI 디자인 상의 혼란스러움을 좀더 간결하고 명확하게 만드는 것이 목적이기 때문에 그 목적을 달성할 때까지 차근차근 개선을 해 나가면 된다. 이런 디자인 상의 혼란을 감소시키는 내용에 대해서는 Chapter 8에서 좀 더 상세히 다룰 것이다.

5초 테스트에 관한 좀더 자세한 정보는 www.uie.com/articles/five_second_test 에서 관련 기사들을 읽어 보기 바란다.

3. 인터뷰 테스트

좀 더 복잡하긴 하지만 사용성 테스트에 더 심도있게 접근할 수 있는 방식은 인터뷰 형식의 과정을 진행하는 것이다. 이런 형식의 과정은 사용자와 대면하면서 사용자에게 다양한 작업을 수행하게 한 다음, 사용자가 어떤 경험을 했는지에 대한 생각을 크게 소리내어 말하도록 해서 어떻게 어플리케이션이 사용자의 사고 모델을 만족시켜 주고 있는지를 알아보는 것이다. 일반적으로 인터뷰 과정은 3~8명 정도의 참여자(피실험자)가 필요하고 몇 일 동안 계속 진행하게 된다. 하지만 경우에 따라서는 2~3명의 참여자로 오전 동안만 진행하는 것으로 짧게 줄일 수도 있다.

이런 형태의 사용성 테스트 과정은 다른 테스트들보다 좀 더 계획적인 접근이 필요하다. 테스트 과정 전에 먼저 사용자가 수행해야 할 작업들을 정의하고 테스트 과정을 진행하고 녹화할 수 있는 장소도 준비되어야 한다(보통 녹화를 위해서는 비디오 카메라나 Camtasia 같은 화면녹화 프로그램을 준비한다. 좀 더 전문화된 TechSmith의 Morae 같은 프로그램을 사용하기도 한다). 마지막으로 테스트에 참여할 피실험자를 모으고 일정을 맞춰 놓아야 한다.

테스트할 작업들을 정의하는 것도 정말 시간이 많이 소비되는 일이다. 왜냐하면 가장 이상적인 테스트 작업은 상업적인 목적과 사용자의 이득도 함께 충족해 주는 것들로 준비되어야 하기 때문이다. 상업이미지 판매 사이트의 예를 들면, 사용자는 사이트에 있는 수 천장의 사진을 가장 빨리 검색할 수 있는 방법을 원하는 반면, 사이트의 영업적인 목적은 계속 반복해서 사용자가 방문하도록 만들 수 있는 기틀을 형성하고 싶어한다. 이런 두 가지의 목적이 모두 충족되게 하는 것은 아마 어플리케이션에서 사용자가 원하는 이미지를 자신의 개인 보관함에 추가할 수 있도록 하여 나중에 다시 사이트를 방문했을 때 자신이 찾아 놓은 이미지 모음으로 바로 갈 수 있도록 해 주는 것일 것이다.

따라서 개인 보관함을 만들고 거기에 이미지를 추가해보는 작업은 테스트용으로 아주 적합한 작업이 될 수 있다. 만약 테스트에서 사용자가 개인 보관함에 대한 기본 개념을 이해하지 못하거나 어떻게 사용해야 할 지 모른다면, 그 어플리케이션은 목적을 달성하지 못하게 만들어 진 것이 된다. 인터뷰 테스트 과정을 진행하면서 주의깊게 들은 어플리케이션에 대한 사용자의 의견과 테스트 과정 전에 또는 후에 진행한 설문조사를 잘 분석하면, 정말 많은 정보와 통찰력을 얻을 수 있다. 어떤 경우에는 생각지도 못한 것들을 배우게 될 때도 많다.

4. 테스트 참여자 모집하기

테스트를 계획할 때, 한 가지 염두에 두어야 할 점은 바로 참여자를 구하는 것이 말처럼 쉽지 않다는 것이다. 그래서 어떤 회사들은 마케팅 에이전시에게 이 일을 맡기기도 한다. 왜냐하면 마케팅 에이전시의 경우, 많은 사용자들의 상세한 프로필을 보유하고 있기 때문에 테스트에 맞는 사용자 목록을 쉽게 만들어 낼 수가 있기 때문이다. 그러면 보통 일을 맡은 에이전시는 원하는 만큼의 사용자들을 선별하여 일일이 연락을 취하고 일정을 잡는 모든 일을 대행해 준다. 물론 이 방법은 비용이 발생한다. 하지만 정말 많은 시간과 노력을 줄일 수 있다.

만약 회사 내에 제품지원 부서가 있다면 그 부서에게 참여자를 모집하는 업무를 부탁해 보는 것도 하나의 방법이다. 또 다른 방법으로는 사이트에 사용성 테스트를 통해 제품 개선에 직접 참여할 수 있다고 알려주는 링크 하나를 제공하여 자발적인 테스트 참여를 유도하는 것이다. 이 링크는 바로 사용자를 선별하는 설문 페이지로 이동시켜 미리 특정 테스트에 알맞은 사용자를 구분해 둘 수 있도록 한다. 사실, 이 링크는 항상 그대로 유지시켜 놓고 계속 사용자들을 모아놓는 구실을 하도록 해도 좋다. 그렇게 하면, 나중에 새로운 테스트를 진행하려 할 때, 간단하게 사용자 목록만 뽑아서 연락을 취하면 쉽게 테스트 참여자(피실험자)를 구할 수 있게 된다.

아… 참여자들에게 어떤 식으로든 보상해 주는 것도 잊지 말아야 한다. 기프트 카드나 무료 소프트웨어 등을 사용해서 사용자가 참여해야 할 이유를 반드시 제공해 주도록 한다

5. 상황적 사용성 테스트

인터뷰 형식의 테스트의 경우 한가지 단점이 있을 수 있는데, 사용성 테스트(Contextual Usability testing)에 참여하는 동안은 사용자들이 보다 비평적인 시각을 가지는 경향이 있다는 것이다. 이는 테스트 결과의 진실성에 의구심을 갖게 할 수 있다. 소프트웨어를 테스트하는 것은 참여자들이 아닌 진행자라는 말을 분명히 해 주었음에도 불구하고, 참여자들은 자신들이 보고 있는 모든 것들에 대한 언급을 해줘야 한다고 생각한다. 하지만 이런 테스트 상황은 사람들이 실제 환경에서 어플리케이션을 사용하는 방법이 아니다. 또한 테스트들이 실험실의 환경에 있다는 것의 의미는 그들이 작업을 위해 사용하는 신용카드 정보나 인터넷 속도 등이 실제와는 다르다는 것을 의미하지만 참여자들은 그런 것들에 대한 언급으로 테스트 과정을 망치는 경우도 있다.

이런 모든 것들을 배제시키고 잠재적으로 좀더 솔직한 의견을 얻으려면 '상황적 사용성 테스트(전략적 접근 평가라고도 알려져 있다)'를 시도해 볼 수 있다. 이 테스트 방식은 사용자들이 제품을 그냥 사용하도록 내버려 두되, 자신들이 어떻게 사용하고 있는지를 관찰당하고 있다는 것을 말해 주지 않아야 한다. 이것을 유도하는 방법으로는 회사 내 사람들에게 여러분이 아무것도 모르는 것처럼 하고, 어떤 작업을 한 번 수행해 달라고 요청한 뒤 그것을 관찰할 수도 있고, 아니면 단순히 그 작업을 수행하게끔 한 뒤 다른 사람과 그 제품에 대한 대화를 해 보도록 할 수도 있다.

물론, 당신과 대화를 하는 중에 피실험자들이 그만 둘 수도 있다. 때문에 그것을 방지하기 위해서 책을 보는 척하거나 아니면 다른 사람들에게 얼마나 고무오리 장난감을 찾기 어려웠었는지 불평하는 것을 자연스럽게 듣는 것처럼 해서 조용히 엿들어야 한다.

테스트 자체를 항상 경직되지 않게 만들어 주어야 하고, 여러분 자신이 상황에 맞는 조사를 하던 것과 동일하게 테스트를 수행하도록 한다. 그런 다음, 사용자들이 전체적인 경험에 대한 생각을 말하도록 해서 그들이 정말 전달해 주고 싶어하는 중요점을 잡아낼 수 있도록 해야 한다.

6. 내가 만든 개밥 먹기

'내가 만든 개밥 먹기(Eat your own dog food)'란 여러분이 만든 제품을 고객의 입장에서 사용해 보는 행위를 말한다. 매우 단순한 개념이지만, 지금까지 내가 찾은 테스트 방법 중 어플리케이션을 테스트하는 가장 효율적인 방법이기도 하다. 비단 어플리케이션의 테스트뿐만 아니라 사용자에게 바라는 경험을 아주 가까이에서 자신이 직접 바라보는 관점으로 파악할 수 있기도 하다. 말로는 잘 설명이 안되는 방법이라 일단 한 번 시도해 보아야 얼마나 좋은 방식의 테스트인지를 이해할 수 있을 것이다. 아래 이야기를 한 번 생각해 보자.

우리 지역의 도서관이 최근에 인터넷 주소를 바꾸었다. 특별한 일은 아니지만 사용자들에게 그 내용을 공지하기 위해 들어가는 엄청난 마케팅 비용이나 교육 비용을 고려했었는지, 도서관 측은 그냥 홈페이지를 새로운 주소로 바로 이동해 버리도록 조치해 놓았다. 하지만, 사이트에 있는 모든 페이지를 새 주소로 이동하도록 하는 대신 메인(Home) 페이지만 새로운 주소로 이동되도록 해 놓았다. 이 경우, 모든 사용자들이 메인 페이지를 통해 사이트를 방문하거나 그들이 만든 북마크가 모두 메인 페이지의 주소로 만들었다면 문제가 없었겠지만, 모든 경우가 그렇지는 않다.

새 주소로 바꾸고 난 다음날, 그 도서관 직원들은 로그인할 수 없거나 로그인 페이지 조차도 접근이 안된다는 민원전화를 정말 감당하기 힘들 정도로 처리해야만 했다. 그 고객들은 모두 로그인 페이지의 주소를 북마크 해놓았던 것이다. 좀 더 정확하게 말하면 대부분의 도서관 사용자들은 자신의 계정을 통해 작업이 이루어 지는데, 메인 페이지에서 로그인하는 방법이 없다 보니 결국 메인 페이지는 그들이 자주 가는 페이지가 아니게 된 것이다. 그런데도 로그인 페이지는 새로운 도메인 주소로 바로 이동시켜주지 않고 있었다.

보통 개인 계정으로의 접근을 제공하는 사이트에서는 메인 페이지에 로그인하는 영역을 제공한다. 그것이 명확한 디자인인 것이다. 그러나 그 도서관은 그렇게 하지 않았다. 그들이 생각했던 사용자의 사이트 사용방식은 실제와 일치하지 않았던 것이다. 그들은 시스템적으로 문제를 해결하려고 했었다. 시스템은 메인 페이지가 가장 주요한 접근경로라고 말했고, 그래서 그 페이지만 새로운 주소로 자동 이동하게끔 만들면 된다고 생각한 것이다. 달리 말해, 도서관은 그들의 사용자에 관한 잘못된 멘탈 모델을 가지고 있었던 것이다.

만약 도서관의 전산관리팀에서 '내가 만든 개밥 먹어보기'를 해봤다면 모든 고객들이 갑자기 로그인하지 못하는 치명적인 하루를 보내기 훨씬 전에 그런 이슈를 알아챘을 것이다. 그리고는 아마 확실하게 그런 이슈들을 피해서 모든 고객들의 경험을 개선했을 수 있었을 것이다.

어플리케이션을 직접 사용해 보면, 오히려 A안이 좋은지 아니면 B안이 좋은지 비교하는 생각에 잘 빠지게 되지 않는다. 신기하게도 보통은 문제를 바로 알아내게 된다. 더불어 자신의 어플리케이션의 사용자가 되어 보면 어떤 느낌인지 파악하는 관점에서 보게 해 줄 뿐 아니라 상당한 동기부여를 해 준다. 왜냐하면 자신이 그 이슈들을 해결할 수 있는 위치에 있기 때문이다.

정말 내가 만든 개밥 먹기를 해보는 것만이 정말 무엇이 좋은지, 무엇이 부족한지, 또 무엇을 없애야 하는지 를 알 수 있다. 물론, 제품 출시 전, 품질검증(Quality assurance) 테스트를 통해 이런 것들을 알아낼 수도 있다. 하지만 품질검증 테스트는 개인적이지 않다. 사실 직접 어플리케이션을 매일 사용하다 보면 결국 매우 개인적인 도구가 되어 버린다. 삶의 일부가 되는 것이다. 여러분의 사용자가 하는 방식대로 어플리케이션을 사용하게 되고, 결국에는 여러분의 어플리케이션이기 때문에 실제로 더 좋게 만들 수도 있는 것이다.

세상에는 어플리케이션에 대한 사용자의 생각을 파악하고 그 기대치를 만족시키도록 만드는 수 만가지 방법들이 존재한다. 그 중에서도 스케치, 와이어프레임, 프로토타입, 그리고 사용성 테스트는 모두 구현 모델 디자인 요소들을 찾아내서 사용자의 멘탈 모델에 적합한 것으로 바꿔놓을 수 있는 훌륭한 방법들이고, 이런 과정들에 초점을 맞추면 좀 더 좋은 어플리케이션을 만들 수 있게 된다.

마지막으로 보다 좋은 어플리케이션은 그만큼 만족스런 사용자를 만들게 되어서 지속적으로 여러분의 어플리케이션을 사용하게끔 될 것이다.

초보자에서 중급자 만들기

우리처럼 컴퓨터에 능숙한 사용자들은 새로운 어플리케이션을 접하면 구석구석의 숨겨진 기능들까지 빠르게 습득하며, 다른 어플리케이션과 어떻게 다른지도 금방 알아낼 수 있다. 우리같은 사람들은 과연 이 어플리케이션이 어느 정도의 능력까지 있는지 확인하고 싶어 하고, 전문가가 되기 위해 부단히 노력한다.

그러나 모든 사람들이 다 그런 것은 아니다. 일반적으로 사람들은 어플리케이션의 생산성 면에서 적당한 수준까지는 빠르게 도달하지만, 어떤 강제적인 원인이 없는 한 그 적당한 수준에 머무르는 경향이 있다. 그마저도 그런 강제적인 원인은 거의 잘 생기지 않는다.

'피수용자가 보호시설을 뛰고 있다(The Inmates Are Running the Asylum)'에서 Alan Cooper가 지적하기를, 사용자들의 기능은 일반적으로 생각하듯이 초보, 중급, 전문가의 단계를 거치면서 쑥쑥 늘어나는 것이 아니라고 했다. 첫 번째로 대부분의 사용자가 전문가는 아니라는 것이다. 아주 극소수의 사용자가 중급자를 뛰어넘는 수준의 기능을 갖게된다. 두 번째로 초보들은 어플리케이션의 사용성이라는 측면에서 그들이 원하는 수준, 즉 Alan Cooper가 말하는 '영원한 중급자' 수준에는 빠르게 도달한다는 것이다.

이는 우리가 디자인을 할 때, 초보나 상급자를 대상으로 삼으면 안된다는 것을 의미한다. 중급 사용자야 말로 우리들이 관심을 가져야 하는 대상이자 대다수의 사용자인 것이다. 중급자에서 전문가가 되는 단계라도, 매우 중요한 프로젝트나 업무에 사용되는 어플리케이션이거나 그것을 사용하는 시간이 길고, 높은 수준까지 배워야 하는 경우에는 그 속도가 매우 빨라진다.

중급 사용자가 원하는 것들에 초점을 맞춘다는 것은 만들어내고 배우기에 긴 시간이 소모되는 복잡한 기능들의 대부분은 제외시키고 그 외의 모든 사용성 측면에서의 개선을 의미한다. 또한 덜 구현한다는 것은 더 짧은 생산 기간을 의미하고, 따라서 우리는 더 빠른 시간 안에 제품을 시장에 내놓을 수 있으며, 비용 또한 그 만큼 덜 소비한다는 것을 의미한다(훌륭하지 않은가? 그런데 잠깐! 사용성을 개선한다는 개념과 시장 공급을 앞당긴다는 것이 어떻게 공존할 수 있는가? 아이러니하게 들리겠지만, 짧은 생산 기간은 보통 더 좋은 결과를 낳는다).

어쨌든, 그런 맥락에서 미래의 중급 사용자가 됨을 목표로 어플리케이션의 사용법을 알려줘야 한다는 것을 염두에 두어야 한다. 그렇게 하지 않으면 사용자들은 절대로 중급 수준에 도달하지 못한다. 또한 우리는 중급 사용자에게 초점을 맞춰야 하므로, 장기적으로 봐서는 초급 사용자들을 위한 기능과 디자인은 끊임없이 사용자들이 가야 할 길을 방해한다는 것을 기억해야 한다.

사용성 개선과 더 나은 제품이라는 두 마리의 토끼를 잡기 위해서는, 어떤 면에서는 희생을 감수해야 하는 것이 사실이다. 사용자들이 배워야 할 뭔가가 있다면 사용자들의 학습을 돕기 위한 어떤 툴들이 충분히 사용자에게 노출되어야 하고, 소기의 목적이 달성되면 그 툴들이 사라지도록 디자인하고 구현해야 한다. 또한 어떤 기능들을 전면에 배치하고 어떤 기능들은 뒤로 숨겨둬야 하는지에 대한 현명한 결정을 내려야 한다. 우리는 지시적인 문구를 초급 사용자에게는 힌트의 역할로, 중급 사용자에게는 기억을 돕는 수단으로써 사용해야 한다. 마지막으로 도움말은 실제로 그것을 읽을 사용자들을 대상으로 디자인하고 제공해야 하고, 지시적인 힌트는 사용자로 하여금 크고 작은 혼란을 피하고 생산성을 높일 수 있게끔 사용해야 한다.

@ 사용속도를 높이기 위한 처방

사용자들의 어플리케이션 사용속도를 증가시키기 위해서는 각 사항별로 다른 접근을 해야 한다. 하나의 만병 통치 치료법이 있는 것이 아니다. 그러나 '사용속도 증가'의 처방을 통해서 많은 다양한 방법을 적용할 수 있다.

예를 들면, 새로운 사용자가 처음으로 로그인 했을 때 '시작하기 도움말'의 링크를 제공할 수 있다. 제품의 주요 기능들에 대해 개괄적인 설명을 하기 위해서 비디오 영상 자료를 제공할 수 있다. 위키같은 방대한 정보를 구축하기 위해 많은 사용자들의 공헌이 필요한 어플리케이션에는 다른 사용자들에 의해서 작성된 컨텐츠를 예로 보여주어 사용자가 참고하도록 할 수 있다.

그러나 시작하기 도움말과 비디오 영상은 사실 시스템 사용의 문맥과는 상관없이 사용된다. 일반적으로 어플리케이션과 사용설명서 같은 어플리케이션에 대한 정보는 독립된 두 개의 창으로 구현되기 때문에 동시에 두 가지를 볼 수 없다. 새로운 사용자에게 컨텐츠의 예를 보여주는 어플리케이션에서도 일반적으로 그 예들을 통해서는 그것들이 어떻게 만들어 졌는지에 대한 정보를 제공하지 않으므로, 사용자는 여전히 무엇을 어떻게 시작해야 하고 어떻게 완성해야 하는지에 대한 정보를 필요로 하게 된다. 그러나 어쨌든 사용자가 사용 설명에 대한 정보를 찾고 있는 바로 그 순간은 어플리케이션의 개발자인 우리들에게는 굉장히 주목할 만한 순간이다. 왜냐하면 사용자가 시작하는 법에 대한 정보를 찾고 있다는 것은 이미 사용자들이 우리의 어플리케이션이 한번쯤 사용할만한 것이라고 느끼도록 설득을 했다는 것을 의미하기 때문이다. 그 순간을 놓치지 말고 사용자들을 꼭 움켜잡고 우리가 무엇을 가지고 있는지 보여주어야 한다.

많은 어플리케이션은 마법사를 사용하여 사용자들이 어플리케이션의 초기 설정을 단계별로 진행하도록 돕는 것을 선호한다. 마법사의 사용에서 그나마 좋은 점이라고 할 수 있는 것은 그대로 따라가기만 하면 된다는 것이다. 그러나 몇몇 단점들 때문에 마법사의 사용에 전적으로 동의할 수는 없다.

첫째, 마법사는 사용자가 어플리케이션을 어떻게 사용하고 싶은지에 대한 질문을 곧바로 하는 경향이 있다. 문제는 사용자는 그전에 그 어플리케이션을 사용해본 적이 없다는 것이다. 따라서 그런 질문에 대답한다는 것이 완벽하게 불가능하다고 할 수는 없지만, 사용자 입장에서는 충분히 골머리를 썩을 수 있다.

두 번째 문제는 마법사는 사용자가 내린 결정을 나중에 다시 변경할 수 있다는 보장이 없다. 이보다 더 바람직하지 않은 사실은 마법사가 존재한다는 것은 처음으로 사용하는 사용자를 대신해서 어플리케이션의 디자이너들이 충분하고도 좋은 의사결정을 내리지 못했다는 것을 뜻한다는 것이다. 사용자들은 이런 사실까지는 미처 간파하지 못할 수도 있지만, 마법사가 있다는 것은 뭔가 손이 많이 가야 된다는 것이란 사실을 충분히 간파할 수 있다.

만약 우리가 사용자들이 어플리케이션을 사도록 설득할 수 있다면, 다음 단계는 그들이 실제로 그것을 활용하도록 만드는 것이다. 그것도 아주 **빨리**.

마케팅의 고수 Seth Godin은 Squidoo(www.squidoo.com)의 디자인을 고민하면서 그 사실을 깨달았다. 그는 최근 나에게 이렇게 말했다.

> *"Squidoo의 디자인은 힘든 작업이었다. 왜냐하면 말해야 할 것, 알려줘야 할 것, 예를 들어야 할 것 등등이 너무나 많았음에도 시간은 턱없이 부족했기 때문이다. 웹 사이트를 일반인에게 소개한다는 것은 단순히 여러 기능들로 채워진 웹 페이지를 보여주는 것이 아니다. 당신은 하나의 흐름이 있는 이야기를 해야 한다. 그리고 그 이야기가 마치 스크린 밖으로 흘러나와 사람들을 홀리듯이 매혹시킨다면, 그때야 비로소 당신은 당신이 제공하는 기능들과 장점들에 대해서 알릴 수 있는 기회를 갖게 되는 것이다. 그러나 만약 그 이야기가 촌스럽고 매력적이지 못하다면 사람들은 떠나버린다."*

Squidoo는 LendRank라는 서치 엔진을 통한 검색 가능한 Lens(렌즈)라는 컨텐츠 페이지를 제공하는데, Lens는 여러 사용자들에 의해 제공되는 여러 종류의 정보들을 서로 접목시켜서 만들어 진다. Squidoo는 일종의 정보 공유 어플리케이션이다.

사용자가 벌레에 관심이 있고, 벌레에 관한 블로그를 운영하고 다양한 소스 정보로의 링크를 구축하는데 많은 시간을 투자했다면, 그 사용자는 각각의 정보에 대한 소스를 연결하고 가장 최근의 블로그 글을 보여줄 수 있는 Lens를 만들 수 있다. 벌레에 관심있는 다른 사용자는 Squidoo에서 검색을 하고, 벌레에 대한 Lens를 찾고, 한 장소에서 많은 정보를 얻을 수 있다.

훌륭한 아이디어에요, Seth.

Squidoo는 사용자들의 사용 속도를 높여주는 대단한 일을 해냈다. 사용법에 대해서 계속 유용한 힌트를 제공하고, Lens를 개선하고 홍보할 수 있는 다양한 정보들을 제공하는 다른 웹 페이지로의 이동도 가능하게 해준다. '자주 하는 질문'(FAQ)를 통해서 Squidoo의 사용법에 대해서 알아야 할 대부분의 정보와 새 책, 비영리 단체, 주간 Podcast 등 다양한 정보를 홍보할 수 있는 방법 등을 제공한다(만약 이런 것들이

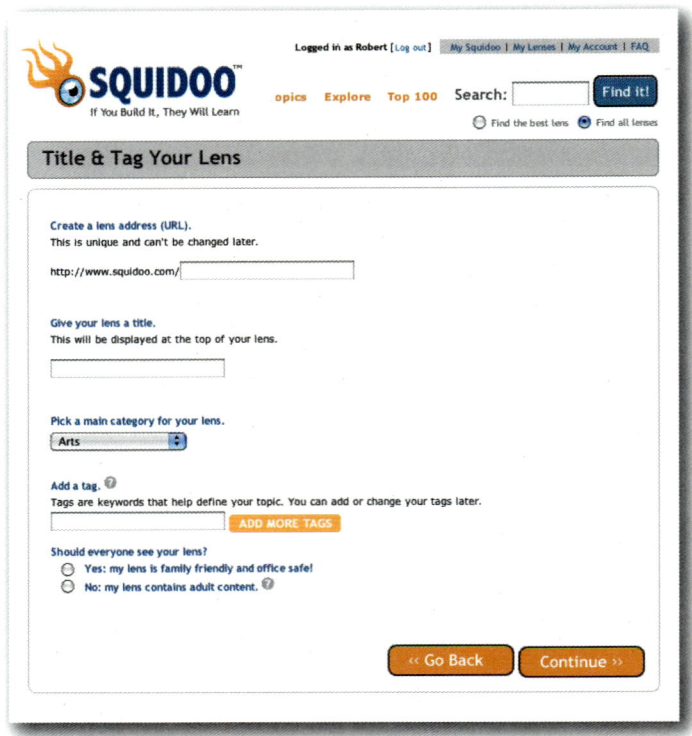

>> Squidoo는 Lens의 제목과 Tag을 달 수 있는 페이지를 제공한다.

Squidoo를 사용해야 하는 이유로 충분하지 않다면, FAQ에서는 당신이 구축한 Lens를 통해서 어떻게 돈을 벌 수 있는지에 대한 설명도 있다는 것을 말해둔다).

새로운 Lens에 모듈(교환 가능한 구성 부분)을 추가할 때, 예를 들면 RSS나 링크 리스트 영역 등을 추가할 때 어떤 모듈이 새롭게 추가된 것인지, 무엇이 가장 인기있는 것인지, 또는 무엇이 가장 돈벌기 좋은 것인지 등으로 조직화된 모듈의 리스트를 보여주는 화면을 보게 된다. 또한 메인 리스트에서 보여지지 않더라도 모듈의 색인 검색을 지원하기 때문에 원하는 모듈을 찾아 볼 수 있고, 검색 박스를 통해서 집적 원하는 모듈을 검색할 수도 있다. 모듈을 선택하면, 당신이 Lens에 추가한 모듈의 리스트를 페이지에서 보여준다. '저장' 버튼을 누르면 당신의 새 'Lens'를 생성하고, 당신이 추가한 모든 모듈을 보여준다. 그리고 당신은 그것들을 편집하면 된다.

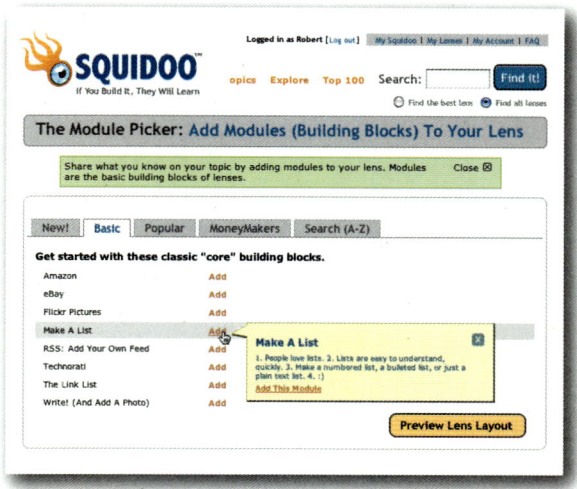

》 Squidoo의 모듈 고르기는 '사용 속도 증가'를 위한 좋은 요소로 가득 차 있다.

각 모듈의 '편집' 버튼은 사용자가 원하는 컨텐츠로 모듈을 채울 것을 유도한다. '편집' 버튼을 누르면 DHTML을 통해서 '편집' 버튼 아래 쪽으로 마법처럼 모듈의 편집용 폼이 나타난다.

Lens 페이지의 신규 생성과 관련된 모든 구성 요소들은 사용자들이 새 Lens의 성공적인 생성을 할 수 있도록 유도하고, 편집 화면의 모든 요소들은 내용을 채울 수 있도록 사

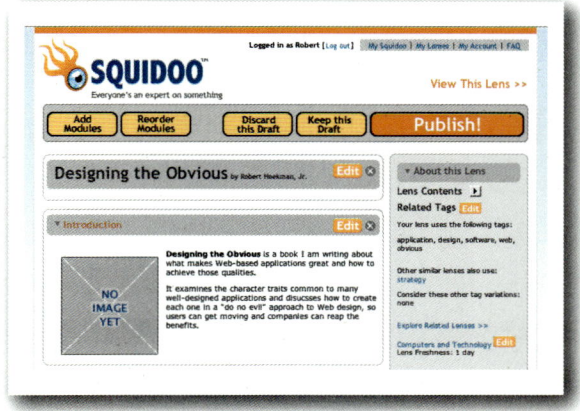

》 크고 명확하게 이름지어진 버튼들은 사용자들이 무엇을 어떻게 해야 하는지를 잘 설명해주고 있다.

용자를 가이드한다. 크고, 선택하기 편한 버튼들과 화면 이동없이 즉시 반응하는 편집 기능들, 페이지에 전반적으로 사용되는 지시적인 문구들은 모호할 수도 있는 것들을 명확하게 하고 혼란을 최소화 해준다.

그 외에도 많은 구성 요소들이 사용자의 사용 속도를 증가시키고 Squidoo의 Lens 만들기를 시작하는데 도움을 준다.

1. Welcome 화면 제공하기

많은 데스크탑 용의 어플리케이션들, 예를 들면 Adobe의 Dreamweaver나 Flash 등은 새로운 사용자를 위해 Welcome 화면을 제공한다. 이들 화면은 주로 기능들에 대한 간단한 둘러보기나 사용법에 대한 안내말로의 링크를 제공한다. 그 자체로 훌륭하다고 할 수 있다. 그러나 다시 이야기하지만, 그런 타입의 도움들은 어플리케이션의 사용 문맥과 동떨어져 있기 때문에 그다지 유용하다고 볼 수 없다. 물론 사용자들은 이 페이지에 배운 내용들을 다른 페이지에서 활용할 수 있지만, 사용자는(사람은) 언제나 한번에 한 페이지(한 가지)에만 집중할 수 있다. 도움말 화면과 실제 작업영역이 다르면 사용자는 집중을 할 수 없다. 그럴 바엔 차라리 사용자들을 앉혀놓고 직접 교육하는 것이 낫다.

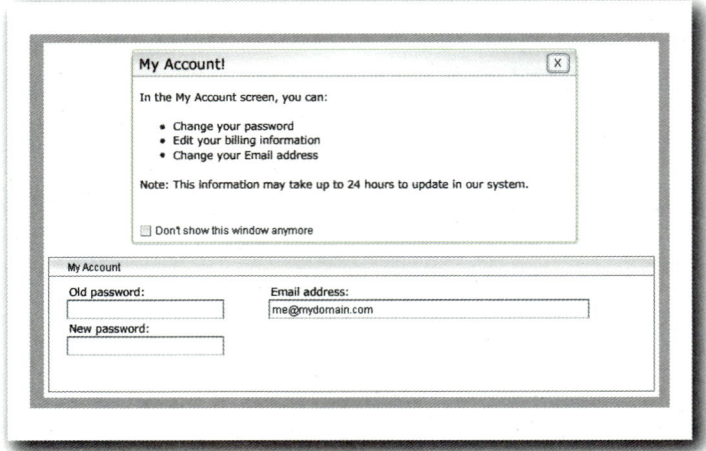

》 어플리케이션에 통합된 Welcome 화면은 예를 들어 사용자가 계정관리 화면에서 무엇을 할 수 있는지 바로 알려줄 수 있다.

Welcome 스크린을 개선하기 위한 좋은 방법들에 대해서 알아보자. 문맥에 상관없는 둘러보기와 안내말 대신에, Welcome 화면은 어플리케이션 화면에 포함되어서 문맥과 어우러져야 한다.

예를 들면, 어플리케이션의 상단 부분을 해당 페이지에서 무엇을 할 수 있고, 다음 페이지에서는 무엇을 할 수 있는지에 대한 정보를 보여주는 공간으로 활용할 수 있다. 그리고 화면이 바뀜에 따라서 적절한 정보로 바꿔준다. 이렇게 문맥에서 벗어나지 않고, 또한 어플리케이션의 사용에 방해를 주지 않으면서 사용자들에게 사용법을 알려줄 수 있다.

물론 이런 식으로 구현된 Welcome 영역은 사용자가 Welcome 영역을 비활성화시킬 수 있어야 한다. 그래야 계속되는 페이지의 방문에서 이미 알고 있는 불필요한 내용을 사라지게 할 수 있다. 체크 박스를 통해서 간단하게 Welcome 영역을 열고 닫을 수 있게 해준다.

2. 힌트 주기

우리는 힌트를 보여주는 방법을 쓸 수 있다. 새로운 기능에 대해서 사용자에게 다른 지시적인 디자인(뒷부분에서 자세히 설명하겠다)들이 생산성이라는 측면에서 충분하지 못한 역할을 할 때, 힌트를 사용할 수 있다. 웹 어플리케이션에 보다 익숙한 사용자들은 힌트보기를 비활성화 시킬 수도 있다. 그러나 새로운 사용자는 최초 몇 번의 새로운 어플리케이션의 사용에서 힌트를 통해 도움을 받을 수 있다.

》 Box.net에서 사용되는 말풍선
형식의 힌트는 사용자들에게
적재적소의 도움을 제공할 수
있다.

온라인 파일 저장 어플리케이션인 Box(www.box.net)는 Welcome 화면과 적재적소의 힌트 기능을 모두 제공한다. 힌트 기능이 활성화되어 있으면 어플리케이션의 특정 영역에 변화가 생길 때 그 영역의 기능과 사용법에 대해 설명해주는 힌트를 불러온다.

힌트는 짧고 요점이 분명해야 한다. 그것의 목적은 사용자를 돕는 것이지, 긴 문장을 읽도록 유도하여 사용자의 작업 흐름을 방해하는 것이 아니다. 간결하고 힘있는 문체가 필요하다.

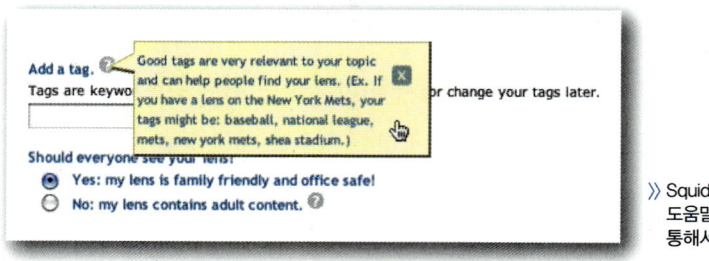

>> Squidoo의 적재적소
도움말은 물음표를
통해서 볼 수 있다.

Squidoo도 적재적소의 도움말을 잘 제공하고 있다. 보다 심도있는 설명이 필요한 Lens 생성과 관련된 구성 요소에는 그 구성 요소 옆에 물음표가 보여진다. 예를 들면, 새로운 사용자를 위한 Tag의 목적과 활용법에 대한 설명은 적재적소의 도움말을 통해서 제공된다. 이런 식의 힌트 제공은 이것에 관심없는 다른 사용자들의 사용성에도 문제를 주지 않으면서 도움이 필요한 사람들에게 유용한 정보를 제공할 수 있다.

3. 유용한 것들로 '빈 서판' 채우기

빈 서판(Blank slate)은 공포의 대상이 될 수도 있다. 그것은 최종적으로 당신 스스로가 채워야 하는 거대한 빈 공간이자 뭔가를 그려 넣어야 하는 빈 스케치 북이다. 웹 어플리케이션에서는 종종 사용자가 채워야 하는, 아무것도 없는 빈 페이지를 의미하기도 한다.

나를 포함한 어떤 사람들은 이 빈 서판에서 영감을 얻기도 한다. 나는 빈 서판을 보면, 많은 다른 디자이너들이 그렇듯이 내가 채워 넣어야 할 것들이 눈앞에 선하게 그려진다. 그러나 웹 어플리케이션을 배우기 시작하는 사용자에게 빈 서판은 배움의 과정에 방해물로만 느껴질 것이다. 무엇을 해야 하는지를 정확하게 알 수도 없을 뿐더러, 이런 빈 공간에 직면하면 막다른 골목에 다다른 느낌을 받게 된다.

이런 '진퇴양난'의 상황을 피하기 위해서는 빈 서판을 뭔가 쓸모있는 것들로 채워 넣어야 한다. 사용자들이 속도를 낼 수 있게 도와줌과 더불어, 어렵지만 사용자가 어플리케이션의 어느 곳으로 접근하든 바로 사용할 수 있도록 도와줄 수 있으면 그야말로 훌륭한 어플리케이션이 될 것이다.

Jason Fried에게 37signals(회사이름)은 어떻게 사용자들이 새로운 어플리케이션에 적응을 하도록 유도하는지에 대해서 물었을 때, 다음과 같이 대답했다.

> "사용자로 하여금 열중하게 만들고, 그들을 실험하고 활용하라. 때로는 의도적인 실수를 통해서 배워라. 그러나 절대로 사용설명서를 건네주면서 "이걸 읽으세요"라고 말하지 말라. 그런 방법은 잘못된 사용자 경험을 가져올 것이다. 소프트웨어 라는 것은 절대 '사용해야만 하는 것'이 되어서는 안된다. 그것은 '사용하고 싶은 것'이 되어야 한다. 어떤 것에 대한 사용법을 가르치거나, 사용설명서를 읽어야 한다면, 그것은 성가시고 귀찮은 것이 되어 버린다. 절대 좋은 방법이 아니다. 따라서 소프트웨어는 사용설명서가 필요하지 않으면서 사람들을 단지 사용하게끔 유도하는 것만으로 그 소프트웨어로부터 즉각적인 어떤 가치를 끌어낼 수 있을 정도로 쉽게 만들어져야 한다."

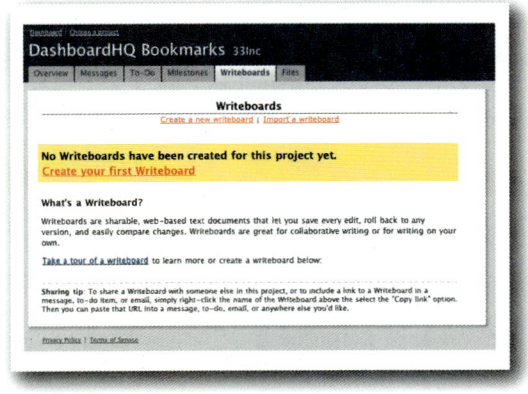

》 Basecamp의 '빈 서판'에는
사용자들이 컨텐츠를
추가할 수 있도록 설명해주는
커다란 붉은색의 문구가
있다는 특색이 있다.

37signals은 사용자들이 이곳에서 저곳으로 쉽게 '점프'할 수 있도록 디자인했다. Basecamp와 Backpack 같은 어플리케이션에서는 '빈 서판'이 없기 때문에 사용자가 처음 로그인한 후에 바로 무엇을 해야 할지를 알 수 있다. 마치 사용자의 마음을 읽고 언제 어디서든 나타나는 도움말처럼, 눈에 잘 띄는 문구와 무엇을 해야 하는지 스스로 설명해 주는 이미지들로 구성되어 있다.

》My Yahoo는 사용자들에게 몇 분간의 설정 후에 실제 그들의 화면이 어떤 식으로 보여 질지를 미리 보여준다.

Yahoo!도 My Yahoo(my.yahoo.com)를 처음으로 방문한 사용자들에게 유사한 방식으로 다가간다. My Yahoo는 웹에서 사용자들이 뉴스, 날씨, RSS 피드 등의 정보들을 한눈에 볼 수 있는 시작 페이지를 만들 수 있도록 도와주는 어플리케이션이다. 몇몇 기본 컨텐츠들이 존재하긴 하지만, 사용자는 그들이 원하는 것들을 아직 선택하지 않은 상태이기 때문에 샘플화면은 비활성화 되어 있고 대신에 샘플화면의 좌/상단에 커다란 '미리보기'라는 이미지가 박혀있다. 따라서 사용자들은 원하는 설정을 한 후의 시작화면이 어떤 모습으로 보일지에 대한 정확한 힌트를 얻을 수 있다.

특히 한번의 마우스 클릭에도 경쟁이 존재하고 사용자들에게 짧은 몇 초 만에 자신들의 장점을 알려야 하는 웹에서 첫 인상은 매우 중요하다. 어플리케이션에서 2~3분의 시간 투자 후에 사용자들이 무엇을 보고, 무엇을 얻게 되는지를 미리 보여주는 것은 그들의 이해를 빠르게 도울 뿐만 아니라, 사용자들에게 안정감을 주고 그들이 스스로 어플리케이션에 열중하도록 만들 수 있다. 이것은 정말 중요한 것이다. 사용자들에게 이 어플리케이션이 생산적이고 똑똑하다는 인상을 줄 뿐만 아니라, 사람들을 끌어들이는 요인이 되는 것이다.

4. 지시적인 힌트를 제공하라

사용자들이 어플리케이션을 계속 사용하도록 유도하는 또 다른 유용한 방법은 지시적이고 유용한 정보를 담고 있는 디자인을 하는 것이다. 예를 들면, 지시적인 문구는 폼이나 인터페이스에서 작업의 흐름 안에서 큰 방해없이 사용자들에게 길을 안내하도록 사용될 수 있다.

숫자만 입력해야 하는 입력 영역에는 견본 값으로 0을 보여줄 수 있다. 견본 값은 사용자들에게 어떤 형식의 정보가 필요한지 보여주고, 모호함이나 추측 없이도 올바른 값을 입력할 수 있도록 도와준다. 이처럼 아주 소소한 지시적인 디자인은 사용자가 업무를 수행하고 작업의 흐름에 방해받지 않고 시스템과 인터랙션 할 수 있도록 가이드를 해 준다. 사용자들의 마음에 어떤 의혹이나 질문이 생기기 전에 그런 것들을 미리 제거해준다.

지시적인 문구는 또한 무엇을 해야 하고, 그것의 결과로 무엇이 발생할지에 대한 적재적소의 힌트(Inline hint)로써 활용될 수 있다.

어떤 인터페이스에서 힌트를 제공한다고 할 때(예를 들면, 사용자가 페이지의 구성요소와 어떤 인터랙션을 하면, 어떤 일이 일어날지에 대해서 설명하는 문장에서), 지시적인 문구는 문장의 다른 글자보다 작은 크기의 글자를 사용하여, 그 문구와의 연관성이 명백한 곳에 가깝게 위치해야 한다. 궁극적인 목적은 "음…… 이 작은 버튼은 뭘 하는 거지?" 라는 사용자들이 가질 수 있는 작은 의문들을 제거하는 것이다.

지시적인 문구는 다음과 같은 경우에 사용될 수 있다.

- 폼 구성 요소가 숫자같은 구체적이고 특별한 자료형을 사용하거나, 사용자가 무엇을 입력해야 하는지에 대해서 모를 수 있거나, 또는 그럴 잠재성이 존재하는 경우

- "123456-A"등과 같이 사용자가 특별한 포맷으로 자료를 입력해야 하는 경우

- 동작의 결과를 예측하기 힘들거나, 어떻게 조작해야 하는지 모호할 때(예를 들면 "새로운 문장을 입력하려면, 문장의 내부를 클릭하시오")

폼에서 견본 값이 사용되는 경우, 기본으로 사용되는 검정색 대신에 연한 회색을 사용하여 보조 수단으로 사용되었다는 것을 사용자가 인지할 수 있도록 한다. 그러나 지시적인 문구의 경우(즉, 견본 값을 보여주는 것이 아니라, 무엇을 해야 하는지에 대해서 알리는 경우), 일반적으로 글자 색을 바꿀 필요는 없다. 클릭 또는 탭 인(Tab-in, 탭 키를 눌러서 어떤 영역으로 들어가는 경우)을 통해 그런 지시적인 문구나, 견본 값이 사용된 필드로 포커스가 가는 경우, 견본 문구는 사라져야 하고 사용자가 바로 입력할 수 있는 상태가 되어야 한다.

나와 동업관계에 있는 33Inc에서 제작한 간단한 북마크 관리 어플리케이션인 '대시보드 HQ'에서는 폼 안에 어떤 컨텐츠가 새롭게 입력되어야 하는지를 지시적인 문구를 통해서 사용자에게 알려준다.

개인 일정 관리 프로그램인 'Kiko'는 약간 모호한 부분들에서 사용자들의 이해를 돕기 위한 방법으로 지시적인 문구를 잘 활용하고 있다.

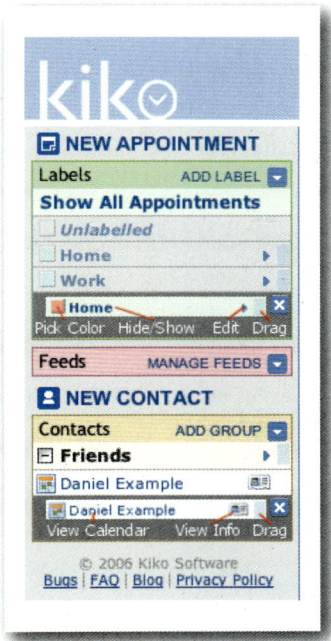

>> Kiko는 각각의 요소들이 무엇을 의미하는지 정확하게 설명하기 위해서 사이드 바 안에 범례(legend)를 사용한다.

예를 들면, KiKo에서는 다양한 일정을 클릭하면 무엇이 실행되는지 설명하기 위해서 적재적소의 힌트(Inline hint)를 제공한다. 이 정보들은 말풍선의 형태로 보여지는데, 이는 사용자들의 머리 속의 상상을 시각적인 비유를 활용하여 표현한 것이다.

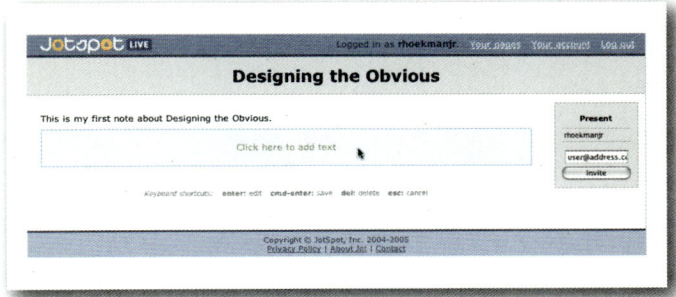

'JotSpot Live'도 좋은 예다. JotSpot Live는 집단 사용자를 위한 공동관리의 노트필기 프로그램이다. 어떤 그룹 미팅의 공동 필기 도구로써 공동의 웹 페이지를 구축하여 내용을 작성하고, 작성된 내용을 나중에 다시 접속하여 관리할 수 있게 해준다.

JotSpot Live 페이지의 새 문장 영역의 중앙에 위치한 "문장을 추가하려면 여기를 클릭하세요"라는 문구는 초보 사용자에게 새로운 필기를 추가하려면 어떻게 해야 하는지를 알려주고, 경험많은 사용자에게는 그 다음 문장 영역이 어디서 시작하는지에 대한 시각적인 정보를 제공한다. 이 문장 영역은 페이지의 다른 요소들과는 다른 배경색을 사용하여 좀 더 도드라지게 보이는 효과를 갖는다. 한눈에도 어디에 새 필기를 추가할 수 있는지 정확하게 인지할 수 있다.

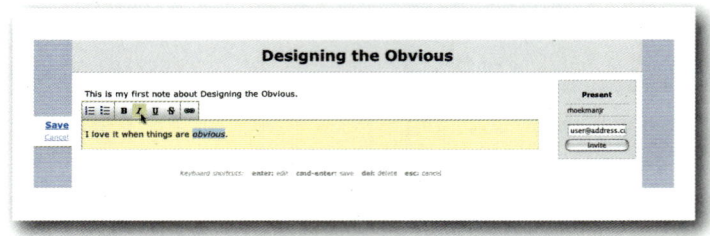

》 아주 일반적이고 가공되지 않은 입력 폼

또한 JotSpot Live는 아이콘을 매우 효과적으로 사용하고 있는데, 이는 지시적인 디자인 요소의 또 다른 좋은 예이다. 새 필기를 추가하기 위해서 문장 영역을 클릭하면 몇 가지 포맷의 옵션들을 제공한다. 각각의 옵션은 아이콘으로 표현되며, 각 아이콘은 그 자체로 무엇을 의미하는지 잘 설명해준다. 마이크로소프트의 워드 같은 편집기 프로그램을 통해 일반 사용자들이 이미 습득한 경험들은, JotSpot Live에서 아이콘이 박힌 버튼을 활용할 수 있도록 하는데 좋은 밑거름이 되었다. 아이콘 버튼들은 볼드체, 이탤릭체, 밑줄, 줄 그어 지우기, 하이퍼링크 등의 다양한 문장 스타일에 적용된다.

'저장하기'를 누르면 작성된 필기를 저장하고, 페이지를 기본 상태로 되돌리며, 편집 가능한 새 문장 영역이 생성된다.

지시적인 힌트는 다양한 형태로 활용될 수 있다. 단, 사용자에게 혼란을 주지 않으면서 적재 적소에 사용하기 위해 많은 주의가 요구된다.

5. 인터페이스 수술: 지시적인 디자인을 활용하기

사용자들은 컴퓨터를 사용할 때 피드백을 기대한다. 더 정확하게 얘기하면 실제 생활에서 실제 사람들로부터 피드백을 받은 것과 같은 수준의 피드백을 컴퓨터가 해주기를 희망한다. 예를 들어, 사용자가 어떤 질문들에 답을 해야 하는 상황에서 그 사용자는 질문에 대한 자신의 답을 시스템이 활용할 것이고, 앞으로의 시스템의 사용에 계속 활용될 것이라는 피드백을 원한다는 것이다.

폼(Form)은 일반적으로 이런 피드백을 제공하지 않는다. 시스템이 처리할 수 없는 값을 입력하지 않는 한, 별다른 피드백을 주지 않는다. 만약 시스템이 처리할 수 없는 값을 입력한다면 시스템은 뭔가 잘못되었다는 피드백 정도는 줄 것이다.

이런 일은 Email 주소나 전화번호 등을 포함한 다수의 값을 입력할 때 자주 발생한다. 많은 필드를 포함하는 긴 페이지의 입력을 완료하고 확인 버튼을 누르면서 사용자는 자신의 작업에 대한 자신감에 넘쳐 있을 것이다. 하지만, 사용자는 JavaScript의 경고성 메시지를 보게 될 것이다. 거기엔 입력된 전화번호의 포맷이 잘못되었다고 메시지를 띄울지 모른다. 혹은 페이지가 새로 고침 되면서, 확인을 누르기 전에 보여주었어야 옳을 오류 리스트를 보여 줄지도 모른다.

이런 처리는 사용자의 긍정적인 반응을 끌어내지 못한다. 오히려 사용자에게 컴퓨터의 규칙에 순응하지 않았다고 말함으로써 기분을 상하게 만들 수 있다. 컴퓨터라는 것은 본래 인간에게 도움을 주려고 만들어진 것이 아닌가?

많은 회사들이 어플리케이션을 좀 더 사용하기 편리하게 만들어 달라는 요구에 주의를 기울이고, 실제로 그런 요구를 반영하기 위해서 노력해 왔지만 안타깝게도 현실은 대다수가 단지 껍데기만 새로 디자인했을 뿐, 근본적인 문제점이 그대로 남아있다는 것이다. 내가 자주 드는 대표적인 사례로 podcast라는 미디어 파일을 축적하여 서비스를 제공하

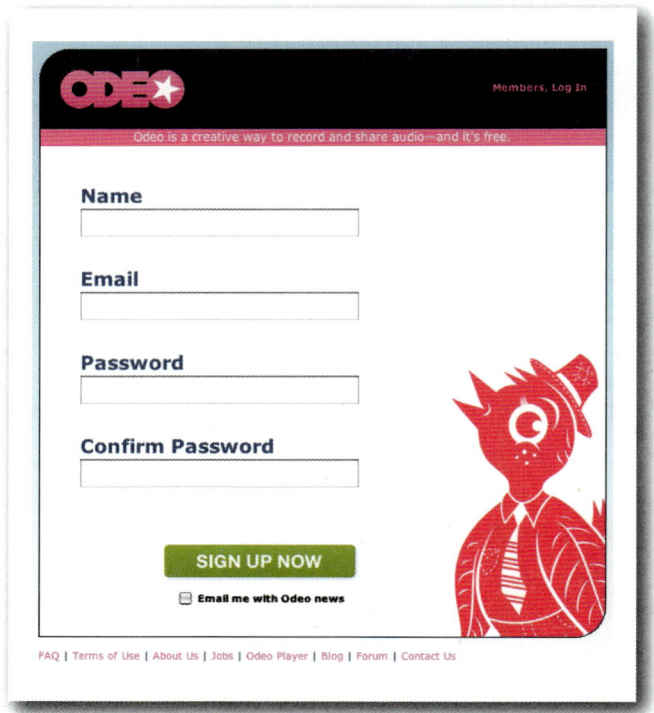

는 Odeo.com의 회원가입을 들 수 있다.

Odeo의 회원가입 폼은 정말 간단하다. 필요하지 않은 정보에 대해서는 절대로 묻지 않는다. 단지 이름, Email 주소, 그리고 암호(물론 확인 암호를 포함하여 2번의 입력을 해야 하지만) 등 3가지 정보만 요구할 뿐이다. 문제는 단순하기 때문이 아니라 그 크기에 있다.

여기에 보여지는 이미지로는 올바르게 평가할 수 없을지도 모른다. 그러나 중요한 것은 4개의 입력 필드가 너무 거대하다는 것이다. Odeo의 디자이너들은 저 멀리서도 읽을 수 있게 만듦으로써 사용성을 높였다고 생각할지도 모른다. 또는 단지 남아 도는 공간을 채우기 위해서 이렇게 디자인했는지도 모른다. 누가 알겠는가?

어찌됐든, 우리같은 어플리케이션 디자이너나 개발자들이 하듯이 폼을 진정으로 효과적으로 만들기 위해서 그 어떤 노력도 하지 않았다는 것이다. 사용성을 개선하겠다는 의도는 오히려 사용자들을 모욕하는 결과를 낳았다. 무슨 말이냐 하면, 그들은 마치 세상의 모든 컴퓨터란 것에 익숙하지 않은 사람들에게 지쳐서 귀찮다는 듯이 "자자, 한번 해보고, 이게 뭔지 알아들 맞춰 보세요"라고 이야기하는 것 같다는 말이다.

대부분의 사용자는 폼을 시각적으로 인지하는데 문제가 없기 때문에, 단순히 크게 만드는 것은 그다지 도움이 되지 못한다. 어떻게 하는 것이 실제로 도움이 되는지 알아보자

자, 연락 정보의 입력에 사용되는 다음의 전형적인 폼을 살펴보자.

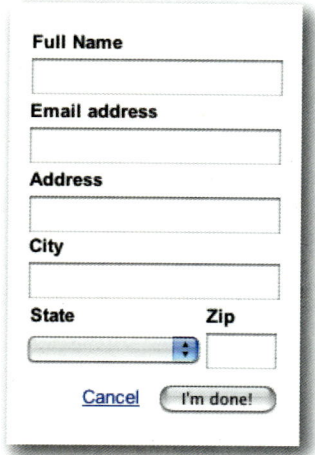

》 Kiko는 각각의 요소들이 무엇을 의미하는지 정확하게 설명하기 위해서 사이드 바 안에 범례(legend)를 사용한다.

어디서나 흔하게 볼 수 있는, 특별할 것이 없는 폼이다.

폼이란 항공권 구매나 아마존의 회원 등록 등 웹의 어디에서나 사용되는 가장 일반적인 인터랙션 중의 하나다. 이해하고 사용하기에 충분히 심플한 반면에 몇몇의 약점들을 내포하고 있다. 위의 폼이 가지고 있는 문제점들에 대해서 알아보자.

- 대부분의 사용자들은 Email 주소와 URL의 차이점에 대해서 잘 알지 못한다("난 AOL을 쓰니까, 아마 aol.com을 입력하면 되겠지!"). 이것은 당신이나 당신 주변 사람들처럼 컴퓨터에 익숙한 사람들에게는 사실이 아닐지도 모르겠다. 하지만, 내 말을 믿어라. 이 세상의 대부분의 사람들은 당신들과 같지 않다. 당신의 어플

리케이션을 사용하는 사람들은 당신이 생각하는 만큼 컴퓨터에 능숙하지도 않고, 비슷한 수준도 아니다(물론, 당신의 관심 대상자들이 다른 개발자들이라면 다르겠지만).

- 미국에서는 우편번호가 두 개의 폼으로 표현된다. 짧은 폼은 다섯 자리 숫자로, 긴 폼은 아홉 자리 숫자로. 그래서 어떤 폼은 아홉 자리를 모두 입력할 수 있고, 어떤 폼은 아니다. 어떤 폼에서는 앞의 다섯 자리와 뒤의 네 자리 사이에 하이픈(–)을 입력해야 하고, 어떤 폼은 그렇지 않다. 앞의 예는 그러한 다양성과 차이점에 대해서 설명해 주지 않는다.

- 버튼의 '다했음'(I'm done)이라는 표현은 다분히 개인적이다. 또한 버튼의 기본값으로, 사용자는 언제든지 폼에 입력된 자료를 시스템에 전송할 수 있다는 것을 의미하는 '활성화' 상태로 되어 있다. 이는 아무런 값을 입력하지 않아도 자료를 전송할 수 있다는 것을 뜻한다. 아마 이런 경우 에러가 발생할 것이다. 우리의 목표는 이런 에러를 피하는 것이다(이에 대해서는 Chapter 6에서 더 이야기하겠다).

- 어떤 입력값이 필수 입력값인지에 대한 표시가 전혀 없다. 만약 필수 입력값에 입력을 하지 않으면, 오류 메시지를 띄울 것이다. 사용자들은 필수 입력값이 있는 많은 폼을 경험해 봤기 때문에, 최소한 뭐가 필수 입력값인지에 대해서 의문을 가질 것이다. 사용자는 필수 값에 대한 어떤 표식을 기대한다는 것이다.

- 폼의 입력 공간을 채웠을 때, 사용자에게 어떤 피드백도 주지 않는다. 사용자는 '내가 올바르게 정보를 입력했을까?'라고 의아해 할 것이다.

자, 이제 지시적인 디자인을 적용해 볼 시간이다.

첫 번째 문제, 즉 많은 사용자들이 유효한 Email 주소 대신에 다른 값을 입력할 가능이 있다는 문제에 대해서, 우리는 입력 공간에 기본값을 제공하여 줄 수 있다. 이 경우 가장 좋은 지시적인 문구는 가상의 Email 주소이다. 왜냐면 이 가상의 주소를 통해서 사용자에게 입력해야만 하는 Email 주소의 모든 요소들을 보여 줄 수 있기 때문이다. 앞서 말했듯이 글자 색은 검정색이 아니라 회색으로 처리해야 한다.

》 지시적인 문구를 사용하여
폼을 명확하게 만들 수 있다.

가상의 입력값이 실제로 입력이 완료된 값이 아니라는 것을 표시하여 주기 위해, 글자를 이탤릭으로 처리할 수 있다. 우리는 이런 식의 처리를 우편 번호 입력 영역에서도 똑같이 해줄 수 있다. 따라서 사용자는 다양한 형식의 우편 번호 중 어떤 형식으로 입력해야 되는지 알 수 있는 것이다. 또한 모든 입력 영역이 필수 입력 영역이라는 문구를 넣어 줄

》 비활성화된 버튼은 사용자가
모든 정보를 올바르게
입력하기 전에는 전송하려는
시도조차 할 수 없게 한다.
믿거나 말거나, 이것은 유용한
방법이다.

수 있다. 그리고 사용자로 하여금 State(주)의 선택을 강제하기 위해 주에 기본값을 설정해 줄 수 있다.

마지막으로, 사용자가 불완전한 폼을 전송하는 상황을 피하기 위해서 모든 필수 영역을 완성하기 전에는 '다했음'(I'm done)버튼을 비활성화 상태로 유지한다.

여기까지만 해도 처음보다 굉장한 개선을 한 것이지만 조금 더 해보자. 입력값이 올바른지 아닌지에 대한 피드백을 실시간으로 사용자에게 해주기 위해서, 각각의 입력 영역에 적재적소의 유효성 검사 결과를 표시하여 사용자에게 어떤 일이 일어나고 있는지에 대한 시각적인 단서를 제공해 줄 수 있다.

이것은 사용자가 입력 영역에서 다음 입력 영역으로 클릭을 하거나 탭을 사용하여 이동했을 때, 그 전 입력값이 유효한 경우에 성공했다는 적당한 아이콘을 보여주고, 만약 입력값이 유효하지 않은 경우에 오류 메시지를 보여줌으로써 가능하다.

여기서는 시스템이 허용하는 유효한 값이 입력되었다는 것을 사용자에게 보여주기 위해 체크 모양의 아이콘이 사용되었다. 사용자가 유효한 값을 입력하고 입력 영역을 벗어나는 순간, 체크 아이콘이 보일 것이다. 실제 프로그램의 코드에는 예를 들어 문자열로 입

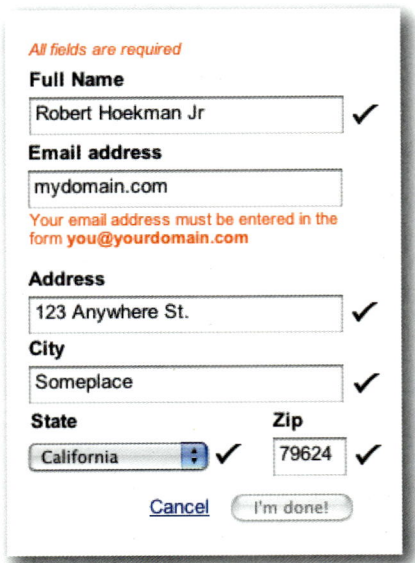

» 적재적소의 유효성 검사와 적절하게 작성된 오류 메시지는 내가 입력한 Email 주소가 틀렸다는 것을 알려줄 수 있다. 이를 통해 어떻게 하면 올바르게 입력할 수 있는지도 알려 줄 수 있다.

력된 이름의 유효성 검사를 위해서 JavaScript가 사용된다. 만약 유효하지 않으면 오류 메시지가 바로 뜰 것이다.

오류의 알림은 적절한 곳에서 적절한 때에 이루어져야 한다. 즉, 사용자가 실수를 저지르고 다음 단계로 넘어가려고 하는 그 순간에 이루어 져야 한다. 만약 사용자가 잘못된 Email 주소를 입력하고 탭 키로 다음으로 넘어가려고 하면, 그 순간 빨간 글씨의 오류 메시지가 입력 영역의 바로 아래 뿌려져야 한다. 사용자는 오류가 있다는 사실을 알 수 있을 뿐만 아니라, 어느 부분에서 오류가 발생했는지 알 수 있는 것이다.

폼에서 효과적인 오류 메시지 처리를 위한 핵심은 사용자가 문제를 어떻게 해결할 수 있을지에 대해서 의문을 아예 가질 수 없게 만드는 것이다. 많은 오류 메시지들은 단순히 사용자에게 문제가 존재한다는 사실만을 알릴 뿐이다. 그러나 위 예의 오류 메시지는 사용자가 올바른 값으로 어떤 값을 입력해야 하는지 알려준다. 이는 사용자가 올바른 값으로 수정할 수 있도록 유도한다.

마지막으로, 모든 필수 입력 영역이 정확하게 올바른 값으로 입력이 완료되면 '다했음'(I'm done) 버튼이 활성화된다. 이를 통해 사용자는 필요한 모든 작업이 성공적으로 이루어졌음을 알 수 있으며 다음 단계로 진행할 수 있다.

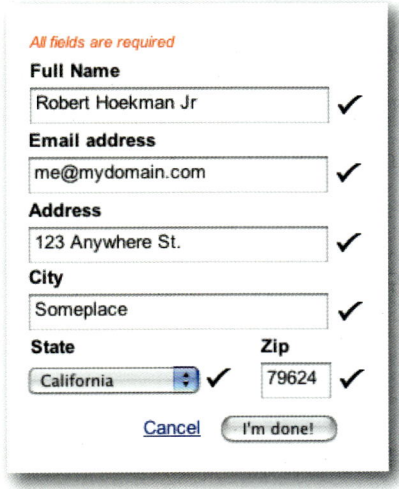

》체크 마크는 올바른 값을 입력할 때마다 즉각적인 피드백을 제공한다. 이는 확신을 가지고 작업을 진행할 수 있게 해준다. 모든 것이 정확하게 완료되면, '다했음' 버튼이 활성화되며, 전송을 진행하면 된다. 어떤 복잡함도 혼란스러움도 없으며, 질문도 필요없다.

그렇다, 폼이 전보다 시각적으로 꽉 찬 느낌이 들고, 전보다 개발 구현하기 더 힘든 건 사실이다(이렇게 폼을 구현하기 위해선 DHTML을 사용해야 한다). 그러나 적재적소의 유효성 검사와 지시적인 믄구는 사용자가 시스템과 정확하게 인터랙션을 수행하고 생산성을 꾸준하게 유지할 수 있다는 확신을 갖게 해 준다.

부언하면, '다했음' 버튼은 필수 입력값이 모두 올바르게 채워지기 전까지는 비활성화 되어 있기 때문에, 그 전에는 폼을 전송하는 것이 불가능하다. 따라서 사용자는 올바른 입력이 이루어지지 않은 폼이 제대로 입력되었을 거라는 잘못된 믿음을 갖는 것 자체가 불가능하고, 따라서 화면의 새로 고침을 통해서 오류 메시지를 본다는 것 자체 또한 불가능하다.

폼 등의 구성요소에 적용된 지시적인 디자인은 초급 사용자에게는 시스템과 인터랙션하는 법을 알려주며, 나아가 중급 또는 전문 사용자에게는 과거의 사용 경험에 대한 기억을 도와주어 막힘이나 주저없이 작업을 수행할 수 있도록 해준다.

@ 적절한 기본값 설정하기

많은 웹 어플리케이션이 너무 많은 곳에서 설정옵션을 제공한다. 이런 현상은 사용자에게 의미가 있든 없든 간에 가능한 설정 기능을 제공하려는 개발자들의 성향 때문이다. 개발자들은 "이런 기능이 가능하다면, 옵션으로 들어가야 돼"라고 이야기한다. 그러나 정작 중요한 것은 좋은 기본값(Good Defaults)을 설정하는 것이다. 왜냐면 좋은 기본값은 사용자가 시스템을 빠르게 배울 수 있게 해줄 뿐만 아니라, 매 순간마다 뭔가를 결정해야 하는 번거로움 없이 시스템에 좀 더 몰입할 수 있게 해준다.

사용자들은 개발자들이 생각하는 것만큼 시스템 설정을 하는 것을 좋아하지 않는다. 사실 대부분의 사용자는 기본값이 무엇이든 간에 별로 신경쓰지 않고, 되도록 손대려고 하지 않는다. 좋은 기본값을 설정하는 것은 단순히 중요하다고 표현하기 보다는 시스템 개발 중에 우리가 내리는 결정이 미래의 모든 사용자를 위해 미리 결정을 내린다는 것을 의미한다. 사용자들의 시스템에 대한 첫 느낌, 첫 인상은 무엇을 보여줄 것인가라는 우리의 결정에 의해서 영향을 받기 때문에, 기본값이라는 것은 장기적으로 영향을 미친다. 따라서 기본값을 무엇으로 설정할 것인가에 대해서 우리는 굉장한 주의를 기울여야 한다.

웹 사용성 분야의 잘 알려진 저명인사, Jakob Nielson은 '기본값의 힘'(The Power of Defaults)에서 다음과 같이 말했다.

> "사용자들은 인터페이스 디자인의 많은 부분에서 기본값에 의존한다. 예를 들면, 사용자들은 사용자 경험을 최적화하는데 중요한 고급스럽고 멋진 사용자 설정 기능을 거의 사용하지 않는다. 왜냐하면 사용자들은 원래 그렇기 때문이다(별 다른 이유가 있는 것이 아니다)."

이 문제를 좀 더 그럴듯하게 해결할 수 있는 방법은 없을까? 예를 들면, 우리는 각종 통계를 바탕으로 어떤 포괄적인 규칙과 룰을 만들 수도 있을 것이다. 하지만, 사용자들은 그 룰에 따라 움직이지 않는다. 우리가 할 수 있는 최선의 방법은 사용자 경험의 질을 최적화해야 할 때마다, 최선의 결정으로 최적의 기본값을 지정할 수 밖에 없는 것이다. Nielsen은 다시 다음과 같이 이야기 했다.

> "시스템이 제공하는 기본값은 일종의 단축키와도 비슷한 역할을 한다. 기본값은 여러 옵션들을 보여주는 것보다 시스템에 대한 사용자의 인지와 사용을 훨씬 빠르게 해준다. 많은 경우에 사용자는 기본값을 볼 필요도 없다. 왜냐면 많은 기본값은 필요할 때만 따로 접근하고, 그 외의 경우에는 숨겨져 있는 경우가 많기 때문이다. 또한 기본값은 취할 수 있는 경우의 수를 제한하면서, 시스템이 받아들일 수 있는 유용한 값에 대한 정보를 제공하기 때문에 초보자가 시스템을 빨리 배울 수 있게 도와준다."

운좋게도, 많은 경우에 이미 적절하고 좋은 기본값이 설정되어 있다. Yahoo의 Email은 새 편지를 작성할 때마다 일반 글자를 사용할 것인지, 볼드체를 사용할 것인지 사용자에게 묻지 않는다. Google은 검색할 때마다 단어 검색을 할 것인지, 연산 검색을 할 것인지 묻지 않는다. Amazon은 과거의 구매 기록에 근거한 추천 기능을 사용할 것인지, 아닌지 묻지 않는다. 이런 것들이 기본값의 좋은 예들이고, 이는 분명히 꽤 유용하다.

좋은 기본값은 대부분의 사용자들에게 유용한 것이다. 많은 어플리케이션에는 필요할 때마다 옵션을 설정해야 하긴 하지만, 기본값이라는 것은 사용자들 대부분이 선택을 하는 그런 값이다.

도움말 시스템의 검색 기능에서 사용자가 도움말 내 검색을 할지, 웹 검색을 할지를 라디오 버튼으로 선택할 수 있다고 가정해 보자. 둘 중 어떤 옵션이 기본값으로 설정되어야 할까? 나의 선택은 도움말 내 검색이다. 도움말을 보고 있는 사용자라면 도움말을 찾고 있을 확률이 높기 때문이다.

Google의 페이지 생성기와 같은 사이트 생성기를 가정해 보자. 첫 번째로, 이것은 당신이 즉시 디자인을 할 수 있도록 여러 틀 중에 하나를 자동으로 선택해 줄 것이다. 각각의 틀은 다른 기본 구성을 가지고 있고, 당신은 원하는 틀을 선택할 수 있다. 원하는 틀을 선택하면 작업을 시작하면 된다(만약 작업 중에 페이지의 구성을 바꾸고 싶으면 틀을 바

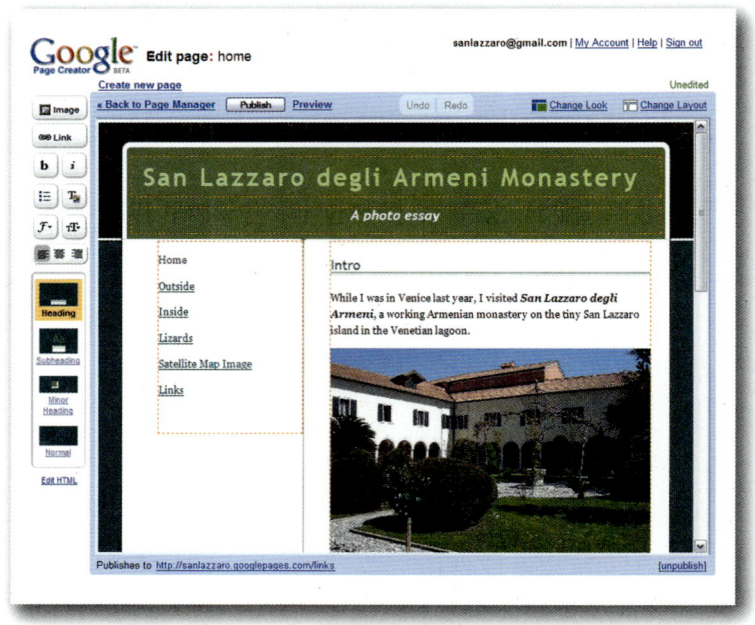

》 Google의 페이지 생성기는 각 단계마다 나를 위해 대신 결정을 내려준다. 따라서 나는 창조적이고 생산적인 일에 더 집중할 수 있다.

꿀 수 있다. 그래도 여태까지의 작업에는 영향이 없다). 각각의 머리글, 중간 머리글, 본문 등에는 기본 글자체, 크기 등이 적용된다. 이미지를 불러오면 기본 크기가 선택될 것이다(적재적소의 기능 바에서 당신이 크기를 변환했을 수도 있다). 파일 이름은 페이지의 머리글로 당신이 입력한 내용이 기본값으로 지정될 것이다.

앞의 설명에서 내가 '기본값'이란 말을 얼마나 많이 사용했는가? 물론 당신은 원하는 모든 것을 마음대로 바꿀 수 있다. 그러나 기본값은 당신의 작업 속도를 빠르게 해준다.

많은 개발자들은 사용자에게 가능한 모든 옵션을 주어야 한다는 믿음에 사로잡혀 있다. 그러나 사용자들은 옵션에 결정을 내리는 것을 별로 좋아하지 않는다. 어떤 일이 신경쓰지 않아도 효과적으로 처리된다고 한다면 우린 다른 일에 관심을 가지는 것이 낫다. 옵션, 설정, 선택 등등의 많은 것들은 우리의 길에 방해가 될 수 있다. 따라서 더 효율적인 소프트웨어를 만들기 위해서 그런 방해물은 제거해야 한다. 좋은 기본값을 선택함으로써 그 목표가 이루어 질 수 있다.

1. 인터페이스 개인별 설정

좋은 기본값을 선택해야 한다는 목표가 옵션과 설정을 완벽하게 없애야 한다는 것을 의미하는 것은 아니다. 옵션과 설정의 선택은 여전히 가능하지만 논리적으로 좋은 기본값을 보여줘야 한다는 것을 의미한다. 만약 이런 설정 기능들이 어플리케이션의 메인 화면에서 이루어 질 수 있으면 더 좋은 효과를 낼 수 있다.

무슨 말인가 하면, 설정이란 어플리케이션의 문맥과 어우러졌을 때 그 효과가 커진다는 말이다. 설정 화면이 수많은 옵션들로 구성된 독립된 화면으로 구현되면 사용자는 실제로 설정의 변화가 어플리케이션에 어떤 효과를 주는지 바로 확인할 수 없다. 따라서 설정 기능들은 메인 화면에 깔끔하게 내장되어 적재적소에 활용될 수 있는 것이 좋다. 예를 들면 설정 기능 중 '적용' 이라는 링크를 적소에 두어 변화를 바로 확인하도록 할 수 있다.

브라우저들은 진화를 거듭하여, 데스크탑 스타일의 인터액션을 잘 처리할 수 있도록 발전했다. DHTML(JavaScript, CSS, HTML)의 사용과 XMLHTTPRequest의 객체(자료를 유연하게 불러오는데 쓰이는 Ajax, 비동기 JavaScript, XML의 핵심요소)에 대한 지원 등을 통해서 필요한 코드를 동적으로 생성하고, 처음 페이지가 로딩될 때는 없었던 구성요소들을 필요한 순간에 삽입하는 등등의 인터랙션을 처리할 수 있다. 이런 기법을 사용하여 따로 관리 페이지를 제공할 필요없이 필요한 기능과 정보를 필요할 때 뿌려주고, 사용자가 현재의 문맥에서 벗어나지 않으면서 설정을 변경할 수 있게 해준다.

사용자들이 원한다고 판단되는 설정과 관련 옵션들은 반드시 분리하지 말고 문맥에 포함시켜라. 그러나 매 순간 사용자에게 선택과 결정을 강요해서는 안된다. 사용자들을 대신해서 미리 좋은 결정을 내려라. 그러면 사용자는 사용 속도를 높일 수 있다. 사용자들은 원하면 스스로 필요한 것들을 바꾼다. 단지 사용자들을 위해서 지저분한 일들을 최대한 미리 처리해 놓는 것이다.

@ 정보 디자인

어플리케이션을 구조적으로 조직화하는 데는 여러 방법들이 존재한다. 간단한 툴들에서는 해답은 주로 그 안에 있다. 즉, 기능이 많이 없는 어플리케이션은 뒤로 숨길 만한 게 별로 없다. 따라서 각 기능은 다른 기능들과 비슷한 중요도를 가진다. 그러나 인트라넷, 기업 차원의 회계 시스템 등과 같이 좀 더 복잡한 경우에는 얘기가 좀 달라진다. 이들의 경우에는 정보 구조의 영역에서 배울 점들이 많이 있다.

정보 구조 전문가들은 오랫동안 복잡한 자료를 예술적으로 조직화하는 연구를 해왔으며, 그들의 연구를 CNN.com, NYTimes.com 등의 웹 사이트를 돕는데 노력해왔다. 이들 전문가들로부터, 사용자들에게 선택권이 있을 때 그들은 어떻게 기능들을 구성할지, 또는 웹에서 사용자들이 어떤 식으로 검색을 하는지에 대한 놀랄만한 통찰력을 배울 수 있다.

Donna Maurer가 집필한 The Boxes and Arrows에 실린 글 '정보를 찾는 네 가지의 양식과 정보를 디자인하는 법(Four Modes of Seeking Information and How to Design for Them)'에서는 정보가 주요 기반으로 구성된 웹에서 사용자가 필요한 정보

를 검색하는 네 가지의 원칙에 대해서 거론한다. Maurer가 이야기한 네 가지는 다음과
같다.

- 무엇을 찾는지 알고 있는 유형 : 이 경우, 사용자는 그들이 무엇을 찾고 있는지
  어떤 단어를 찾아 봐야 하는지 알고 있다. 이런 종류의 정보 검색을 위해 전형
  적으로 해 줄 수 있는 도움은 네비게이션(둘러보기), 색인, 검색 도구 등을 제공
  해 주는 것이다.

- 탐색 유형 : 탐색 유형에서는 사용자는 그들이 무엇을 찾는지 알고 있을 수도
  있다. 그러나 유효한 결과들의 가닥을 잡고 그것을 따라가기 위해서 어떤 단어
  를 활용해야 하는지 잘 모르고 있을 것이다. 이 경우, 연관 정보를 제공하는 것
  은 사용자들에게 지대한 도움을 준다. 연관 정보들 중에 사용자들이 그들이 찾
  아보고자 하는 정보를 알아챌 가능성이 높아지고, 이 경우 무엇을 찾는지 알고
  있는 유형으로 전환된다.

- 무엇을 알고 싶은지 모르고 있는 유형 : 이 유형은 사용자가 무엇을 찾고자 하
  지만, 사실은 그들이 진짜로 찾고자 하는 것과 다른 경우에 적용될 수 있다. 또
  는 특별한 이유없이 웹을 뒤지고 있거나, 단순히 다음에 뭐가 나오는지 보기 위
  해서 웹 브라우징을 하는 경우다. 이 유형에서는 더 깊은 설명으로 연결되는 짧
  고 간결한 정보를 제공하여 주는 것이 사용자로 하여금 잘못된 정보를 해독하기
  위해 긴 시간을 허비하는 것을 막아주기 때문에 좋다.

- 재 검색의 유형 : 이 유형은 사용자들이 이미 그전에 찾아보았던 정보를 다시
  찾으려고 하는 경우 유용한다. 사용자들이 페이지를 즐겨찾기에 등록하거나,
  시스템이 최근의 행적을 자동으로 기억하는 기능 등을 제공하는 것이 이 유형에
  적합한 방법이다.

이들 네 가지 유형은 내가 웹에서 정보를 찾는 방법을 포괄하고 있다. 비록 구체적으로
웹 어플리케이션에 특화된 설명은 아니지만, 사용자가 웹 어플리케이션 안에서 어떻게

기능을 활용하고 작동을 실행할지에 대한 의미있는 단서를 제공한다.

이들 모드에 대해서 살펴보고 그것들이 각각의 개념에 대해서 아는 것만으로도 실제로 응용하기에 충분하다. 어플리케이션의 문맥에 적용하기 위해서 당신이 사용자들이 podcast를 레코딩하고, 사용자들이 설정한 피드(feed)와 연결하고, 사이트의 페이지에서 동영상들의 리스트를 제공할 수 있는 어플리케이션을 디자인하고 있다고 가정해 보자.

'무엇을 찾는지 알고 있는 유형'에 대해서 살펴보면, 사용자들 스스로가 무엇을 찾고 있는지 알고 있는 경우에는 논리적 키워드 자체로 그들이 원하는 것을 얻는데 충분하다. 새 podcast를 레코딩하는 방법을 찾는 빠른 방법은 생성, 녹화같은 키워드를 사용하는 것이다. 다른 사람들에게 자신의 podcast를 더 잘 알리기 위해 피드를 설정하는데 도움을 주기 위해서는 사용자의 시선 범위 안에 설명, 설정 같은 단어를 보여주면 된다. 이런 단어들은 사용자가 그들이 원하는 것을 쉽게 찾을 수 있게 도와주는 '촉발 단어' (Trigger word)들이다(촉발 단어에 대해서는 잠시 뒤에 다시 이야기하겠다.)

다른 예를 들면, 사용자는 ID3 태그(오디오 파일과 연관되는 메타 데이터(숨김정보, 속성)) 정보를 원하고 있지만, 그런 정보에 적합한 키워드를 모르고 있을 수도 있다. 그 사용자가 podcast를 만든 사람, 제작일자, 제작기간과 다른 세부 사항에 대한 정보를 제공하기를 원하고, 그것이 그 사용자가 알고 있는 전부이다. 이 경우, 사용자는 '탐색 모드' 에 속하고, 'Podcast 세부정보'라는 버튼을 제공한다면, 원하는 정보로 통할 수 있는 링크를 제공할 수 있다.

만약 사용자가 podcast 플레이어에 다른 테마를 적용하고 싶은데, 일반적으로 색과 글자 스타일 등을 분류하는데 쓰이는 테마라는 단어에 대한 지식이 없다면, 당신이 테마라는 말을 쓰는 것이 무의미할 수도 있다. 이런 경우는 테마를 연상시킬 수 있는 단어들을 제공한다면 유용할 것이다.

예를 들면, 메일 설정 화면에서는 '테마'라는 이름의 메뉴를 쓰고 있지만 사용자에게 색상을 바꿀 수 있다는 '간단 힌트'같은 것을 제공한다면 그것을 통해서 '테마'화면으로 사용자를 유인할 수 있다. 더 좋은 방법은 사용자가 podcast를 생성한 그 화면에 플레이어를 보여주고, 설정을 바꿀 수 있는 몇몇 옵션들을 제공하는 것이다. 이는 사용자가 작업의 문맥 안에 머무르도록 하면서, 테마 화면을 우회적으로 접근하게 만드는 방법이다.

마지막으로, 최근 활동의 리스트나 즐겨찾기 리스트 등은 사용자가 다른 사용자의 페이지에서 과거에 들었던 podcast의 이름을 기억해내는데 도움을 주고, 다시 그 페이지를 방문하고 URL을 또 다른 사용자나 친구들에게 보낼 수 있게 도와 준다. 이런 정보의 '재검색'을 가능하게 해주는 방법은 사용자들이 정보 검색 작업을 수월하게 할 수 있게 도와 준다. 어플리케이션이 정확히 어떻게 도움을 주는지에 대해서 사용자들은 미처 인식하지 못해도, 그들이 원하는 것을 어려움 없이 얻을 수 있게 도움을 주는 것이다.

물론 정보검색에는 네 가지의 유형보다 많은 유형이 존재한다(예를 들면, 무엇을 찾는지 알지만, 어디서 찾아봐야 하는지 모르는 유형같은). 어쨌든 이 네 가지 유형은 훌륭한 기초를 제공하고, 이들을 활용하고 응용할 수 있는 많은 기회가 존재한다.

1. 카드 분류

카드 분류는 사용자가 생각하는 어플리케이션의 내에서 조직화 하는 방법에 대해서 배울 수 있는 좋은 길이 된다. 일반적으로 카드 분류는 정보 구조 전문가들이 웹 사이트 같은 정보 공간 안에서 합리적이고 이해 가능한 네비게이션 구조를 결정하는데 도움을 준다. 이런 카드 분류는 사용자들이 어떤 촉발 단어를 통해서 우리가 제공하려는 기능들을 연상하는지를 보여줌으로써 우리가 어플리케이션의 기능을 조직화하는데 도움을 준다.

어플리케이션을 위한 카드 분류는 색인 카드 겹겹이 쌓는 것에서부터 시작한다. 계획하는 모든 기능들을 적고, 몇 명의 적합한 사용자들에게 건넨다. 그리고 그들에게 그 기능들이 조직화되어야 하는 방식에 따라서 차례대로 스택(겹겹이 쌓아 올린 뭉치)을 구성하게 한다. 이는 아주 간단하면서 비용도 별로 들지 않는다. 따라서 정보의 디자인 문제를 빨리 해결할 수 있는 현실적이면서도 편리한 옵션이 될 수 있다.

첫 번째 단계는 당연히 분류를 할 대상을 결정하는 것이다. 그 다음에는 색인 카드에 기능을 하나씩 기입한다. 이때 유념해 할 것은 카드 분류를 하는 사람들이 전체 스택을 손에 쥐고 분류작업 하기에 적합한 크기로 색인 카드를 만드는 것이다. 만약 기능들이 너무 많다면, 비슷한 기능들을 합쳐서 적절히 조직화 하거나 스택을 작은 단위로 나누고 각각을 다른 실험 그룹으로 진행하면 된다.

기능을 색인 카드에 적을 때, 기능이나 동작 이름으로 조직화에 힌트가 될 수 있는 키워드를 사용하면 안된다. 예를 들면 '테이블 삽입'은 '폼 삽입'과 한 짝으로 유추할 수 있다. 사용자는 너무 쉽게 삽입이라는 단어에 친근하게 되어 버리기 때문에, 설사 그게 적합하지 않은 단어라도 그 단어로 메뉴의 이름을 정해버릴 수가 있다. 또한 메뉴, 패널, 또는 툴바의 이름으로 사용되는 단어로 끝이 나는 말을 사용하면 안된다. 이 실험의 목적은 사용자들이 어떻게 기능을 이해하는지를 보는 것이기 때문이다.

이 실험에 참가하는 사람들은 실제로 해당 어플리케이션을 사용할 사람들이어야 한다. 그러한 어플리케이션에 적합한 대상자들이 제공하는 조직화에 대한 정보가 유용하기 때문이다. 대상자 그룹은 소수여야 한다. 그래야 실험이 진행될 수 있도록 집중하는데 도움이 된다.

실험이 진행되는 동안, 참가자들이 어떤 방식으로든 카드를 조직화하는 것이 무엇보다 중요하다. 시작하기 전에 간단하게 참가자들이 어떤 역할을 해야 하는지 설명하는 것이 도움이 된다. 그들에게 카드 스택을 주고, 빈 카드의 스택을 준비한다. 참가자들이 카드를 연관성있는 그룹으로 분류하고 각각의 그룹에 적당 이름을 준비된 빈 카드에 쓰도록 지시한다.

당신의 역할은 실험이 잘 진행되도록 보조하는 역할이다. 만약 참가자들이 어떤 카드에서 막히거나, 카드 이름을 정하는데 긴 논쟁을 하게 되는 상황이 오면 이름을 정하지 못한 카드는 따로 모아서 나중에 다시 결정하도록 유도한다. 동전 던지기를 해서 구체적인 이름을 정할 수는 없는 것이다. 실험을 통해서 제공되는 모든 세부적인 내용들을 속속들이 이해할 필요는 없다. 중요한 것은 참가자들이 어플리케이션 내의 다른 기능들과 동작들을 어떤 식으로 연결짓는지를 이해하기 위해서 그들이 갖는 초기의 인상이나 효과를 파악하는 것이다.

실험이 진행되는 동안 필기를 하는 것 또한 중요하다. 그들의 제안이나 카드 분류 중에 발발하는 혼란스러운 점들을 기록해라. 이 정보들은 어플리케이션의 모든 것들에 이름을 달고 그룹화하는데 유용하게 사용될 것이다. 예를 들면, 메뉴와 툴바 등은 실험에서 참가자들이 어떻게 이해하는지를 따라서 손쉽게 구성될 수 있다.

모든 카드가 분류되면 참자가들에게 감사를 표하고 카드를 회수한다. 한 가지 짚고 넘어가야 할 점은, 만약 어플리케이션의 사용자들이 여러 형태로 구분지을 수 있으면 각각의 다른 사용성을 가지는 그룹별로 카드 분류 실험을 진행해 볼 것을 권장한다. 그렇게 하면 차이점들을 파악하고 각각의 특징들을 어떻게 디자인에 담아 낼 수 있을지를 결정하는데 도움이 된다.

카드 분류에 대한 더 많은 정보를 원하면, www.steptwo.com.au/papers/cardsorting 에서 James Robertson의 '카드 분류를 통한 정보 디자인'(Information Design Using Card Sorting)을 참고하라. 이는 기본적으로 전형적인 정보 구조에 초점이 맞춰져 있긴 하지만, 어플리케이션 디자인에 충분히 적용할 만하다.

@ 속도내기에 흥미를 잃는 단계

초급 사용자가 중급 사용자가 되면 더 이상 사용속도를 높여주는 보조 수단에 관심을 갖지 않게 된다. 어플리케이션의 사용 진행을 도와주는 모든 툴들이 장기적으로 꼭 사용자들에게 계속 제공되어야 하는 것은 아니다. 장기적으로 보면 오히려 초급 사용자를 위한 툴들은 중급 사용자에게 방해가 될 수가 있다. 더 이상 초급 사용자들이 아닌 것이다. 따라서 더 이상 사용 속도만을 강조해서는 안된다.

첫 번째로, 사용속도 가속의 보조 수단들을 제거할 수 있다. 예를 들면 Welcome 화면의 숨김 옵션 외에 언제, 어떻게 보여줄지를 설정할 수 있도록 할 수 있다. 또한 상대적으로 사용이 잦은 어플리케이션에서는 Welcome 화면이 로그인 후에 자동으로 사라지거나, 처음 몇 회의 어플리케이션 사용 후에는 사라지도록 만들어 놓을 수도 있다.

이렇게 하는 것은 마치 친구에게 어떤 것에 대해서 알아야 할 모든 것을 가르쳐 준 후에, 친구 스스로 그것을 해결해 보라고 말해주는 것과 같다(물론, Welcome 화면을 쉽게 다시 볼 수 있는 방법이 제공되어야 한다). 사용자가 어플리케이션 사용에 익숙해지면 Welcome 화면은 다른 좀 더 중요한 기능들에 방해가 될 수도 있다. 희한한 것은 사용자들은 Welcome 화면이 없다는 것을 느끼지도 못하게 된다.

빈 서판에서 사용자 입력을 도와주는 도움말도 제거되어야 한다. 대부분의 경우 빈 서판은 장시간 텅 비어 있지 않기 때문에, 도움말은 사용자가 이 어플리케이션에서 무엇을 해야 하는지 배울 수 있는 시간 정도만 보여 주면 된다. 도움말이 사용 진행을 도왔다면, 그 목적을 수행한 것이다. 그만 사라질 때가 된 것이다. 이런 보조 도구들을 제거했을 때, 사용자들의 작업 수행을 돕기 위한 작은 도움을 줄 수 있다.

사용자에게 적합한 소프트웨어를 만드는 것은 쉬운 일이 아니지만, 그렇게 할만한 충분한 가치가 있는 일이다. 사용할수록 더 똑똑하다고 생각되는 어플리케이션은 사용자들에게 더 많은 기쁨을 제공할 수 있다.

앞에서 예로 들었던 상용 사진 판매 사이트에 대해서 더 얘기해보면, 수 천장의 사진들을 둘러보면서 구축된 이미지 라이브러리는 사용자들이 이미지들을 분류할 수 있게 해준다. 카테고리의 분류가 된 상태에서 새로운 사진을 추가하려고 하면 사용자들에게 어느 카테고리로 사진을 분류할 것인지를 묻는 메뉴가 제공된다. 이 메뉴는 사용자가 카테고리의 분류를 완료하기 전에는 숨김 상태로 사용자에게 보여지지 않을 것이다. 또한 기본 옵션으로 일반 분류라는 것을 제공하여 사용자가 사진을 추가할 때마다 꼭 어떤 분류에 할당할 것인지를 결정하지 않아도 되게 할 수 있다.

검색 엔진 어플리케이션에서는 과거 검색을 저장하고 나중에 다시 사이트를 방문했을 때 사용자에게 저장된 검색을 해 줄 수 있다. Google은 검색 이력관리 기능을 통해서 그런 기능을 제공하는데 정말로 시간을 절약해준다. 사용자 계정으로 로그인을 하면 오른쪽 상단의 '내 계정' 옆에 '검색이력(Search History)' 링크가 보인다. 당신이 실행한 모든 검색은 저장이 되고, 링크를 통해서 검색 이력 페이지로 이동할 수 있다. 페이지에서 제공되는 과거 리스트는 '날짜 선택 위젯'(Date-chooser widget)에 의해서 자동으로 날짜 순으로 나열되고, 날짜 선택 위젯으로 수동으로 날짜 필터링을 할 수 있다. 리스트의 항목을 클릭하면 검색을 실행한다. 이 과거의 검색기록은 당신이 애써 기억하지 않아도 과거의 검색을 다시 할 수 있는 훌륭한 도구이다. 과히 기술의 승리라고 할 만하다.

1. 알림 기능으로 Welcome 화면 다시 사용하기

사용자가 어플리케이션에 적응했다고 해서 모든 사용 속도 증가의 보조 수단들이 영원히 제거되어야 하는 것은 아니다. 사용자들이 어플리케이션을 물 흐르듯이 잘 사용할 수 있게 된 후에, 과거의 그런 기능들은 다른 목적을 가지고 때때로 재사용될 수 있다.

예를 들어 Welcome 화면은 새롭거나 중요한 기능들이 추가되었을 때, 다시 보이도록 설정해 놓을 수 있다. 따라서 사용자들은 Welcome 화면을 통해서 사용법을 배우고 그 기능을 활용하는 시작점으로 활용할 수 있다. 다시 말하면, Welcome 화면은 새로운 기능이나 매우 중요하다고 생각되는 어떤 기능들에 대한 알림 기능으로 재사용될 수 있는 것이다.

빈 서판의 도움말 기능도 페이지의 입력 공간이 모두 비워졌을 때(물론 이 경우가 시스템 데이터베이스의 오류가 원인이 아니어야겠지만), 다시 그 기능을 발휘할 수 있다.

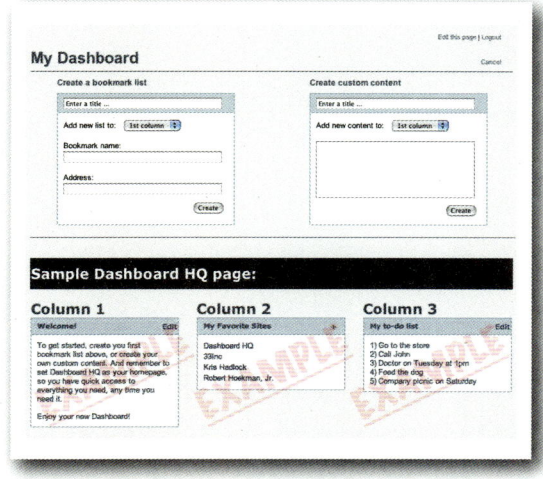

» 사용자의 대시보드 HQ 화면에 아무 내용도 없을 때마다, 채우기 도움말이 사용자가 새로 입력할 수 있게 예로 보여진다.

앞서 예로 들었던, 북마크 관리자인 대시보드 HQ도 페이지의 입력이 유효하지 않을 때마다 같은 방식을 활용할 수 있다. 만약 사용자가 북마크를 사용하지 않거나, 보여지는 내용이 아무것도 없을 경우, 견본 페이지의 샘플 이미지가 보여지고 내용 추가를 위한 패널을 보여주는 것을 시스템 기본값으로 설정해 놓을 수 있다. 사용자는 자연스럽게 새로운 내용을 추가할 수 있게 된다.

대시보드 HQ의 빈 서판용 채우기 도움말은 새로운 사용자가 페이지에 내용을 채우기 위한 힌트를 제공하는 것이 그 본래의 목적이었지만, 과거에 내용을 지웠거나 오랫동안 내용없이 방치하고 간만에 사이트를 방문한 사용자들을 위해서 사용법을 다시 알려주는 기능을 해줄 수 있다(www.dashboardhq.com 에 가면 더 많은 것을 배울 수 있다).

2. 원 클릭 인터페이스를 제공하기

》Amazon은 경이롭고 마법같은
원 클릭 버튼을 제공한다.
이것은 사용자들이 다른
온라인 서점을 방문하는 것이
미친 짓이라고 생각할 정도로
매우 훌륭하다

Amazon은 사용자들의 **빠른 작업 수행**을 돕기 위해 훌륭한 일을 해냈다. Amazon은 특허권이 있는 원 클릭 시스템을 제공하는데, 이를 통해서 이미 저장된 사용자들의 영수증 및 물품 배송 정보를 이용하여 한번의 클릭으로 사용자들이 물건을 살 수 있도록 했다.

이것은 명백하게 Amazon의 강점이다. 첫 번째로, 재방문하는 사용자들이 정말로 쉽게 물건을 구매할 수 있다. 두 번째로, 전환비용(Switching cost)를 높인다. 즉, 물건을 쉽게 살 수 있다는 강점이 사용자들이 다른 온라인 서점 사이트로 옮김으로써 생기는 비용을 약간 높여준다. 일반적으로 온라인 서점을 처음 사용하는 사람들은 기본적인 사용자 정보와 영수증을 발송받는 주소, 물품을 발송받는 주소를 입력해야 한다. 그리고 나중에 책을 주문할 때마다 똑같은 정보를 입력해야 하지만, Amazon을 원 클릭으로 그런 과정을 해결할 수 있는 유일한 서비스 제공자다.

Amazon의 시스템은 특허등록이 되어 있기 때문에, 유사한 기술을 우리의 인터페이스에 적용할 수는 없다. 우리가 할 수 있는 것은 두 번의 클릭으로 최소화하는 것이다. 한 번의 클릭은 사용자가 제공한 주소 정보를 확인할 수 있는 배송바구니(shipping cart)에 사용되고, 나머지 클릭은 구매를 완료하는데 사용될 수 있을 것이다.

Amazon은 이 기능을 Email 캠페인에까지 확장 적용했다. 나는 Amazon으로부터 내가 몇 주 또는 그보다 더 오래 전에 했던 검색 주제와 관련된 책 한 권(여러 책의 리스트가 아닌)에 대한 소개를 하는 Email을 받았다. Email에는 책에 대한 소개와 버튼 하나를 제공하는데, 그 버튼을 누르면 책을 구매할 수 있다. 구매가 너무 쉬웠기 때문에, 책이 배송되었다는 확인 Email을 받기 전까지 내가 책을 샀다는 사실을 잊고 있었다. 구매 절차가 간단하고 빠를 뿐 아니라, 나의 과거 방문에 기초하여 내가 원하는 것이 무엇인지 알고 그것에 대한 정보를 나에게 제공하는 등의 맞춤형 서비스를 제공한다. Amazon을 이것의 효율성에 대해서 정말로 잘 이해하고 있다. 조만간 내가 다른 온라인 서점 판매 서비스로 바꾸지 않을 거라는데 확신한다.

Google 페이지 생성기(Page Creator)는 빠른 서비스를 제공하는데 현명한 방법을 사용한 또 다른 예다. 사용자가 자신의 사이트를 위한 견본 틀과 레이아웃을 선택하면 새로 추가되는 모든 페이지는 동일한 형식(틀과 레이아웃)이 적용된다. 사용자가 그전에 어떤 틀을 사용했는지 기억할 필요가 없다. 물론 사용자는 페이지마다 다른 형식을 적용할 수 있지만, 일반적인 사이트 디자인에서 그럴 가능성이 낮기 때문에 Google은 사용자 편의를 위해서 동일한 형식을 제공한다는 현명한 판단을 내린 것이다. 이 기능은 매우 실용적이기 때문에(제작되는 사이트가 일관성있는 Look & Feel을 가질 수 있다), 사용자는 손쉽게 질높은 결과물을 낼 수 있다.

3. 친숙하게 만들기 위해 디자인 패턴을 활용해라

명백한 디자인을 하기 위해 아주 큰 부분을 차지하는 것은 친숙함이라는 요소이다. 우리가 어떤 어플리케이션을 사용할 때, 우리는 재빨리 그전에 다른 어플리케이션에서 배웠던 것을 적용한다.

Google, Yahoo, MSN 등은 모두 검색 결과를 표시할 때 페이지 수를 표현하는 인터랙션을 사용한다. 페이지의 번호들은 각각 이 페이지에서 저 페이지로 이동하는 일련의 연결된 링크들이고, 또한 '다음'(Next)이라는 링크를 포함하여 1차원적인 선형 이동을 가능하게 한다. 이런 것이 디자인 패턴이다.

정의를 좀더 일반화시켜보면, 디자인 패턴은 공통의(Common) 문제들을 위한 공통의 해결책이다. 검색엔진의 경우 페이지 번호 매기기(Pagination)가 다양한 어플리케이션에서 공통적으로 발생하는 이슈다. 그들 각각은 동일한 패턴을 사용하는데, 그게 바로 페이지 번호 매기기 패턴이다. 그러나 동시에 각각은 약간씩 다른 점이 있다.

패턴이란 디자인을 위한 일종의 뼈대(Framework)이지, 세부적인 법칙이 아니다. 따라서 창조와 혁신이 보태질 수 있는 폭넓은 여지가 있다(사실, 혁신은 종종 기존 패턴의 확장일 경우가 많다). 개별 검색 엔진은 페이지 번호를 통해 링크를 제공하고, 모두 '다음'이라는 링크를 제공한다. 그러나 서로 똑같아 보이는 엔진은 없다. 실제로도 똑같아 보일 이유는 없다. 중요한 것은 사용자가 여러 검색 결과 페이지들을 어떻게 둘러볼 수 있는지에 대한 방법을 빠르게 이해할 수 있으면 되는 것이다. 페이지 번호 매기기의 인터페이스는 매우 효과적이기 때문에 많은 사이트들이 그 방법을 사용하고 단지 디자인적인 변형을 가미할 뿐이다. 바로 디자인의 패턴으로 사용하는 것이다.

My Yahoo에서 사용된, 페이지 내에서의 편집기능에 사용된 디자인 패턴은 나에게 처음에 친숙하지 않았다. 그러나 패턴이라는 것은 수많은 웹 어플리케이션에서 사용되고, 내가 그 전에 사용했던 어플리케이션에서 습득한 경험들을 활용하여, 힘들이지 않고 곧 익숙해 질 수 있었다. 친숙함이라는 것이 새로운 어플리케이션을 배우고, 탐구하고, 마스터하는데 도움을 주는 것이다.

그 효용성이 의문스러웠던 어떤 패턴이 시간이 지나 효과적이라는 것이 입증되면 디자인 패턴이 되는 것이다. 어떤 한 사이트에서 처음 사용하고, 다른 사이트들이 모방을 하고, 결국 수많은 사이트에서 성공적으로 사용된다면, 모든 사람들이 디자인에 활용을 하게 된다. 당신이 미처 깨닫지 못해도 세상엔 많은 패턴이라는 것이 존재한다.

디자인 패턴은 사용자들이 과거의 경험을 새로운 어플리케이션에 적용할 수 있게 매개 역할을 함으로써, 새로운 어플리케이션의 사용법을 배울 수 있게 도와준다. 그런 이유로 명백한 것은 디자인하려고 할 때, 패턴은 절대적으로 유용하다.

여기서 말하고자 하는 핵심은 새로운 어플리케이션을 디자인할 때, 비슷한 어플리케이션에서는 어떤 패턴들을 사용하고 있는지 주의를 기울이고, 그것들을 잘 활용하는데 노력을 해야 한다는 것이다. 패턴의 폭넓은 사용은 사용자들이 당신의 어플리케이션을 빠르게 배울 수 있게 해줌으로써 사용자들이 직면하게 되는 사용면에서의 많은 장벽들을 허물어 줄 것이다.

이 책은 디자인 패턴에 관한 책이 아니다. 이 책은 웹 소프트웨어를 보다 좋게 만드는데 도움이 되는, 보다 개념적이고 어플리케이션 수준의 패턴에 관한 것이다. 당신이 만약 디자인적으로 문제에 봉착하거나 참조할 수 있는 표준이 필요하다고 느낀다면, Jennifer Tidwell이 쓴 '인터페이스 디자인(Designing Interfaces)'이라는 디자인 패턴 관련 책이 있다. 이 책은 패턴들에 관한 훌륭한 기본 정보를 제공하므로 여러분께 강력히 권하는 바이다. 물론 내 책을 먼저 끝내고 난 후에…

@ 전문가를 위한 도움말 문서를 제공하라

Microsoft Office team의 Jensen Harris은 그의 블로그(blogs.msdn.com/jensenh/archive/2005/11/29/497861.aspx)에서 사용자들이 얼마나 자주 도움말 문서를 열어보

는지에 대해서 말했다. 어떤 새로운 기능을 배워야 할 때, 사용자들은 도움말 파일을 열어보는 대신에 그들 스스로 사용법을 알아내기 위해 시도한다는 것이다. 그리고 믿거나 말거나 전문가들은 도움말 파일을 더 많이 활용한다.

내가 수행했던 사용성 테스트는 이것을 입증했다. 초보 사용자나 중급 사용자들이 제공되는 도움말 문서를 보거나 또는 찾아보는 경우는 극히 드물다(실제로 결과는 꽤 충격적이다. 상당히 복잡해서 사용자들이 끊임없이 도움을 요했던 어플리케이션으로 실시했던 최근의 사용성 테스트에서, 다섯 명의 사용자 중 단 한 명도 도움말을 보지 않았다. 그 중 한 명은 도움말이 있었으면 좋겠다고 희망했지만 결국 보지 않았다. 사실 도움말 링크는 메인 인터페이스에서 눈에 확 띄는 위치에 있었음에도 불구하고).

Harris는 그의 경험을 토대로 이런 현상을 설명했다. 그가 Office 팀으로 옮겼을 때, Excel을 좀 더 배우기 위해서 도움말을 본 것이 아니라, 참고 서적을 사기 위해 서점으로 먼저 갔다. 그는 이런 도움말에 대한 관심과 의존도가 낮은 이유를 다음의 몇 가지로 분석했다.

첫 번째, 도움말 문서에는 일종의 언어 장벽이 존재한다. 사용자들은 '탐색 유형'에 속할지도 모르지만, 그들이 원하는 정보를 찾는데 사용되는 전문 용어를 모를 가능성이 높다. 대부분의 도움말 시스템은 Google처럼 검색 결과를 멋지게 제공하지 않는다. 더군다나 사용자들은 정확한 용어나 그들이 원하는 기능의 이름을 잘 알지 못한다. 초보 사용자 또는 중급 사용자라 할지라도 새로운 어플리케이션에서는 자주 발생하는 일이다. 반면에, 전문가(고급 사용자)는 전문용어들에 더 익숙하고 따라서 원하는 정보를 쉽게 찾을 수 있다.

두 번째로, 도움말 문서는 똑같은 주제를 다루는 책이나 잡지글 등에 비해서 덜 인간적이다. 즉, 도움말은 기술적으로 더 정확하고 간결하게 쓰여졌지만, 책은 덜 형식적이고 편안하고 도움말 문서가 하지 못하는 글에 생명력을 부여하는 유머나 활력을 담아낼 수 있다.

마지막으로, 웹이라는 것은 그 자체로 일종의 도움말의 좋은 소스가 된다. 많은 사람들은 웹이 뿜어내는 어투나 말투에 더 마음이 끌리기 때문에 더 의존하게 된다. 온라인 문서, 포럼의 글 그리고 블로그 등에는 Google을 통해서 쉽게 검색할 수 있는 기능들과 예들에 대한 정보가 넘쳐난다. 이들 문서의 작성자들은 기술 문서의 전문 작성자들에 비해 글쓰기의 제약 사항이 덜하고, 그렇기 때문에 더 친숙한 쉽게 정보를 흡수하고 사용하게 된다는 것이다.

이런 이유들로, 어플리케이션의 새로운 사용자들을 가르치기 위한 더 효과적인 방법은 이번 장의 앞부분에서 사용했던 테크닉들은 적용하는 것이다. 반면에 전문가를 위해서는 도움말 문서가 그들이 무언가를 배우고, 만족감을 느낄 수 있는 완벽한 방법이다.

Backpack은 도움말 문서가 어떻게 잘 활용될 수 있는지에 대한 좋은 예이다.

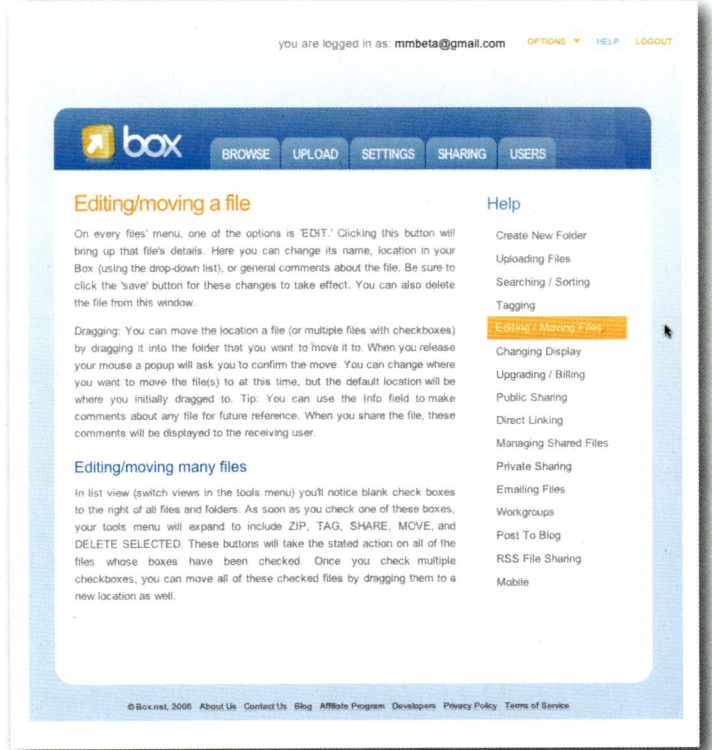

》Box.net은 한 페이지 안에 모든 도움말을 담고 있다. 새로운 화면을 로딩할 필요도 없이 한 화면에서 내용을 확인할 수 있다.

첫 번째로, Backpack은 그것과 관계없는 전문용어는 다루지 않는다(매우 간단하고 이해하기 쉬운 어플리케이션이기 때문에). 두 번째로, 도움말 글이 마치 기술에 능통한 친구가 뒤에서 대답을 해주는 듯한, 인간적인 톤으로 쓰여졌다. 보너스로 도움말이 어플리케이션의 내부에 완전히 입혀져 있다. 즉, 도움말은 문맥에 포함되고 생성된 페이지는 리스트로 제공되기 때문에 언제든지 작업영역으로 돌아갈 수 있다. 사용자들은 쉽게 배울 수 있고, 어려움없이 필요한 해답을 얻을 수 있다.

Box.net도 유사한 예이다. 상대적으로 소프트웨어에 대한 깊은 이해를 요하는 복잡한 도움말 시스템 대신에 한 페이지짜리 도움말을 제공한다. 오른쪽에는 간단한 수직 검색바를 제공하여 토픽을 보여준다. 원하는 토픽을 클릭하기만 하면 된다.

어플리케이션은 중급 사용자를 대상으로 디자인되어야 하는 것이 맞지만, 전문가 또한 염두에 두어야 한다. 따지고 보면 그들이야 말로 우리의 어플리케이션을 위해 가장 많은 시간과 정력을 투자하는 사람들이다. 끝으로, 간결하면서도 잘 디자인되고 잘 쓰여진 도움말이 오래간다.

현명하게 오류 처리하기

@ Poka-yoke 기법을 통한 오류 예방 및 오류 잡아내기
@ Modal 파헤치기
@ 관대한 소프트웨어 만들기

나는 웹 어플리케이션의 사용 중에 모든 것들이 부드럽게 흘러가는 것을 좋아한다. 나는 내가 한 작업에 대해서 시스템이 처리할 수 없다는 등의 오류 메시지가 중간중간에 끼어드는 것을 좋아하지 않는다. 방해받는 것이 싫고, 내가 잘못을 저질렀다는 오류 메시지를 통해서 비난받거나 책임지는 것이 싫다. 마찬가지로 사용자들 또한 이런 것들을 좋아하지 않는다.

어플리케이션 사용 중에 우리가 에러 메시지를 유발하는 작업을 수행한 경우 우리는 스스로 잘못했다는 생각을 가지게 되고, 어플리케이션을 제대로 사용할 만큼 똑똑하지 않구나 라고 자책하게 된다. 우리는 우리들이 알아야만 한다고 생각되는 것에 대해서 이해를 못하고, 그렇기 때문에 제대로 사용하지 못하는 거라는 식으로 생각하는 것이다.

반대로, 컴퓨터에 능숙한 우리들은 어플리케이션을 사용하는 다른 사람들이 문제를 일으키면 그 사람들이 멍청하기 때문이라고 생각한다. 우리는 사용자들에게 책임을 전가시키고, 그들은 어플리케이션을 제대로 사용할 만큼 똑똑하지 않다고 생각하게 된다. 그들은 그들이 알아야만 하는 것들을 이해하지 못하고, 그렇기 때문에 제대로 사용하지 못하는 거라고 생각한다.

우리들의 생각은 명백히 잘못된 것이다.

나는 웹 어플리케이션의 디자인에 모든 시간을 투자하고, 불쾌하기 짝이 없는 그런 에러 메시지는 사라지길 원하며, 나의 사용자들이 스스로 바보같다고 생각하는 상황은 바라지 않기 때문에 에러가 어떤 방식으로 보여지고, 왜 발생하고, 언제 보여줘야 하는지 등에 대해서 고민하는데 많은 시간을 투자한다. 이를 통해 나는 꽤 분명한 결론을 도출할 수 있었다.

"오류를 다루는 가장 좋은 방법은 그것이 아예 발생하지 않도록 하는 것이다."

나쁜 어플리케이션의 기준과 이유는 매우 다양하다. 좋은 어플리케이션이란 사용자가 목표 작업을 수행함에 있어 시스템의 내부적인 작용에 대한 이해도, 어떤 혼란스러움과 모호함도 없이 매 순간의 시스템과 사용자 간의 상호 작용이 부드럽고 막힘없이 진행될 수 있는 것이다.

언뜻 보기에 달성할 수 없을 것 같은 그러한 수준높은 어플리케이션을 만들기 위해서는, 오류가 발생하기 전과 후에 그것을 처리할 필요가 있다. 우리의 목표는 사용자에게 무엇이 잘못되었다는 말을 하지 않는 것이다. 사용자가 실수를 저지를 기회 조차 주지 않는 그런 시스템을 디자인해야 한다. 만에 하나 문제가 발생했을 경우는 정상궤도로 돌아가는 과정을 가능한 쉽게 만드는 것이다. 문제가 발생할 수 있는 수많은 여지가 존재하지만, 좋은 디자인은 대부분의 문제를 해결할 수 있다.

@ Poka-yoke(실수 방지) 기법을 통한 오류 예방 및 오류 잡아내기

Poka-yoke 도구는 우리의 주위에서 흔하게 찾아볼 수 있다.

Poka-yoke(포카요키 또는 포카요케이)는 '실수 방지'라는 의미의 일본어다. Poka-yoke 도구는 오류를 방지하는데 쓰이는 모든 것들은 일컫는다. 이는 어떤 것을 누구나 사용할 수 있게 간단하고 안전하게 만들어 준다.

전자레인지에 있는 '팝콘'이라는 버튼은 Poka-yoke 도구의 하나다. 팝콘을 넣고, 버튼을 누르고, 팝콘 봉지가 전자레인지에서 돌면서 익기를 기다리면 된다. 간단하지 않은가? 영화를 보면서 맛있는 팝콘을 먹으면 된다.

내 차의 리모트 콘트롤은 한 번에 모든 문을 닫아주기 때문에, 어떤 문이 잠기지 않았을지 모른다는 걱정을 할 필요가 없다. 자동차 휘발유 주입구의 마개는 작은 플라스틱 끈으로 주입구와 연결이 되어있어서, 마개를 트렁크에 올려 놓은 채로 차를 출발할 염려가 없다. 자동차 키는 엔진이 꺼지지 않으면 분리될 수 없다. 그리고 후진 기어는 내가 차를 완전히 멈추기 전에는 들어가지 않는다.

빨래 건조기는 문이 열리면 자동으로 멈추기 때문에 사고 날 염려가 적다. 전기 다리미는 세워져 있는 상태에서는 자동으로 꺼지기 때문에 화재를 예방하는데 도움이 된다. 화장실 욕조의 테두리 윗 부분에는 작은 구멍이 있어서 욕조에 물이 넘치는 것을 막아준다.

이렇듯 Poka-yoke 도구들은 어디에서나 찾아 볼 수 있다. 웹에서도 그런 기법들을 많이 찾아 볼 수 있어야 하지만, 슬프게도 현실은 그렇지 못하다. 어쨌든 웹에서 볼 수 있는 Poka-yoke 도구들은 매우 훌륭하다. 사용자들은 별 다른 사고없이 작업을 수행할 수 있고 매끄럽게 흘러간다. 사실 그런 매끄러운 흐름은 당연히 그래야만 하는 것이다.

1. 웹에서 Poka-yoke

내가 사용하는 웹 메일 어플리케이션은 특정한 종류의 메일을 처리하기 위해 사용되는 메모리가 존재한다.

예를 들면, 작업 관리 시스템이 보내는 제목에 '상황 변화'(Status Changed)라고 쓰여진 Email을 받으면(이런 Email은 내가 작업의 세부 내용을 바꿀 때마다 발송된다), 나는 제목 옆의 체크 박스를 체크하고, Dropdown 메뉴에서 휴지통을 선택하고, '이동' 버튼을 누른다. 내가 처음으로 이런 작업을 했을 때, 더 이상 옵션에서 휴지통을 선택할 필요가 없다는 것을 깨달았다. 휴지통 옵션은 자동으로 선택된다. 내가 할 일은 단지 Email을 휴지통에 버리기 위해서 '이동' 버튼을 누르는 일이다.

어플리케이션의 제작자들은 이것을 의도적으로 그렇게 만들었다. 그들은 통계적으로 내가 버린 편지와 동일한(제목이 '상황 변화'이고 똑같은 주소로부터 발송된) 편지들은 같은 장소로 이동할 가능성이 높다는 것을 알아냈다. 따라서 어플리케이션에서는 친절하게 내가 한 행위를 기억하고 나를 위해 대신 옵션을 선택해 준다.

이는 매우 사소해 보이지만, 내가 원하지 않는 폴더로 편지를 이동하는 실수를 막아준다(또한 어플리케이션이 마치 내 마음을 읽고 있다는 느낌이 들게 만든다. 물론 약간 섬뜩할 수도 있지만).

현실을 보자. 어플리케이션의 사용에서 대다수의 부정적인 측면은, 그것을 이용하려고 했지만 오히려 일이 복잡해지고 망가져 버린 경험이 많다는 것이다. 좋은 디자인은 이런 현상을 치유한다. Poka-yoke(실수방지) 도구는 사용자의 경험을 개선하려는 당신이 할 수 있는 첫 번째 방안이 될 수 있다. 가장 나쁜 디자인도 오류 또는 실수 발생의 가능성을 제거함으로써 개선시킬 수 있다.

2. 예방 도구

Poka-yoke 도구에는 두 가지의 형태가 있다. 하나는 예방 도구이고 하나는 탐지 도구이다. 예방 도구는 오류의 발생을 미연에 방지하는 것이다. 욕조의 물이 넘치지 않게 해주는 작은 구멍은 예방 도구이다. 사용자는 원한다면 물을 계속 틀어놓을 수 있지만 절대 넘치지 않을 것이다.

사용자를 실수로부터 완전히 차단하는 것은 불가능한 일일지도 모르지만, 대부분의 잠재적인 오류를 최소화하고, 사용자에게 생산성에 대한 확신을 줄 수 있는 다양하고 많은 방법이 존재한다.

문제는 심각하지만, 해결책은 간단하다

앞서 대시보드 HQ를 제작할 때, 최초의 디자인에는 몇 개의 작은 인터랙션이 존재했다. 후에 '내용 추가' 영역이 디자인되었고, 따라서 새로운 모듈이 생성됐을 때 어떤 칼럼에 속해야 하는지 사용자가 선택해야 했다. 모듈을 생성하기 전에 칼럼을 선택해야 한다는

>> 대시보드 HQ는 사용자가 새로운 내용을 추가할 때, 혼란스런 상황의 발생을 불가능하도록 만들었다.

사실은 자칫 잊어버리기 쉽다. 따라서 우리는 어떤 종류의 오류 메시지가 상황을 통제하는데 가장 적합한지를 고민했다. 박스 안에 뿌려지는 빨간색의 메시지? 사용자의 시선을 끌고 무엇이 틀렸는지 알려주기 위해서 페이지 상단의 서서히 드러나는 작은 박스?

우리는 가장 좋은 방법은 실수를 하는 것 자체를 불가능하게 만드는 것이라는 것을 깨달았다. 진정한 Poka-yoke의 활용은 '1번 칼럼'이라고 기본 값을 설정하여, 오류 메시지를 뱉어내는 상황을 발생이 불가능하게 만드는 것이다. 이 방법은 간단하면서도 실제적으로 어플리케이션을 개선하는데 큰 도움이 된다. Poka-yoke 도구는 HTML 안의 한 속성이 그 역할을 했다. 단 5초만 투자하면 해결되는 것이다.

우리는 여기서 멈추지 않는다. 우리는 새 모듈을 생성하기 위해 사용자가 입력 필드 안에 채워야 하는 값을 검사하는 코드를 삭제했다. 모듈이 존재하기 위해서 그 입력 필드 안에 어떤 값이 있을 필요가 없다. 모듈은 그냥 존재할 수 있다. 모듈은 그냥 기본 타이틀("제목을 입력하세요" 같은)과 그 안에 아무런 내용이 없을 수도 있다. 사용자들은 실제로 모듈을 생성하고 난 후에 언제든지 원할 때 편집을 할 수 있다. 그런데 왜 우리가 단지 내용없는 모듈을 생성하는 것을 막아야 하는가?

단지 1~2분 간의 수정과 테스트만으로 우리는 새 모듈을 생성할 때 발생할 수 있는 오류의 가능성을 완전히 배제했다. 사용자는 모듈 명과 내용을 입력할 필요가 없고, 또한 모둘 명이 어디에 보여야 하는지 정할 필요도 없다. 사용자들은 단순히 '내용 추가' 영역을 열고 '생성' 버튼을 누르면 된다. 거기엔 사용자가 잘못된 길로 갈 수 있는 방법은 없다.

이를 위해서 우리는 더 많은 코딩을 할 필요도 없을 뿐더러, 실제로는 이미 있는 코드를 제거했다. 따라서 디버깅의 작업량도 줄게 되며 유지보수도 준다. 사용자를 위해선 잠재적인 문제를 제거해 주니, 모두에게 좋은 Win-Win 전략인 것이다.

오류의 가능성 제거하기

대시보드 HQ를 위해서 우리가 했던 또 다른 개선은 입력된 북마크가 저장된 후에 나중에 북마크 내의 URL이 제대로 기능할 수 있도록 보장해주는 약간의 JavaScript를 첨가하는 것이다. 북마크가 저장되면, 입력된 URL은 앞부분에 'http://'가 제대로 입력되어 있는지 확인된다. 만약 그렇지 않으면 북마크가 저장된 후에 자동으로 'http://'가 첨가된다. 예를 들면, 사용자가 amazon.com 이라고만 입력하면 북마크에 입력된 주소는 http://amazon.com/ 으로 자동 변환된다.

이 Script는 모든 브라우저에서 링크가 잘 작동할 수 있도록 해주기 때문에 사용자가 링크를 누른 후에 오류를 보게 될 확률이 매우 낮다. 이 Poka-yoke 도구는 단지 몇 줄의 코딩을 요할 뿐이지만, 사용자들을 다수의 잠재적인 문제들로부터 지켜준다.

일반적으로 Poka-yoke 도구들은 간단하면서도 비용이 많이 들지 않는다. 만약 그것을 구현하기 위해 많은 작업을 해야 한다면, 어떻게 간소화 할 수 있는지 연구하기 위해 문제나 이슈를 재검토 해야 한다. 물론, 그런 과정은 어플리케이션에 대한 당신의 과거 잘못을 인정해야 하는 순간을 초래할지 모르지만, 문제들을 해결하고 나면 어플리케이션은 더 가벼워지고 문제점들은 줄어들 것이다(마찬가지로, 그런 결과를 통해서, 당신이 그전에 틀렸었다는 것을 더 쉽게 받아들일 수 있다. 왜냐하면 당신이 얼마나 멋지게 그 문제점을 개선했는지 자랑할 수 있는 선구적인 사례가 될 것이기 때문이다).

많은 문제점들이 많은 추가 작업과 노력없이도 해결될 수 있다. 사용자에게 어디가 잘못되었는지 알려주기 위한 오류의 코딩을 하는 것보다는 좋은 기본 값을 설정하는 것과 같은, 아주 작은 수정작업들은 하나의 인터랙션 부터 전반적인 어플리케이션의 개선에 열 배는 더 도움을 준다.

Poka-yoke 도구의 사용에 유일한 약점이라면 아무도 우리가 그것들을 구현하기 위해 얼마나 현명하고 영리했는지 알아주지 않는다는 것이다. 사용자들은 오류가 발생할 수도 있었다는 사실에 대해서 절대로 알지 못한다. 그들은 단지 그들이 어플리케이션을 효율적으로 사용할 수 있는 이유를 그들 나름의 상식적인 이유를 들어 설명할 것이다. 그러나 그 누구도 뒤에서 웃음짓고 있는 우리들의 마음속 진실을 알지 못한다.

3. 탐지 도구

대시보드 HQ의 최초의 디자인에서, 사용자들이 즉시 오류를 수정하고 앞으로 나아갈 수 있도록 사용자에게 오류를 보여주기 위한 코딩을 했었다. 이것이 바로 탐지 도구가 될 수도 있었다. 위의 예에서 우리는 좀더 최적이라고 생각되는 예방 도구를 사용했지만, 가능한 모든 오류를 예방하지는 못했다. 뭔가가 잘못 되어가고 있을 때가(항상 그렇지만) 바로 다른 형태의 Poka-yoke 도구를 적용할 때다. 바로 '탐지 도구'(Detection Devices)이다.

Poka-yoke가 오류를 예방할 수 없을 때도, 그것은 여전히 오류를 탐지하고 사용자에게 주의를 줄 수 있다. 그러면 오류는 즉시 치료될 수 있을 것이다. 웹의 전문 용어를 빌자면, 이는 일반적으로 '오류 메시지'의 형태로 가능하다.

우리는 컴퓨터를 사용하면서 무수히 많은 오류 메시지들을 보게 되고, 오랜 경험을 통해서 그것들을 무시하도록 훈련되어 왔다(어떻게든 색다른 형태로 보여주거나 하여 우리들의 주의를 끌지 않는 이상). 대충 'OK'를 누르고 넘어가 버리고는, "잠깐! 그거 중요한 거였나?" 라는 생각이 스쳐 지나간다.

대부분의 우리가 보게 되는 오류 메시지들은 별로 중요하지 않다. 그것들은 무슨 암호처럼 쓰였거나, 이미 알고 있는 사실을 되풀이 하거나, 오류를 처리하기 위해서는 도움이 될 말은 하지 않거나, 또는 어떤 선택의 여지도 주지 않는다. 그저 저런 이유로 'OK'를 누를 수 밖에 없기 때문에, 우리는 'OK'를 누를 뿐이다. 그리고는 다시 문제의 원점으로 돌아온다. 오⋯누가 좀 도와 주세요!

품격있는 오류 페이지

대부분의 서버(Server) 설정에는 오류 페이지를 설정할 수 있는 기능이 있다. 그러나 많은 디자이너들은 이 부분을 무시하는 경향이 있다. 참으로 안타깝다. 왜냐하면 그것을 무시함으로써 사용자들에게 너무나 큰 도움을 줄 수 있는 기회를 놓쳐 버리기 때문이다. 단순하게 페이지를 찾을 수 없다고 사용자에게 알려주기 보다는, 사용자들에게 다른 컨텐츠로 넘어갈 수 있는 가이드를 해주는 오류 페이지를 만들 수 있다. 그러면 사용자들은 그들이 오류 메시지를 봤다는 사실에 집중하기 보다는, 또는 그런 사실 조차 망각한 채로 계속해서 앞으로 나아갈 수 있게 할 수 있다.

내가 자주 예로 드는 대표적으로 잘못된 오류 페이지는 '연방 긴급사항 관리국(FEMA, the Federal Emergency Management Agency)의 예전 버전의 웹 사이트이다. FEMA는 자연 재해의 피해를 입은 사람들을 위한 정말로 형편없는, 오히려 더 재해에 가까운 구조 프로그램을 가지고 있다. 이 프로그램의 온라인 지원 프로세스는 몇 가지의 중요한 문제점들이 있었다.

그 프로세스는 정말로 읽기 힘든 문자 이미지로 구성된 '이미지 확인 시스템'으로 시작한다. 사용자들은 그들이 자동화된 해킹 시스템이 아니고 사람이라는 것을 입증하기 위해 이미지로 보이는 문자를 그대로 텍스트 입력 창에 쳐 넣어야 한다. 사용자들은 세 번의 기회가 주어지고, 만약 세 번 모두 실패하면 다음과 같은 오류 메시지가 출력된다.

"죄송합니다. 당신은 테스트를 통과하지 못했기 때문에, 더 이상 전진할 수 없습니다."

메시지 자체가 엉터리로 쓰여졌다는 사실 보다('전진'(Proceed)이라는 말 보다는 '진행' (Process)이라는 말이 더 어울린다) 더 나쁜 것은 사용자가 그 상태에서 다른 곳으로 빠져나올 방법이 없다는 것이다. 홈페이지로 돌아갈 수 있는 링크도 없고, 그 상황에서 참

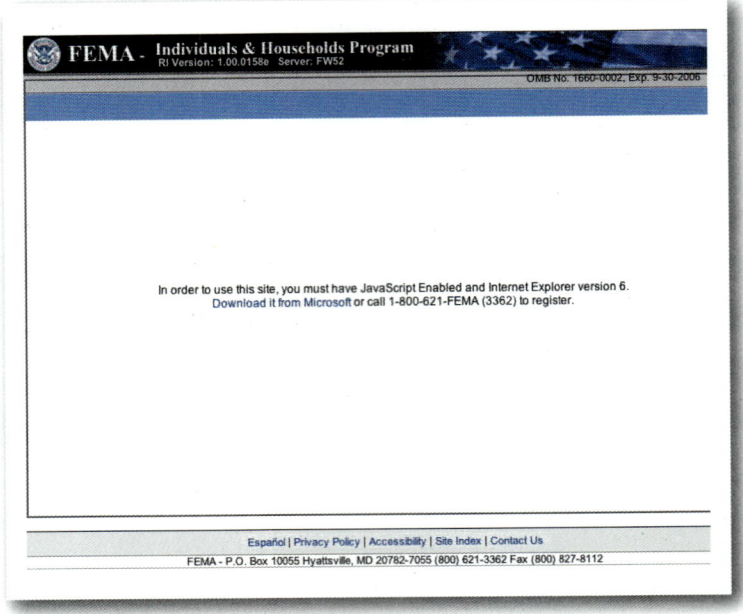

In order to use this site, you must have JavaScript Enabled and Internet Explorer version 6.
Download it from Microsoft or call 1-800-621-FEMA (3362) to register.

Español | Privacy Policy | Accessibility | Site Index | Contact Us
FEMA - P.O. Box 10055 Hyattsville, MD 20782-7055 (800) 621-3362 Fax (800) 827-8112

》 죄송합니다. 제가 지금 뭘 다운로드 해야 하나요?

고가 될만한 도움이나 제안의 글도 없다. 정말 사용자에게는 아무런 의미없는 단지 오류 메시지일 뿐이다.

설상가상 당신이 매킨토시 밖에 사용할 수 없는, 아주 운이 없는 상황이라면(매킨토시를 사용하면서 운이 없다고 느끼게 되는 몇 안되는 상황의 예이기는 하지만), 당신은 입력을 완료하기 위해 마이크로소프트 사의 Internet Explorer가 필요하다는 또 다른 메시지를 보게 될 것이다.

Internet Explorer는 맥킨토시와 호환되지 않는다. 마이크로소프트에 따르면, 아마 앞으로도 계속 호환되지 않을지도 모른다. 그런 사실을 모르는 사용자는 이 파란 다람쥐 같이 생긴 것을 다운로드하여 설치하려고 애쓰면서 도대체 뭐가 잘못된 것인지 의아해 할 것이다.

그런 브라우저 호환에 대한 메시지는 사용자가 이미지 검사 시스템을 통과하기 전까지 사용자에게 보여지지 않는다. 그 메시지는 사용자들에게 FEMA로 전화를 걸거나, 적절한 Internet Explorer의 버전을 다운로드하라고 말한다. 그러나 어플리케이션은 어떤 브라우저인지, 어떤 운영체제인지에 상관없이 잘 돌아가야 한다(최소한 실제로 존재하는 그런 브라우저를 다운로드 하라고 말했어야 한다).

간단해 보이는 HTML 기반의 폼에서 뭐가 그렇게 일을 어렵게 만들었을까? 폼이란 것은 웹에서 너무나 자주 쓰이는 것이다. 매킨토시 사용자들도 매일 폼을 사용한다. 책과 음악을 사고, 웹에서 사용자 등록을 하고, 소프트웨어를 설치하고, Email을 체크하는 등등의 다양한 작업에서 폼을 사용한다. Windows 사용자들보다 더 많은 노력을 들여야 하는 것도 아니다. 어떻게 하면 FEMA처럼 간단한 것을 그렇게 복잡하게 만들 수 있을까? 어떻게 하면 수백만 개의 다른 웹 사이트에서 잘 돌아가는 것을 그렇게 어렵게 만들어 놓을 수 있을까?

많은 오류 페이지들은 사용자들이 다시 이동할 수 있게 해주는 구성 요소를 빼먹는 경우가 많고 그것이 실패의 원인이 된다. 단순히 페이지를 찾지 못한다고만 알려주기 때문에 사용자는 '뒤로' 버튼을 누르거나 홈페이지로 돌아가서 뭔가 다른 방법으로 정보를 찾을 수 있는지 알아본다. 그런 정보들은 대체로 긴 문장들의 리스트로 나열되고, 링크를 따라 가보면 결국 오류 메시지 외에는 그다지 도움이 될 만한 내용을 찾아 볼 수 없다. 그 오류 메시지는 알고 보면 제일 도움이 안되는 것 중에 하나가 아니던가!

오류 페이지는 실제로 존재하는 다른 페이지로 이동할 수 있게 링크를 제공하여 사용자가 정상적인 사용을 할 수 있도록 해야 한다. 또한 검색 기능을 제공하여 사용자가 오류 페이지에서 보지 못하는 내용을 찾아 볼 수 있도록 해야 한다. 그 외에 오류 페이지에서도 계속적인 네비게이션이 가능하도록 하여 메인 페이지로의 이동 등이 가능하여야 하고, 만약 사용자 계정이 존재한다면 로그인 화면으로의 이동이 가능하도록 해야 한다.

이 모든 것들이 위에서 말한 대로 되지 않는다면 Poka-yoke의 탐지 도구로 탐지되는 쓸모없는 오류 페이지의 안좋은 예들인 것이다. 따라서 개선을 통하여 사용자들이 의도하지 않은 오류 상황에 빠졌을 때, 즉시 그 상황에서 빠져나올 수 있는 방법을 제공할 수 있다. 우리는 더 많은 문제를 일으키는 오류 페이지 대신에 해결방안을 제시하는 페이지를 만들 수 있다.

적재적소의 검증

'적재적소의 검증'(Inline Validation)스크립트는 오류를 즉시에 잡아내주기 때문에 Poka-yoke의 탐지 도구들 중 최고다.

한 페이지 안에서 JavaScript로 조작되는 '적재적소의 검증'은 인터랙션이 올바르게 이루어지고 있는지 체크하기 위한 실시간 검사를 수행하는 것이다. 예를 들어, 회원가입 폼에서 적재적소의 검증은 사용자가 입력한 아이디가 이미 존재하지는 않는지, Email이 올바른 포맷으로 입력되었는지, 사용자 성명이 제대로 입력되었는지를 검사한다. 만약 입력 값이 부정확하거나 공란으로 남아있으면, 사용자가 전송 버튼을 누를 수 있는 가능성 자체를 배제시키고 폼에서 오류 메시지를 띄워준다.

유럽지역 주택의 시세를 알아볼 수 있는 'Our Property'(www.ourproperty.co.uk)는 내가 본 중에 가장 잘 디자인된 적재적소의 검증을 하고 있는 곳이다.

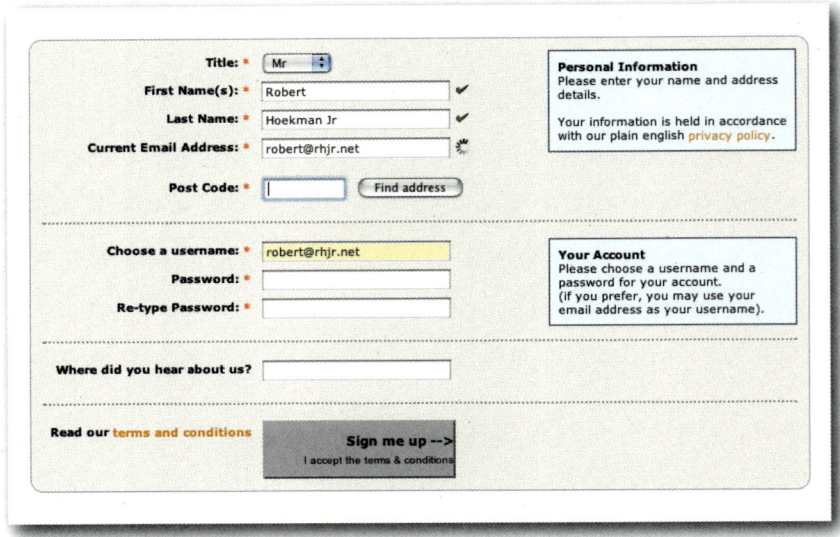

》 체크마크는 내가 제대로 입력하고 있다는 자신감을 갖게 해준다.

>> 필수 입력 값을 채우지 않고 넘어가도 어플리케이션이 즉시 알려주기 때문에 바로 보정 작업을 수행할 수 있다.

입력 필드에 올바른 값을 입력하면(또는 최소한 형식이 올바른 값을 입력하면), 초록색 체크 아이콘이 입력 필드의 옆에 생긴다. Email 주소가 입력되면 입력된 주소가 실제 존재하는지 검사하는 동안 진행 상태를 보여주는 애니메이션이 돌아간다. 입력되지 않은 값이 있는 경우, 빨간색 X 아이콘이 생겨서 이를 알려준다.

이러한 심플한 인터페이스의 요소들은 사용자의 성공적인 인터랙션을 보장한다. 추가적

>> "우유를 기억하라"는 내가 실수를 저지르기 전에 오류 메시지를 미리 띄워준다.

으로 내가 제안하고 싶은 한 가지는 필수 입력 필드가 다 채워지기 전에는 '가입' 버튼이 비활성화 상태로 남아 있게 하는 것이다.

적재적소의 검증은 꼭 필요한 곳에 쓰일 수 있도록 디자인에 주의를 요한다. '할일 목록'을 관리해주는 어플리케이션인 '우유를 기억하라'(www.rememberthemilk.com)는 회원가입 폼에 적재적소의 검증을 사용하면서, 이미 존재하는 사용자 아이디를 체크하는 검사를 훌륭히 수행한다. 그러나 입력 필드에 포커스가 들어갈 때마다, 심하게는 입력 필드에 아무런 값이 입력되지 않아도 포커스만 들어가면 오류 메시지를 보여준다. 결과적으로 사용자는 폼을 입력하는 내내 오류 메시지를 봐야 한다.

검증이라는 것은 필요한 값이 제대로 입력되지 않은 곳을 사용자가 지나치는 경우에만 실행되어야 한다. 예를 들어, 필수 입력 정보를 요하는 텍스트 필드에 적절한 값이 입력되지 않은 상태에서 포커스가 사라지는 그 순간에 오류 메시지가 띄워져야 한다. 만약 사용자가 입력할 기회 조차 가지지 못했다면, 당연히 오류 메시지를 보여주어서는 안된다.

4. 실수를 기회로 삼아라

Poka-yoke의 탐지 도구들은 실제로 어플리케이션 내에서는 우리가 일반적으로 많이 보아온 JavaScript 경고 등의 오류 메시지의 형태로 구현된다. 그러나 어떤 회사들은 사용자에게 오류라는 것이 주는 약간은 부정적일 수 있는 상황을 오히려 긍정적인 효과를 줄 수 있는 상황으로 이용함으로써, 탐지 도구의 결과는 오류 메시지여야 한다는 공식 자체를 진화시키기 위해 노력한다. 이를 통해서 피할 수 없는 오류 상황을 대처할 수 있는 최선의 방법을 제시한다.

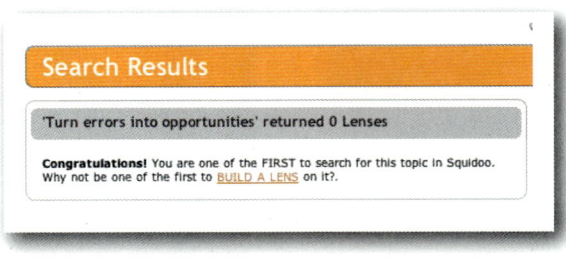

》 내가 이 토픽으로 검색을 한 첫 번째 사람인가? 좋아! 이 토픽으로 Lens를 만들어서 Squidoo의 선구자가 돼야겠다!

예를 들면, Squidoo에서는 사용자의 검색 결과가 없을 때 사용자에게 해당 검색 토픽을 주제로 Lens를 만들 수 있는 기회를 제공함으로써 오류 상황을 새로운 기회로 활용한다.

Squidoo의 개발자들은 사용자들의 다양한 검색 요구를 충족시켜줄 정도로 모든 주제에 대한 지식 정보를 구축하는 데는 엄청난 시간이 필요하다는 것을 깨달았다. 따라서 사용자들이 좀더 많은 Lens를 생성할 수 있는 방법을 찾기 위해 고민했으며, 그 결과로 아주 똘똘한 방법을 찾아낸 것이다. 이 경우의 Poka-yoke 도구는 검색 엔진 그 자체고, 검색 결과가 없다는 상황이 단순 오류 메시지를 보여주는 것이 아니라, 새로운 토픽에 대한 사용자들의 창조적인 행위를 유발한다는 것에 의미가 있다. 따라서 그런 상황은 더 이상 오류상황처럼 보이지도 않는다. 오히려 사용자들에게 해당 토픽에 대한 새로운 Lens를 만들 것인지 말지를 결정할 수 있는 순간을 제공한다. 바로 그런 상황이 바로 Squidoo가 의도하고 바라는 상황이다.

Google 또한 이런 기법을 잘 사용하고 있다. 사용자가 입력한 검색어의 맞춤법(또는 스펠링)이 틀렸을 경우, 검색 결과 리스트의 첫 번째 항목에서는 검색어를 보여줌으로써 사용자가 검색하고자 했던 것이 맞는지를 확인할 수 있도록 도와 준다(물론, 맞춤법을 검사하고 올바른 검색어를 제안하기 위해서 Google의 시스템 내부에서 실제로 어떤 작업들이 이루어지고 있는지는 아주 복잡할지도 모르겠지만, 내 멘탈 모델로는 Google 시스템은 내가 맞춤법이 틀렸을 경우 그것을 잡아낸다는 것이다).

한편, Google Suggest(labs.google.com/suggest)는 두 가지 형식의 Poka-yoke 도구를 동시에 성공적으로 적용함으로써 그 둘의 경계를 모호하게 만들었다.

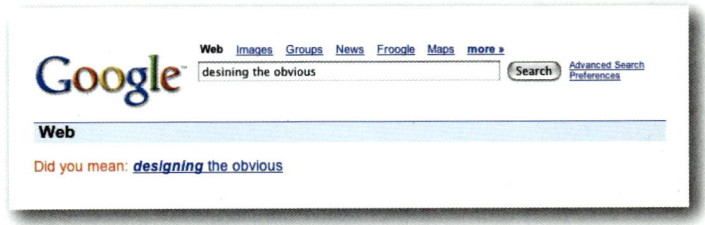

》맞아, 이게 바로 내가 원하던 거야. 고마워! (클릭)

Google Suggest는 사용자가 무엇을 검색하려고 하는지를 '탐지'하여 잠재적인 실수의 발생을 억제하고, 사용자가 실제로 검색을 실행하기 전에 올바른 검색어를 입력할 수 있도록 도움으로써 실수를 '예방'한다. 사용자가 검색어를 입력하기 시작하면 사용자가 입력한 검색어와 관련있는 연관 검색어의 리스트를 제공함으로써, 검색어의 선택 폭이 넓어질 뿐 아니라 일반적인 맞춤법 실수를 피할 수 있다.

》Google Suggest는 맞춤법을 보조해주고 빠른 타이핑을 도와준다. 또한 일반적인 연관 검색어를 제공해준다. 이들 모두는 사용자 실수를 예방해주는 좋은 방법들이다.

가정에서의 예

내가 제작하는 웹 사이트에도 Poka-yoke가 사용된다. 인터페이스 디자인을 위한 조언들을 보여주기 위해서 직접 만든 'The Web Commandments'라는 eReader 어플리케이션(www.rhjr.net/eReader)의 내용을 보기 위해 사용자들이 어도비 플래시 플러그인을 활용할 때 Poka-yoke를 사용한다.

사용자들이 eReader에 필요한 플래시 플러그인 버전보다 오래된 버전을 가지고 페이지

>> 플래시의 대체 컨텐츠는 사용자가 업그레이드를 시작할 수 있도록 도와준다.

를 방문하면, 오류 처리 코드가 작동하여 플러그인 버전을 업그레이드하고 컨텐츠를 확인하는 전 과정을 진행한다.

먼저, 페이지는 사용자의 브라우저에 설치된 플래시 플러그인의 버전을 확인한다. 만약 오래된 버전이 발견되면 eReader 어플리케이션에서 대체 플래시 파일(.swf)이 실행되어 사용자가 플러그인을 업그레이드하도록 유도한다. 사용자가 설치를 실행하면, 설치를 완료하기 위해 자동으로 브라우저가 닫히고 새 브라우저가 열린다. 그러면 사용자는 eReader 어플리케이션을 볼 수 있다. 만약 사용자가 설치를 취소하거나 어떤 이유에서든 설치를 실패하면 플래시는 다른 곳으로 이동할 수 있는 링크를 제공하고, 또한 사용자가 설치를 재시도할 수 있게 한다.

만약 플래시 플러그인이 아예 없는 경우에는(또는 버전이 너무 오래되어 대체 파일(.swf) 조차 없는 경우), 대체 컨텐츠가 띄워져서 사용자에게 무엇이 잘못되었는지를 알려주고, 어떻게 플러그인을 구할 수 있는지를 알려준다(사용자가 참고할 수 있는 이미지를 삽입하면 더 도움이 될 것이다). 그리고 사용자가 설치를 하고 싶지 않을 경우를 대비하여, 다른 사이트로 이동할 수 있는 링크를 제공한다.

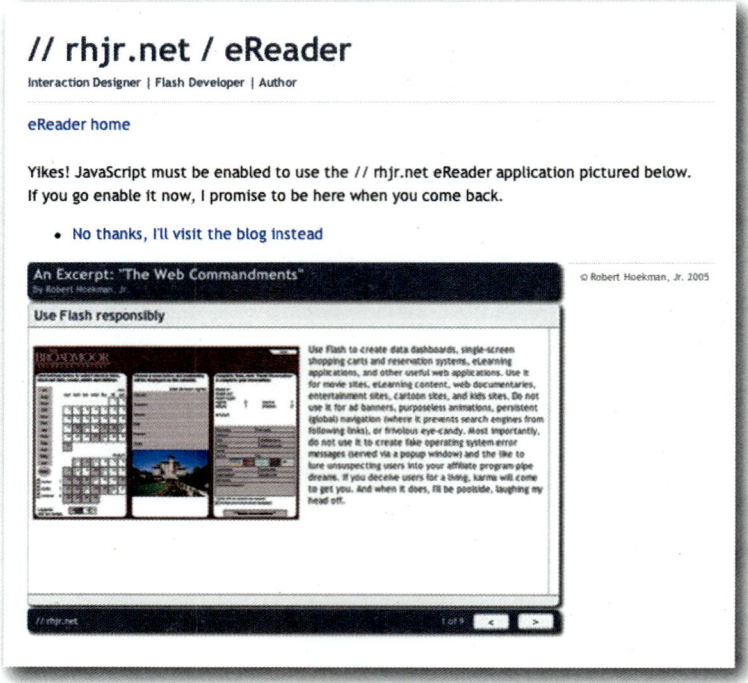

>> JavaScript가 비활성화 되면, 사용자들에게 JavaScript를 활성화할지를 묻는 문구나 다른 블로그 링크를 제공한다.

만약 사용자의 브라우저에서 버전 정보를 확인하는데 필요한 JavaScript가 비활성화 되어 있는 경우, 사용자에게 JavaScript가 필요하다고 알려주고 JavaScript를 활성화시키고 페이지를 새로고침 할 것인지 묻는다. 물론 별다른 문제가 없다면 사용자는 '웹의 규율'을 아무 문제없이 볼 수 있을 것이며, 위의 과정들에 대해서 알 수도, 알 필요도 없다.

마지막으로, 웹 규율에 대한 설명 글 페이지로의 이동할 수 있는 '웹 규율에 대하여'라는 링크는(토글(on/off) 방식을 사용하여, 숨겨지고 보여질 수 있다), eReader 어플리케이션이 정상적으로 작동할 경우에만 사용자에게 보여지면 된다. 만약 대체 컨텐츠가 보여지는 경우 그 링크는 절대 보여지면 안된다. 이것은 플래시와 JavaScript를 사용하여 가능하다. eReader 어플리케이션은 설명요소를 찾기 위해 XML 파일을 체크하고(XML 파일에는 웹 규율의 내용을 확인하기 위한 참조용 텍스트와 이미지가 포함되어 있다), 만약 설명요소가 발견되면 이것은 eReader에 의해서 가공되어 페이지 내의 JavaScript로 전달된다.

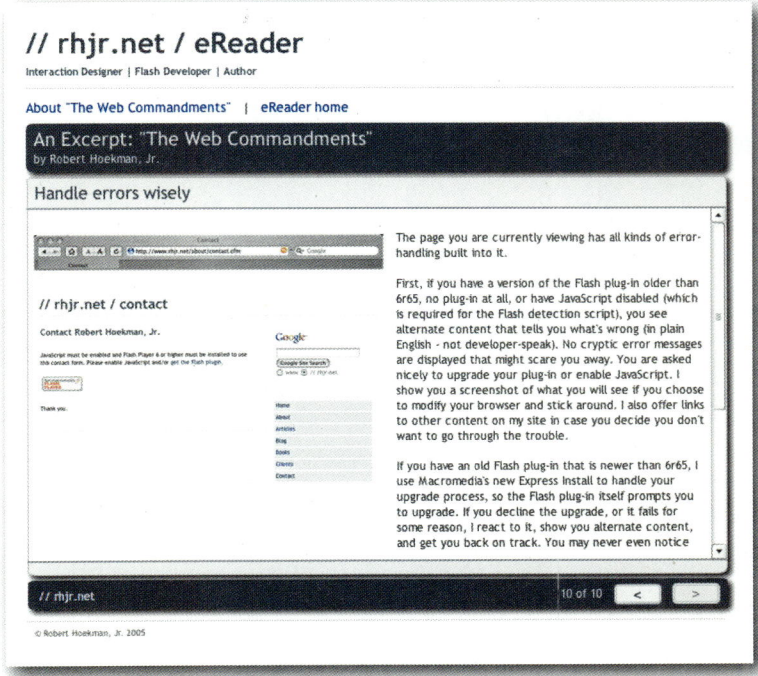

》 JavaScript가 활성화되었는가? 확인! 올바른 버전의 플래시 플러그인인가? 확인! 컨텐츠를 보여라.

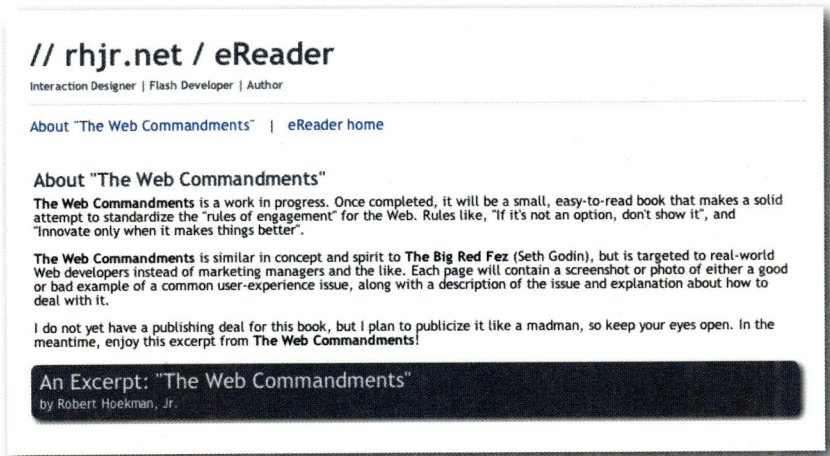

》 웹 규율이 보여지기 전에는 '웹 규율에 대하여'라는 링크가 보여지면 안된다.

그러면, JavaScript는 '웹 규율에 대하여'의 링크와 설명 글을 보여주기 위해 HTML을 작성한다.

JavaScript는 Poka-yoke 도구다. 그것이 없다는, 만약 XML 파일에서 설명요소가 발견되지 않으면 내용이 없는 링크가 보여질 것이고 연결이 끊어진 링크를 만들어 내는 것이다. JavaScript를 사용하면 사용자는 절대로 끊어진 링크를 볼 수 없다.

'웹 규율' 페이지에서 사용되는 플래시의 일련의 탐지 과정은 잠재적인 문제점을 탐지하여 사용자의 정상적인 사용을 돕기 위해 적절한 오류 메시지를 제공한다. 또한 대체 컨텐츠를 제공하여 보다 심각한 오류 상황을 예방한다. 이런 것들이 없다면 사용자들은 내용없는 하얀 박스를 보게 되거나(그 의미는 플래시 플러그인이 너무 오래돼서 내용을 표시할 수 없다는 것이다), 사용자에게 플러그인이 필요하다고 알려주고 설치할 수 있는 방법을 제공하긴 하지만 디자인이 형편없을 수도 있다. 무슨 말인고 하니, 지금 이 글을 쓰고 있는 시점에서 플러그인을 설치하기 위해 Internet Explorer에서 보여주는 대화상자에는 '보안 주의'(Security Warning)이라고 적혀져 있다. 이것은 사용자에게 보여줄 적절한 표현이 아니다. 기억하라. 오류 페이지와 메시지는 사용자가 앞으로 나아갈 수 있게 도움을 줘야 한다. 보안 주의는 그 길에 방해가 된다.

5. 사용자에게 자신감 주기

오류를 찾아내고 사용자로 하여금 즉시에 그것을 처리할 수 있도록 유도하는 것이 사용자가 '확인' 버튼을 누르거나 하여 실수나 오류가 시스템에 반영될 때까지 기다리는 것보다 훨씬 낫다. 그러한 때는 이미 너무 늦은 것이다. 왜냐하면, 사용자는 다음에 보여지는 것이 무엇이든 간에 정상적인 진행흐름 중의 한 부분일 것이라는 기대감을 이미 갖고 있기 때문이다. 만약 사용자가 오류 발생으로 인한 회원가입 폼을 또다시 보게 된다면, 사용자의 그런 기대감은 무너질 뿐 아니라 이번에는 실수 없이 제대로 폼을 완성할 수 있을까라는 심리적인 부담감을 갖게 된다. 만약 검색 엔진에서 검색 결과가 없고 오류 메시지를 보여주는 화면에 직면하면, 사용자는 그 검색 엔진에서의 자신의 검색 능력에 대한 자신감이 떨어질 수 있다.

사용자가 자신감을 상실한다는 의미는, 사용자가 당신의 어플리케이션을 사용하지 않을 가능성이 높아진다는 의미이다. 적재적소의 검증과 Poka-yoke의 방법들은 사용자들의 자신감이 떨어지는 상황이 오기 전에 오류를 처리할 수 있도록 도와준다. 우리의 목적은 사용자들이 스스로 똑똑한 사용자라고 느끼게 만드는 것이다. 만약 사용자들이 우리의 어플리케이션을 사용하는데 전혀 문제가 없을 정도로 충분히 똑똑하다고 그렇게 스스로 느낄 수 있게 도와준다면 우리와 우리의 어플리케이션을 훨씬 더 좋아하게 될 것이다.

가능하다면 오류는 탐지하는 것보다 예방이 최선이다. 적재적소의 검증을 위해 코딩을 하는 것이 항상 쉬운 일은 아니지만, 막힘없는 부드러운 진행을 기대하는 사용자 측면에서는 중간 중간에 오류 메시지(JavaScript)를 확인하는 것 보다는 훨씬 바람직하다. 예방할 수 있는 시점을 지난 오류 메시지는 약간 늦은 감이 있다. 만약 피할 수 없는 오류라면 최대한 사용자에게 친절한 대응과 상황에 대한 정확한 정보를 제공하여 사용자의 생산성에 방해가 되면 안된다. 또한 오류 메시지를 오류 자체를 알리는 목적이라기 보다는 사용성의 개선을 도모할 수 있는 기회로 활용할 수 있도록 고민해야 한다.

@ Modal 파헤치기

데스크탑용 어플리케이션에 사용되는 오류 메시지는 대부분 모달(Modal) 타입의 대화 상자로 구현된다. Apple의 Human Interface 가이드 라인의 설명을 빌자면, 세 종류의 대화 상자가 있다.

- Modeless : 어떤 창(부모창)에서 설정을 위한 대화상자 등이 떴을 때, 사용자가 부모 창과도 계속적인 인터랙션이 가능한 형태(대부분의 워드프로세서에 있는 Find window 메뉴가 모달리스 대화상자의 예이다). 대화상자는 타이틀 바에 컨트롤들(닫기, 최소화, 줌 버튼 등)을 갖는다.

- Document-modal : 어떤 창에서 대화상자 등이 떴을 때, 사용자가 부모 창과

는 인터랙션을 할 수 없는 형태. 사용자는 다른 부모 창(워드를 예로 들면, 다른 문서), 또는 워드가 아닌 다른 어플리케이션으로는 이동이 가능하다.

● Application-modal : 어떤 어플리케이션에서 대화상자 등이 떴을 때, 사용자가 그 어플리케이션 내의 다른 인터랙션은 할 수 없는 형태. 대부분의 Application-modal 대화상자는 일반적인 타이틀 바 컨트롤(닫기, 최소화, 줌 등)을 갖지 않는다. 사용자는 '확인', '취소' 버튼을 통해서 이 대화 상자를 사라지게 할 수 있다.

웹에서도 Modality가 존재하지만 형태가 약간 다르다. 예를 들면, 팝업 창은 Modeless 이다. 주로 어플리케이션의 설정 셋팅을 하거나 사용자의 기호를 반영한다(예를 들면, 웹 메일 어플리케이션에서 사용자를 추가/제거하는 등의). 그러나 그런 팝업 창은 사용자가 부모 창과 인터랙션하는 것을 막지 않는다. 물론, 사용자가 부모 창을 클릭한다는 것은 의도적이든 아니든 간에 팝업 창과의 작업 흐름이라는 측면에서 단절을 의미하지만, 최소한 큰 의미에서의 어플리케이션과의 작업 흐름 안에 머물면서 인터랙션을 수행할 수 있다.

그러나 JavaScript의 경고 메시지는 어플리케이션 모달(Application-modal)이다. 웹 어플리케이션의 다른 부분과의 인터랙션 뿐만 아니라, 경고 메시지를 닫기 전에는 페이지를 이동하거나 브라우저를 닫을 수 없게 됨으로써, 브라우저와의 인터랙션이 불가능하다. 사용자는 경고 메시지와의 인터랙션 외에 다른 것은 할 수 없다. '확인' 버튼 등을 눌러야만, 다음 작업을 할 수 있다.

이런 방식은 일반적이지만 사용자에게는 무례한 것이다. 사용자에게 꼭 짚고 넘어가야 할 그 무엇이 아니라, 소프트웨어가 사용자를 위해서 꼭 해야 할 작업이기 때문이다.

1. 무례함을 재디자인하기

다큐먼트 모달(Document-modal)로 바꾸기 위해서 어플리케이션 모달의 메시지를 제거하는 것은 쉽지는 않지만 흥미로우며, 웹에서의 한 트렌드가 되었다.

예를 들면, JavaScript의 경고 메시지에 의존하는 대신에, 디자이너들을 똑같은 효과를 가지는 부유하는(Floating) 적재적소의 대화상자를 만들어 사용하게 되었다. 이런 현상은 마치 사용자들이 JavaScript의 경고 메시지를 혐오한다는 사실을 인지하고, 대신에 페이지 안에서 움직이는 확인 메시지를 만듦으로써 문제 해결을 결심한 것 같았다.

최근의 내 경험을 예로 들면, 메시지가 JavaScript의 경고 메시지처럼 보였지만 그것은 페이지 안에서 부유하는 상자 형태로 보이면서 마우스 드래그가 가능한 형태였다. 나는 내가 원하는 어느 위치로도 메시지를 드래그 할 수 있지만, '확인' 버튼을 누르기 전까지 그것을 없앨 수 없었다. 이것은 다큐먼트 모달의 메시지였다. 나는 브라우저와는 계속 인터랙션을 할 수 있지만, 어플리케이션과의 다른 인터랙션은 할 수 없었다.

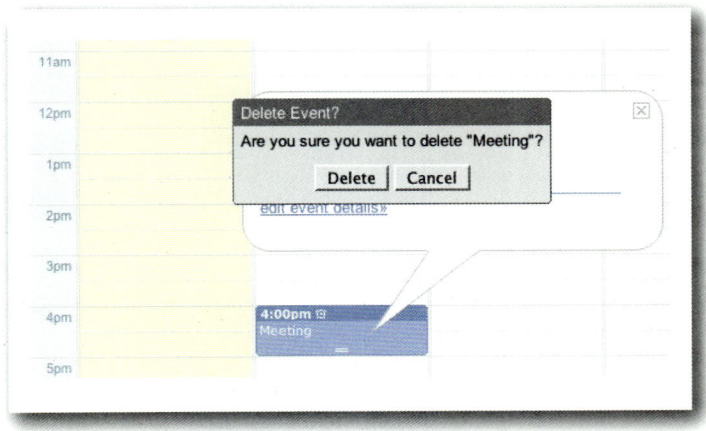

》 이 가짜 JavaScript 경고 메시지는 실망스럽다. 여전히 무례한 것을 단지 재디자인 했을 뿐이다.

또 다른 경우에, 모달 대화 상자가 페이지의 중앙에 뜨고 전체 페이지가 흐릿하게 변하며 모든 인터랙션이 비활성화 된다. 이것 또한 다큐먼트 모달이다.

자, 디자이너들이여. 중요한 건 오류가 JavaScript 같은 분리된 구성요소로 나타난다는 것이 아니다. 메시지가 모달의 형식이라는 것이다. 메시지를 다큐먼트 모달로 만드는 것은 좋지 않다. 물론 다큐먼트 모달 메시지는 사용자가 브라우저와의 인터랙션이나 페이지로부터의 포커스아웃을 가능케 한다. 그러나 그런 메시지는 그것을 처리해야 함으로써 작업의 흐름을 방해하고, 사용자와 어플리케이션의 다른 부분들과의 소통을 방해한다. 기본적으로 같은 것에 대한 변형은 답이 아니다.

모달 형식의 오류에 대한 새 디자인은 문제를 해결하지 못한다. 이것은 문제를 이동시켰을 뿐이다. 이들의 디자이너들은 똑같은 오류를 범하는 흥미로운 다른 방법을 찾았을 뿐이다. 그들은 무례한 행위를 재디자인했다.

2. 모달리스의 형식으로 바꾸기

무례한 모달 형식의 오류 메시지를 디자인하는 것이 아니라, 우리는 사용자들이 우리의 어플리케이션을 사용하는 동안 앞으로 전진할 수 있는 동력을 유지할 수 있도록 도움을 주는 해결책을 구상해야 한다. 모달리스를 통해서 이를 실현할 수 있다.

예를 들면, 어플리케이션 모달의 JavaScript 경고나 다큐먼트 모달의 오류 또는 확인 메시지(특히 가짜 JavaScript 경고 같은 것) 등의 구체적인 구현 모델에 의존하는 대신에 실행취소(Undo) 기능을 구현할 수 있다. 실행취소는 데스크 탑 어플리케이션에서 오랫동안 사용되어 왔다. 그러나 왠일인지 웹에서는 사용되지 않았다. Google이 웹 메일 어플리케이션인 Gmail에서 '실행 취소' 기능을 만들기로 결정할 때까지는…

Gmail에서 메일이 삭제되면, 현재 페이지 위에 알림 메시지가 떠서 사용자에게 메일이 휴지통으로 이동되었음을 알리고 '실행취소' 링크를 제공한다. 예상했겠지만, '실행취소'를 클릭하면 삭제된 Email을 메일 리스트로 복원시킨다.

Google은 이 기능을 통해서 세 가지를 달성했다.

》 마지막 작업을 뒤로 돌릴 수 있나요? 브라보! Google!

첫 번째로, 확인 메시지를 보여줄 필요가 없어졌다. 따라서 사용자에게 메일을 삭제할지 묻는 확인 과정이 필요없어졌다. 두 번째로, 삭제된 메시지를 되돌릴 수 있는 길을 제공한다.

마지막으로, 페이지 상단의 적재적소의 텍스트 메시지를 통해서 사용자에게 사용법을 알려준다.

메시지는 필요한 때에 사용자의 시선을 끄는 노란색으로 표시되기 때문에, 사용자가 메시지의 보고 기능의 존재를 인지할 가능성을 높여준다. 메시지는 사용자가 새 메일을 쓰거나, 삭제하는 등의 액션을 취할 때까지 남아있다. 다른 말로 하면, 삭제를 취소하는 등의 되돌리기를 수행하기에 적당한 시간 동안만 활성화 상태를 유지한다.

Google은 대단한 일을 해냈지만, 되돌리기 기능은 그들이 처음 생각해낸 것이 아니다. 웹에서 그전에 아무도 하지 못했던 것을 적절하게 적용함으로써 멋진 결과를 얻어낸 것이다. Google은 되돌리기 기능이 웹에서 멋지게 사용될 수 있음을 증명함으로써, 사람들의 이견을 잠재웠다. 어플리케이션에서 사용자에게 취소할 수 없는 기능만을 제공하기 보다는 되돌리기 기능을 꼭 포함하여야 한다.

이런 기능을 구현하는 것이 쉬운 일이 아니라는 것을 너무나 잘 알고 있지만, 그만한 가치가 있는 것이다. 만약 여러분 중에 JavaScript 프레임워크 제작에 관계된 분이 있으면 이런 되돌리기 기능의 구현을 정말로 쉽게 할 수 있도록 해주길 간절히 바라는 바이다.

@ 고통을 안겨주는 것이 아닌, 진정 도움이 되는 오류 메시지를 작성하라

웹의 무수히 많은 오류 메시지들은 개발자 중심의 암호 같은 언어로 쓰여졌다. 만약 당신이 어떤 어플리케이션에 단 하나의 메시지 작성이라도 책임이 있다면, 다음의 내용에 각별한 주의를 갖기를 바란다.

"오류 메시지는 어떻게 써야 하는지 알고 있는 사람이 작성해야 한다."

만약 그렇지 않다면, 작업을 잠시 보류하고 작문 수업을 수강하기를 권한다. 당신이 작성한 Email을 다른 사람들이 어려움 없이 이해할 수 있는 정도라면, 오류 메시지를 작성하기에 적합할지도 모르겠다. 매력적인 일이 아닐지는 몰라도 필수적인 일이다.

오류 메시지를 작성함에 있어 무엇이 그렇게 어려운가? 오류 메시지는 사용자들을 실망시키지 않도록 작성해야 하기 때문에 어렵다. 오류 메시지는 어플리케이션의 개발과정 중에 개발자들에 의해 작성되는 경향이 있고, 그것은 효과적으로 디버깅을 하는데 사용된다. 그러나 불행하게도 이런 오류 메시지들은 사용자들을 혼란스럽게 하고 어플리케이션의 사용과는 동떨어진 느낌을 주기 쉽다.

"[오브젝트]가 무효다"([Object] is null)라는 메시지를 쓰기 보다는(비록 개발자가 아닌 사람들에게도 어떤 의미가 있을지라도), 상식적이고 일반적인 표현방식으로 어떤 일이 일어나고 어떻게 처리해야 하는지를 설명해야 한다. 즉, 이해 가능해야 한다. '죄송합니다. 요청하신 작업을 수행할 수 없습니다. 다시 시도하십시오. 만약 문제가 지속된다면,

로그아웃하고 다시 로그인 하십시오'. 물론 이런 메시지는 좀 길긴 하지만, 사용자들에게 더 의미가 있다. 오류에 대한 인지를 시키고, 진행하기 위해서 어떤 방법을 취할 수 있는지를 알려준다. 쓸모있는 정보가 없는 메시지는 사용자에게 도움이 되지 못한다. 사용자에게 해가 될 뿐이다.

제대로 쓰여지지 않은 메시지는 무엇이 잘못 되었는지 사용자가 이해하기 힘들다. 사용자가 일정 관리를 할 수 있는 가상의 캘린더를 예로 들어보자.

"작동 실패(operation failed)"

사용자들은 이게 무슨 말인지 이해하기 힘들다. 뭔가가 잘못 됐다는 것은 알 수 있지만, 많은 사용자들이 어떻게 반응을 해야 할지, 그들이 무엇을 '작동'하고 있었는지 이해하기 힘들다. 어떤 이들은 그 '작동'을 다시 해보려고 할 것이다. 어떤 이들은 포기할 것이다. 메시지를 개선한다는 것은 간단하게 좀 더 이해 가능한 언어를 사용해야 한다는 것이다.

"죄송합니다. 이 일정을 기록할 수 없습니다. 다시 시도하십시오"

이 메시지는 사용자가 다시 제 자리로 돌아올 수 있는 길을 알려주지만, 똑같은 실수를 예방하기 위해서 무엇이 잘못되었는지를 설명해주지 않는다. 바람직한 오류 메시지는 다음과 같다.

"죄송합니다. 날짜가 입력되지 않아 저장할 수 없습니다. 날짜를 선택하고 다시 저장하십시오."

이 메시지에서는 무엇이 잘못되었는지 이해 가능하고 오류를 처리할 수 있는 방법을 제공한다. 약간의 변화를 통해 쓸모없는 내용에서 유용한 정보를 알려주는 메시지로 변화시킬 수 있다.

1. 인터페이스 수술 : 적재적소의 확장 디자인 패턴을 사용하자.

인터페이스 수술의 이번 사례는 간단하면서도, 다양한 방법으로 어떤 어플리케이션에서

```
What is "Designing the Obvious"?

It's about designing Web-based applications that are so
simple to use that users attribute their ability to use them
effectively to pure common sense.

What does "inline expand" mean?

"Inline expand" is a design pattern that describes the
display of a previously hidden page element as the result of
user input. The hidden element is simply inserted into the
page in an appropriate area, like immediately below the point
where the user clicked, appearing somewhat like magic.

How do you pronounce your last name?

It's pronounced "hook-man". It's Dutch. When a Dutch
person says it, you can kinda hear the "e" in the name. It
comes out "hoo-ek-man", but in a really pleasant, Dutch sort
of way.

Are you some kind of weirdo?

Nope. I just have a strange last name.

Why is the sky blue?

Now you've gone too far.

How long did it take to create this piece of DHTML wizardry?

About 15 minutes.
```

》 글이 너무 많고, 이를 전부 읽고 싶지 않다

도 사용 가능한 DHTML의 교묘한 활용을 포함한다. 나는 웹 어플리케이션에서 발생하는 오류 메시지에 이 방법을 자주 활용한다.

적재적소의 확장 디자인 패턴은 JavaScript를 통하여 사용자의 요구에 따라 보여지고 사라지는 HTML 페이지 안의 심플한 DIV에 의해서 구현 가능하다. 내가 이것을 처음 본 것은 Adobe에 의해 합병되기 전인 Macromedia의 웹 블로그 수집기(Weblog aggregator)에서다. 그 사이트의 FAQ(자주하는 질문. Frequently Asked Questions) 코너는 일반적인 긴 질문의 리스트로 구성되어 있었다. 각각의 질문은 링크가 되어 있었고, 그 페이지에는 질문에 대한 답이 없었다. 의문을 품고 내가 클릭을 했을 때, 질문에 대답이 적재적소에 나타났다. 내가 원하는 그 위치였고 나는 만족스러웠다. 페이지 새로고침도 팝업 창도 기다릴 필요가 없었다.

전형적인 FAQ 페이지는 다소 번잡스럽다. 수 많은 질문과 사이사이에 답이 있다. 질문과 답이 혼재되어 있기 때문에 원하는 질문을 찾아내기가 쉽지 않다.

물론 볼드체를 사용하거나 다른 글자 색을 사용하여 질문과 답의 시각적인 구분을 주었으나, 일반적으로 충분한 정도의 명확성을 제공하지는 못한다. 사용자들은 그들이 원하는 질문을 찾기 위해서 글로 가득한 긴 페이지를 쭉 훑어 보아야 한다. 이런 페이지를 정리하기 위해, 답들을 따로 떼어 낼 필요가 있다.

What is "Designing the Obvious"?
What does "inline expand" mean?
How do you pronounce your last name?
Are you some kind of weirdo?
Why is the sky blue?
How long did it take to create this piece of DHTML wizardry?

》 링크가 걸린 짧은 리스트.
훨씬 읽기가 쉽다.

간단한 JavaScript의 기능(토글을 사용하여 숨기기와 보이기를 반복하는 답), 각각의 답은 링크로 연결, 그리고 HTML 내에서 각 링크에 ID 속성 추가 등 이 모든 것들이 질문들만의 리스트와 답들의 링크를 마법처럼 가능케 하는 것들이다.

What is "Designing the Obvious"?
What does "inline expand" mean?
"Inline expand" is a design pattern that describes the display of a previously hidden page element as the result of user input. The hidden element is simply inserted into the page in an appropriate area, like immediately below the point where the user clicked, appearing somewhat like magic.

How do you pronounce your last name?
Are you some kind of weirdo?
Why is the sky blue?
How long did it take to create this piece of DHTML wizardry?

》 한 번에 하나의 정보만
보여주면 좋겠어요.

짧아진 질문의 리스트는 사용자가 원하는 질문을 찾아내기 훨씬 수월하다. 원하는 질문을 클릭하고 시야를 약간만 내리면 된다. 질문에 링크된 답이 보일 것이다.

나는 어플리케이션 모달의 오류 메시지와 다큐먼트 모달의 가짜 JavaScript 경고 메시지의 사용을 피하기 위해서 적재적소의 확장 패턴을 사용하기 시작했다. Poka-yoke 도구를 사용하여 잡아내지 못하는 어떤 오류가 발생했을 때, 적재적소의 확장을 통하여 오류 메시지를 멋지게 보여 줄 수 있다. 나는 그것을 페이지 내에서 눈에 띄는 곳에 보여주고, 모달리스 형식을 사용하여 사용자들이 원할 때(내가 원할 때가 아니라) 처리할 수 있도록 한다.

오류 메시지를 보여주는 동안에 사용자들이 어플리케이션 인터페이스의 다른 영역들과 인터랙션하는 것을 막을 이유가 전혀 없다. 즉, "이 오류를 꼭 해결해만 해. 그렇지 않으면 당신을 죽일 거야!" 라고 할 정도로 중요한 오류 메시지는 없다. 사용자에게 오류를 인지시킬 때까지 사용자와 브라우저의 인터랙션을 중지시켜야 할 이유가 없다. 그건 심하게 말하면 미친 짓이다.

우리는 무례한 오류 알림의 구현 모델에 의존하기 보다는 좀 더 예의바른 방법을 사용할 수 있다. 모달리스 형식을 사용하여 사용자들이 계속해서 작업을 수행할 수 있고, 더불어 그들의 자존심을 세워 줄 수 있다. 적재적소의 확장 패턴은 그런 역할을 수행하는데 안성 맞춤이다.

@ 관대한 소프트웨어 만들기

오류를 예방하고 탐지해야 하는 필요성 보다 더 깊게 들어가보면, 오류가 발생했을 때 사용자에게 관대한 소프트웨어를 만들어야 하는 필요성이 있다. 어플리케이션은 사용자의 사용을 돕고, 심각한 상황을 초래하지 않으면서 무엇을 수행하고 있는지를 사용자가 볼 수 있어야 한다.

내가 최근에 사용했던 사이트 제작 툴은 웹 사이트에서 연락정보나 예약정보를 위한 폼 등을 생성할 수 있는 기능이 있었으나 사용하기 쉽지 않았다. 어떻게 새로운 폼을 생성하고, 적당한 폼 요소(텍스트 필드, 레이블이 있는 체크 박스 등)를 추가하고, 그것들의 속성을 설정(기본 값 설정과 입력 필드가 필수 입력 필드인지 아닌지 등)하는 법을 알아내기 위해 7~8분이 소요됐다.

이 힘빠지는 과정에서 한 동안 고생하고 난 후, 난 어떤 한 텍스트 필드를 선택하고 삭제하려고 했다. 그랬더니 그 하나의 폼 요소를 삭제하는 것이 아니라, 전체 폼이 화면에서 사라졌다. 내가 손으로 작업했던 모든 것이 영원히 사라지는 순간이었다.

난 그 어플리케이션의 사용을 즉시 멈췄고, 그 뒤로 다신 보고 싶지 않았다. 그러나 그 순간에도 어플리케이션에 대한 전문가적인 시각으로 그것을 만든 사람들에게 개선에 대한 나의 생각을 알려주는 것이 내 직업이었다. 여러분은 아마 내가 첫 번째 개선안으로 무엇을 보고했는지 추측할 수 있을 것이다.

어플리케이션은 사용자가 많은 양의 작업을 날려버릴 정도로 심각한 상황을 초래할 수 있도록 놔두어서는 절대 안된다. 어떤 식으로든 경고를 해야 한다. 만약 경고가 매력적인 방법으로 제공되지 않는다면, 모달 형식이 아닌 되돌리기 기능이 꼭 제공되어야 한다. 그래야 사용자는 원래 상황으로 복구하여 앞으로 나아갈 수 있다.

애플의 Human Interface 가이드라인은 이 모든 것들을 이야기한다.

> "사용자들이 관대함 속에서 당신의 어플리케이션을 사용하도록 독려하라. 즉, 대부분의 동작들은 쉽게 원래대로 되돌릴 수 있게 만들어라. 사용자에게 시스템을 망가뜨리거나 자료를 잃을 염려없이 그들이 원하는 것을 시도할 수 있다는 믿음을 줄 필요가 있다. 되돌리기나 저장을 뒤로 돌리기 등의 안전망을 만들어라. 그래서 사용자들이 편안함을 느끼면서 당신의 제품을 사용하고 배울 수 있게 하라."

37 Signals의 또 다른 제품인 'Writeboard'는 집단 사용자들이 하나의 대상(어떤 웹 사이트의 소개 페이지나 연구조사 논문 등과 같은)에 공동으로 기여할 수 있다.

이 어플리케이션은 약간은 독창적인 방법으로 사용자들이 Writeboard에 저지를 수 있는 가장 심각한 상황, 즉 '삭제'를 되돌릴 수 있게 하였다. Writeboard가 삭제될 때, 페이지를 복구할 수 있는 링크를 포함하는 Email이 Writeboard 생성기에 발송되었다는 내용의 메시지가 사용자에게 보여진다. 이 링크는 7일 동안 유효하다.

만약 사용자가 Writeboard를 실수로 삭제했다면, 간단하게 Email을 확인하고 제공된 링크를 클릭하여 복구하면 된다. 단, 7일이다.

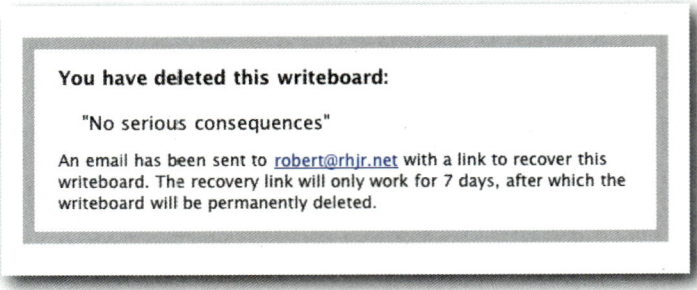

>> 삭제된 후, 내 Writebcard를 복구할 수 있는 7일 간의 기간이 있다.

또한 Writeboard는 버전 추적과 비교의 기능을 제공한다. Writeboard가 편집될 때마다 새로운 버전으로 저장된다.

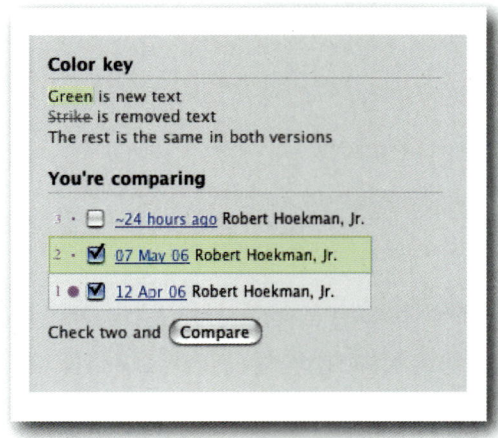

>> Writeboard의 버전 추적 기능은 사용자들이 어떤 변화가 있었는지를 쉽게 확인할 수 있게 해준다.

사용자들은 언제든지 사이드 바의 리스트에서 비교하고 싶은 버전들을 클릭하고 '비교' 버튼을 누름으로써 동일한 문서의 다른 버전들을 비교할 수 있다('비교' 버튼은 두 개의 버전들이 체크되기 전까지는 비활성화 상태로 남아있다. Poka-yoke 도구의 또 다른 좋은 예이다).

1. 좋은 소프트웨어는 좋은 실행을 촉진한다.

이번 주제는 약간 모호한 면이 있다. 이는 꽤 주관적이고 케이스 별로 각각 다루어져야 한다. 따라서 새로운 어플리케이션이 개발될 때마다 통상적인 재검토가 필요하다.

간단하게 말해서 좋은 실행을 증진한다는 것은, 우리의 어플리케이션이 나쁜 작업을 산출하기는 힘들고 좋은 작업을 산출하기는 쉽다는 것을 의미한다.

웹 기반의 사이트 생성 툴을 기억해보자. 폼이 사라지는 것은 둘째 치고, 난 그 툴을 잘 사용하는 것도 꽤 고생스럽다는 것을 알았다. 네비게이션을 만드는 간단한 작업도 많은 단계를 거쳐야 하고, 최소한 하나의 팝업 창을 띄워야 한다. 테스트와 링크를 구성하는 것은 어려웠고, 산출물은 내가 의도했던 것과는 전혀 다른 모습이었다.

페이지의 타이틀 영역에 들어가는 기본 배경 이미지를 내가 가진 이미지로 교체했지만, 결과적으로 한 이미지 위에 다른 이미지가 겹쳐서 보여졌다. 결국 두 번째 이미지를 제거하는 법을 터득했지만, 타이틀의 텍스트가 이상하게 보이게 됐다. 그래서 텍스트를 포맷하기 위해 팝업 창을 띄웠는데, 놀랍게도 거기엔 타이틀의 텍스트에 적용할 수 있는 기능이 없었다(타이틀의 텍스트는 텍스트가 아님이 밝혀졌다. 그것은 편집이 불가능한 이미지였다. 단지 텍스트처럼 보였을 뿐이다). 최종적으로 타이틀은 보이는 대로 놔둘 수 밖에 없었다.

내가 겪은 모든 경험들은 절망에 가까웠고, 내게 남은 건 많은 시간은 투자했지만 마음에 들지 않는 한 웹 페이지 뿐이었다. 그 많은 노력에도 불구하고, 절대 만족할 수 없는 결과물이었다.

사용자들이 그렇듯이, 나 또한 나 자신을 질책했다. 내가 뭔가를 잘못했겠거니 라고 생각했다. 전반적으로 중요한 역할을 하는 치명적인 어떤 정보를 이해하지 못했을 수도 있다. 내가 너무 멍청한 나머지 기본적인 작업흐름을 무시하고, 결과적으로 내 애완견에게도 차마 보여줄 수 없는 페이지를 만들었는지도 모른다.

난 자책하는 나를 발견하고는 생각을 바꿨다. 이 어플리케이션이 형편없는 인터랙션 디자인과 이해하기 힘든 작업 흐름을 가지고 있는 것이 아니라면, 경험많은 웹 디자이너인 내가 어떻게 이렇게 심하게 망쳐버릴 수 있는가? 내가 이 정도면, 웹 디자인에 경험이 없는 일반인들은 얼마나 더 힘들어 할 것인가? 이 어플리케이션은 나쁜 작업을 산출하기 너무 쉬웠다. 난 이것을 다시는 사용하고 싶지 않다.

여기 반대의 예가 있다. 앞서도 이야기되었던, Google의 페이지 생성기는 몇몇의 좋은 기본 값을 제공한다. 첫 번째는 사용자에게 페이지의 기본 틀을 제공한다는 것이다. 두 번째는 기본적인 페이지 레이아웃을 제공한다. 사용자가 페이지에 텍스트를 입력하면, 본문, 머리글, 하위 머리글 등의 구별에 따라서 적합한 기본 글자 크기, 색깔 등을 적용한다. 이런 장점들은 사용자가 시작 관문을 넘어서 빠르게 중급 사용자의 길로 들어서도록 도와준다. 여기서 제일 중요한 것은 Google 페이지 생성기가 제공하는 기본 값들이 좋은 실행을 증진한다는 것이다.

기본 틀은 상단에 타이틀을 위한 공간, 중앙에 메인 컨텐츠를 위한 공간, 하단에 연락 정보와 저작권 문구 등을 위한 공간, 그리고 네비게이션을 위한 사이드 바의 공간 등을 가지고 있다. 이들 모두는 잘 디자인된 웹 페이지에서 전형적으로 발견되는 요소들이다.

기본 틀은 짜증나게 하는 배경 이미지들을 허용하지 않는다. 불필요한 애니메이션, 배너 광고, 깜빡이는 텍스트 등 사용자를 성가시게 할 뿐인 어떤 것들도 허용하지 않는다.

글자의 기본 스타일도 페이지의 기본 틀에 적절하게 사용된다. 어두운 색의 배경을 갖는 페이지는 밝은 색의 글자를 사용한다. 본문 글은 표준 크기와 서체(10-point Arial)를 사용한다. 머리글은 시각적으로 구별될 수 있게 큰 글자를 사용한다. 머리글과 본문에 사용되는 각각의 글자들은 같은 페이지 내에서 조화롭게 잘 보일 수 있게 디자인되었다.

이에 관계된 모든 설정은 사용자에 의해서 변경 가능하다. 그러나 Google 페이지 생성기는 기본적으로 사용자들이 웹의 전형적인 디자인 표준과 보기 좋은 페이지를 사용하도록 유도한다. 대부분의 사용자들은 웹 어플리케이션에서 기본 설정을 사용하기 때문에, Google 페이지 생성기는 사용자들이 깔끔한 페이지를 생성하기에 안성맞춤으로 만들어서 좋은 작업물을 산출할 수 있는 가능성을 높였다. 사용자들은 이런 사실을 알아채지 못하고, 그들의 성공을 자신들의 감각과 능숙한 디자인이라고 생각할 것이다. 그러나 이것이 바로 우리가 해야 할 일이다. Google은 명성을 추구하지 않는다. Google은 단지 사용자가 진정으로 Google 어플리케이션을 좋아하고, 그래서 그들이 계속해서 어플리케이션을 사용하기를 바란다.

그리고 사용자들은 계속해서 찾아올 것이다. 그들은 단 몇 분만에 웹 페이지를 만들고 자신감이 생길 것이다. 그리고 아이 사진, 결혼 사진을 가족들과 공유하고, 휴가 여행 동안의 추억을 나누기 위한 새로운 페이지를 만들기 위해 어플리케이션을 다시 찾을 것이다. 이렇게 쉽기 때문에, 사용자들은 컴퓨터 전문가들이 프로그래밍 언어를 가지고 왜 그렇게 끙끙거리며 고생하는지를 의아해하게 될지도 모른다.

사용자들 스스로가 좋은 작업을 할 수 있는 어플리케이션을 만들어야 한다. 만약 당신의 어플리케이션이 또 다른 사람들에게 보여질 어떤 것을 만드는 것을 도와야 한다면, Google을 참고하여 당신의 사용자들이 그들의 사용자들에게 만족감을 줄 수 있도록 도와라. 만약 이런 목적을 달성할 수 있다면, 당신의 사용자들은 당신의 어플리케이션을 사랑하게 될 것이고, 계속 찾아오게 될 것이다.

C·h·a·p·t·e·r **7**

통일감, 일관성,
의미를 위한 디자인

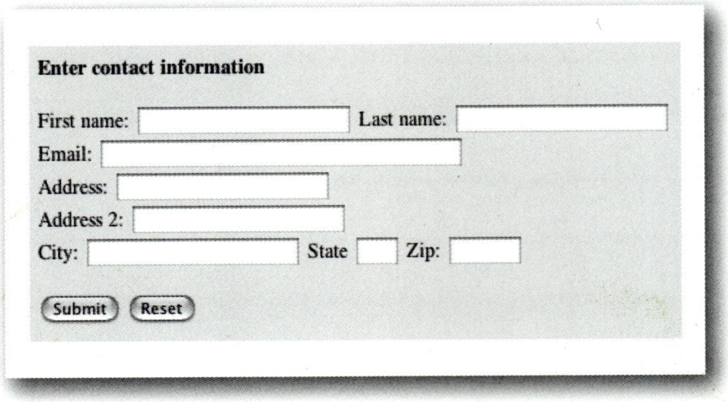

```
Enter contact information

First name: [          ]        Last name: [          ]
Email:      [                        ]
Address:    [                    ]
Address 2:  [                    ]
City:       [          ]  State [  ]  Zip: [      ]

(Submit)  (Reset)
```

》 쉽게 이해할 수 있는 Form과
(왼쪽 그림처럼) 그렇지 않은
Form의 차이가 바로 디자인의
차이다.

Nature.com의 '웹 사용자는 눈 깜박할 새에 사이트를 판단한다'라는 글을 보면 사용자는 웹사이트에 대한 판단을 0.05초 만에 할 수 있다고 한다. Nature.com의 글에서 아래와 같이 말하고 있다.

> "우리는 첫인상이란 것이 얼마나 중요한 정보인지 잘 알고 있다. 이 연구는 우리가 눈으로 정보를 받아들이는 속도와 동일하게 우리의 뇌가 즉각적인 판단을 할 수 있다는 것을 보여준다. 이 발견은 전문가들에게도 꽤나 의외의 사실이었다. '행위와 정보기술(Behaviour and Informaion Technology)'이라는 학회지에 이 연구를 기고한 기트 린드가드(캐나타 오타와의 칼튼 대학 교수)는 "우리 연구진은 0.5초 이내에 어떤 것을 본다는 것은 불가능하다고 생각했다."고 말했다. 하지만 공교롭게도 이 연구진은 0.5초 대신 최초 0.05초만으로도 충분히 인상이 만들어 진다는 것을 발견했다. 린가드 연구진은 자발적인 실험 참여자들을 동원하여 또 한 가지 조사를 하였다. 연구진은 실험 참여자들에게 기존에 쉽게 잘 만들어졌다고 평가된 웹 사이트와 반대로 그렇지 못하다고 평가되었던 웹 사이트를 아주 잠깐 보여준 뒤, 이들 사이트의 시각적인 매력도를 평가하도록 하였다. 결과는 0.05초(대략 TV영상의 한 프레임 정도의 시간)라는 아주 짧은 시간 동안 보여주었음에도 불구하고, 그들의 평가는 기존에 긴 시간을 들여 진행되었던 조사의 평가결과와 거의 일치하였다."

위 글의 마지막 문장에 주목해 보면, 기본적으로 사용자는 처음 0.05초에 느꼈던 사이트의 시각적인 느낌을 나중에도 계속 비슷하게 유지한다고 말하고 있다. 결국 첫인상이란 상당히 확고부동한 것이며, 정말 중요하다고 할 수 있다.

그럼, 사용자는 정말 그렇게 빨리 사이트를 판단할 수 있는 것일까? 처음 0.05초란 시간이 정말 사용자에게 사이트가 매력적인지 아닌지 판단하게 할 만큼 충분한 인상을 심어줄 수 있는 것일까? 그 대답은 한마디로 "그렇다."

사실 최초의 0.05초라는 시간은 사이트 상의 정보가 유용한지 아닌지 또는 정보를 어디에서 찾아야 되는지 등 사이트에 대한 어떤 것을 배워서 습득하기에는 부족한 시간이다. 그건 완전 초고속 보기 능력일 것이다.

0.05초 테스트에서 내가 파악할 수 있었던 것은 페이지 안에 이미지가 있었다는 사실과 배경의 색상, 그리고 페이지의 레이아웃이 세로의 열 형태로 구성되어 보였다는 것뿐이었다. 사진의 제목이 무엇이었고, 세로 열 형태 속의 내용이 무엇이었는지, 회사명이나 로고가 어떠했는지 등과 같이 요소들이 가진 의미를 파악할 수는 없었다. 그렇게 잠깐 스쳐 보는 것 만으로 해당 사이트가 정말 나에게 가치가 있을 것인지 아닌지를 판단하기는 시간이 충분하지 않은 것이다. 하지만, 그 사이트가 유치 찬란한 색상으로 도배된 저급한 부류의 사이트는 아니었다고 느낄 수 있을 만큼의 시간으로는 충분하였다.

이것은 상당히 유용한 정보가 된다. 왜냐하면 내 경우 그런 질낮은 사이트에서 정보를 필요로 하는 경우가 거의 없을 것이기 때문에, 결론적으로 0.05초라는 시간은 사이트가 내게 필요한지 아닌지를 예상할 수 있는 충분한 시간이 되는 것이고, 최소한 사이트가 나의 시선을 끌 만큼 잘 만들어진 사이트인지 아닌지 정도는 판단할 수 있는 시간이 되는 것이다.

0.5초에는 요소들이 좀 더 상세하게 식별 가능해 졌다. 사진이 아이와 함께 있는 여성의 사진이라는 것을 알 수 있었고, 페이지가 3개의 세로 열로 구성되어 있었으며, 왼쪽에는 입력박스가(아마 검색박스였을 것이다), 오른쪽에는 몇 개의 아이콘이 있었다는 것을 파악할 수 있었다. 물론 아직까지는 이 사이트를 그냥 닫아버려야 할지 아니면 계속 머무르며 정보를 찾아야 될지 결정하기에는 부족한 시간이었지만, 적어도 내가 현재 잘 만들어진 사이트를 보고 있고 '이 사이트에서라면 좋은 정보를 얻을 수 있겠구나'라고 예감하기에는 확실히 충분한 시간이었다.

통일성, 시각적 계층구조, 구성, 흐름, 의도 그리고 일관성은 첫인상을 좋게 만드는데 꼭 필요한 도구들이다. 왜냐면 이런 요소들은 사용자로 하여금 페이지를 최대한 빨리 분석하고 이해하게끔 해주기 때문이다. 또한 일관적이고 통일감있는 디자인은 사용자에게 '공간적 기억(spatial memory)'이라는 것도 갖게 해 준다(이에 대한 내용은 후반부에 더 설명하겠다).

이런 요소들 모두는 단순, 명확한 디자인을 하는데 기여하게 되며, 그런 디자인은 사용자로 하여금 어플리케이션이 어떻게 돌아가는 지에 대한 고민없이도 잘 사용할 수 있게 만들어 주는 멘탈 모델(Mental Model)을 형성하도록 도와 주게 된다.

예를 들어, 사용자는 페이지의 어떤 큰 요소를 보고 "왜 더 크지? 뭔가 더 중요한 걸까?"라는 고민을 할 필요가 없어야 한다. 사용자에게는 아무리 사소한 불일치라도 작업의 흐름을 방해하는 충분한 뇌신호를 유발하게 되고, 그런 방해 요소만 없었다면 아무 문제 없었을 사용자의 정신상태를 혼란스럽게 해버린다. 결국 우리가 이런 방해요소를 줄일 수 있도록 일관성을 유지할 수만 있다면, 우리는 사용자에게 어플리케이션을 신뢰하게 하는 또 하나의 이유를 제공하게 되는 것이고, 더불어 나중에 어떤 의미나 중요도를 부각 시키기 위해 의도적으로 불일치를 만들 수 있는 토대를 닦아 놓게 되는 것이다(이에 대해서는 이 장의 후반부에 설명하도록 하겠다.)

이런 점들을 디자인하는 능력은 결국 지금까지 이 책에서 이야기한 모든 것을 잘 수행한 결과로 나타날 것이고, 그 능력은 명확한 디자인을 하는데 필요한 재료가 된다(앞서 언급한 Nature.com의 글은 www.nature.com/news/2006/060109/full/060109-13.html 에서 읽어볼 수 있다. 하지만 불행하게도 정보를 보려면 돈을 내고 프리미엄 플러스 회원이 되어야 한다).

@ 통일감있는 디자인하기

계단을 만든다고 할 때의 통일성이란 계단 하나하나를 모두 같은 깊이와 높이로 만들어서 사람들이 오르내리다가 넘어지지 않도록 하는 것이다(계단이 하나는 10센티 높이에

15센티 길이이고, 그 다음은 30센티 높이에 7센티 길이로, 그 다음 또 다른 높이로 만들어 졌다고 생각해 보라. 그럼 아마도 여러분은 계단 한 칸을 오를 때마다 어떻게 가야 할지 고민해야 할 것이다).

인터페이스를 디자인할 때도 마찬가지이다. 디자인에서는 시각적인 계층구조, 비율, 정렬, 그리고 타이포그래피 같은 요소들이 통일성을 만드는데 주요한 역할을 하게 되며, 이 요소들은 각각 반드시 사용자에게 화면의 의도를 빨리 파악하고 사용자의 멘탈 모델을 형성하게 해서 그것을 통해 바로 작업을 할 수 있도록 디자인되어야 한다.

1. 시각적 계층구조(Visual hierarchy)

웹 페이지는 마크업(Markup) 코드를 제대로 작성했을 때, 제목은 제목으로, 문단은 문단으로 보여진다. 시맨틱 코드(Semantic code)라는 것은 컨텐츠를 학기말 논문숙제처럼 제목, 부제목, 본문 등으로 잘 정리되어 보이도록 하기 위해 쓰여지는데, 이것을 잘 사용했을 때 웹 페이지는 훨씬 더 정리되어 보이게 된다. 왜냐하면 웹 페이지에서 사용하는 HTML 역시 시맨틱 코드를 가지고 있기 때문에, 제목은 좀 더 다른 요소보다 크게 그려주고 본문은 제목과 확실히 구별되도록 작게 보여준다.

이와 같은 요소들이 모이면 결국 단 번에 분석 가능한 페이지가 되는 것이다. 왜냐하면 페이지에서 가장 중요한 것이 무엇인지, 페이지의 맨 첫 부분이 어디부터인지를 사용자는 쉽게 알 수 있기 때문이다. 이런 웹 페이지는 사용자로 하여금 계속 머무를 것인지, 아니면 그냥 가버릴지에 대한 판단을 즉각적으로 내릴 수 있게 해주며, 또한 사용자에게 다른 유용한 정보로의 링크들을 보다 빨리 찾을 수 있도록 해준다.

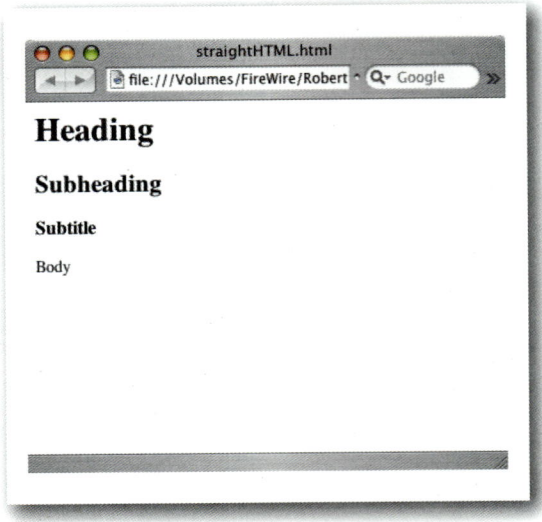

》 HTML은 컨텐츠를 시각적인 계층구조로 정리해 준다. 새로운 구성이나 정리방식을 고민할 필요가 없다.

시맨틱 코드(의미적인 코드)를 사용해 웹 어플리케이션의 사용자 인터페이스를 만들게 되면, 이런 시각적 계층구조를 쉽게 구현할 수 있게 되고, 다른 화면에서도 계속 동일하게 적용할 수 있기 때문에 정해진 의도를 사용자에게 통일성있게 제공할 수 있게 된다. 더불어 제목과 내용의 기본적인 표시방식이 각각 확연히 다르기 때문에, 사용자는 바로 이 둘 사이의 관계를 명확하게 구별할 수 있게 된다.

웹 상에서 시각적 계층구조를 잘 표현하기 위해서는 HTML을 기본 그대로 활용하는 것이 가장 간단하면서도 깔끔한 방법이다. 물론 어플리케이션의 룩앤필(Look & Feel)을 만들기 위해 페이지의 요소들이 스타일을 가지고 있어야 하지만, 스타일을 주기 위해 사용하는 CSS는 HTML이 원래 정의된 대로 잘 표시할 수 있도록 지원해 주어야 한다.

제목은 제목답게 크고 분명해야 하고, 본문은 작지만 가독성을 해치지는 않게끔 말이다. HTML이 가지고 있는 기본적인 성향을 그대로 잘 지원해 주게 되면 크게 문제될 것이 없다.

2. 비율

비율(Proportion)이란 어떤 요소의 크기나 양이 다른 요소에 비하여 어떠한지를 정의하는 것이다.

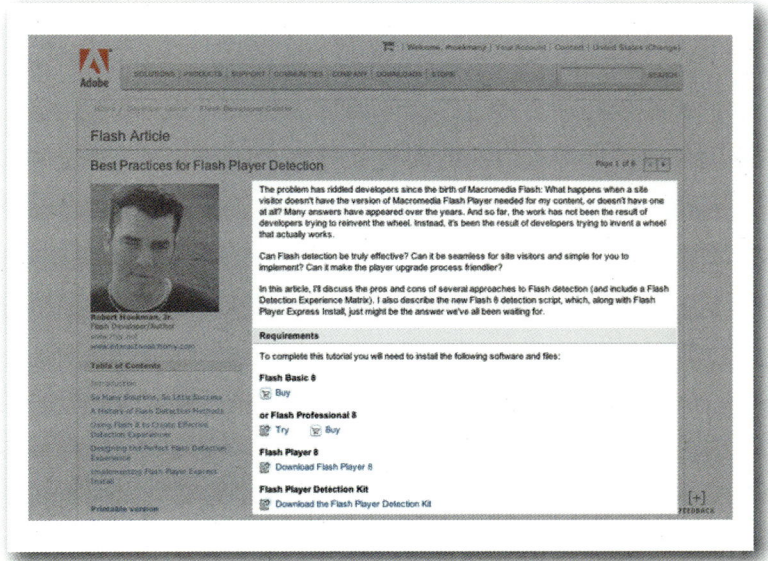

>> 슬프게도 컨텐츠는 종종 네비게이션이나 그 밖의 다른 요소들로 인해 뒷전으로 물러나 있는 경우가 많다.

웹 페이지(특히 홈페이지 같은 종류의)는 실제 컨텐츠를 위해 할애되는 공간이 평균적으로 전체의 20~30% 정도 밖에 되지 않는다. 그 외 나머지는 비주얼 그래픽이나 네비게이션 요소, 배너광고, 바닥글(footer), 여백 그리고 컨텐츠와는 별 관련성이 없는 이미지들로 이루어져 있다. 웹 어플리케이션은 디자인에 따라 그 형태가 여러가지가 있겠지만, 대부분의 어플리케이션 화면에서 보이는 경향은 내용을 중심으로 사용자를 고려하는 것이 아니라 사이트 자체에 사용자를 맞추어 놓는다.

디자이너들은 보통 사용자가 어떤 사이트를 방문하고 있으며, 현재 어디에 있는지, 어떻게 다른 곳으로 이동하면 되는지 등과 같은 것에 초점을 맞추어 디자인하는 경향이 있다 (물론 이는 수 많은 사용성 연구에서 그런 것들이 좋다고 하므로 모두가 그렇게 하는 것이다). 게다가 종종 어플리케이션의 룩앤필(Look&feel)을 만들기 위해 사용되는 그래픽 요소들(디자이너들은 이를 통칭하여 '크롬(Chrome)'이라 부른다)이 많게는 화면의 3분의 1 가량을 차지하기도 한다. 아무리 단순한 네비게이션 요소라 할지라도 여기에 약간의 여백과 광고를 집어넣게 되면 놀랍게도 공간이 하나도 안 남아 버린다. 이같은 픽셀과 데이터의 비율(그래픽 요소와 컨텐츠 간의 비율)은 종종 웹 어플리케이션이 긴 스크롤의 압박과 가견성(findability, 특정 요소를 쉽게 찾을 수 있게 해주는 특성)의 부재를 해결하지 못하는 이유이다.

그러나 어플리케이션에서 가장 중요한 부분은 바로 컨텐츠이다. 크롬을 최소화하여 인터랙션 요소들에게 충분한 공간을 부여하는 것은 사용자가 좀 더 어플리케이션을 잘 활용할 수 있도록 도와주는 매우 중요한 사항이다. 과도한 에러 메시지나 확인 메시지와 마찬가지로 과도한 크롬도 사용자에게 있어서는 꽤나 큰 고통일 수 있다. 불필요한 요소의 비율을 화면에서 크게 만드는 것이야 말로 정작 중요한 것을 부각시키지 못하게 되는 가장 확실한 방법인 것이다.

》 휴~ 이제야 좀 숨을 쉴 수 있겠군.

DropSend는 크롬을 최소화하여 데이터에게 숨 쉴 공간을 충분히 제공한 좋은 예제이다. 원래 이 어플리케이션의 주된 목적은 파일을 관리하는 것으로 왠지 크롬이 계속 방해가 되고 있었다. 그래서 카슨 시스템(Carson Systems)은 정책을 어플리케이션 자체에 중심을 두는 대신 컨텐츠의 인터페이스에 초점을 맞추기로 결정하였다. 인터페이스를 구성하는 그래픽적인 요소를 최소화해서 사용자가 업로드한 파일을 보다 넓고 크게 보여 줄 수 있도록 했고, 여기에 헤더 부분의 공간을 보다 더 좁혀서 크롬을 조금이라도 더 최소화시켰다. 로고가 좀 작은 듯 하기도 하고, 가운데 영역을 좀 더 확장시켜 올려 붙여도 될 것 같지만, 이 인터페이스는 Box.net과 비교해 볼 때 훨씬 열려있고 시원한 느낌이다.

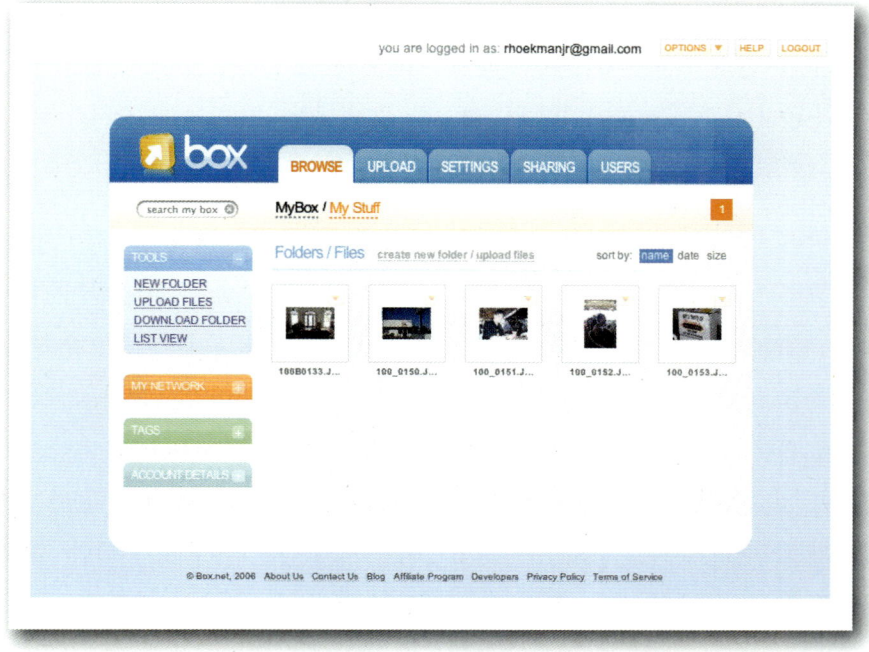

》 Box.net의 컨텐츠 영역은 인터페이스 상의 다른 부분과 비교해 볼 때 확실히 좁아 보인다.

Box.net은 페이지 가운데의 사각 영역에 모든 인터페이스를 구겨 넣느라 그 밖의 많은 공간을 낭비하고 있다. 만약 사이드 바를 완전히 왼쪽으로 이동시켜 배치하고, 나머지 부분을 오른쪽 끝까지 늘리게 된다면 파일목록을 보여 줄 공간을 훨씬 더 많이 확보하게 될 것이다.

전체 페이지에서 그래픽적인 요소들이 차지하는 비율(혹은 전혀 사용안하는 공간의 비율)도 매우 커서, 결과적으로 Box.net은 대략 전체 페이지의 3분의 1정도 밖에는 데이터를 위해 공간을 활용할 수 없는 제약이 생겨버렸다(사용자의 화면 해상도와 브라우저 윈도우 크기에 따라 다르겠지만).

반면 DropSend의 경우, 화면의 상당 부분을 컨텐츠를 위해 열어 두었다. 이런 디자인은 사용자가 자신이 관리하는 파일을 보다 잘 볼 수 있도록 해 주고, 또 인터페이스 때문에 사용자가 시야를 방해받을 걱정을 할 필요도 없게 해 준다.

Dropsend의 모든 화면은 이와 같은 방법으로 디자인되어 있어서 사용자가 새로운 화면을 만나게 되더라도 쉽게 적응할 수 있게 해 준다. 또한 이런 단순한 레이아웃은 사용자가 어플리케이션의 목적을 쉽게 머리 속에 그려낼 수 있게 만들고, 초기 멘탈 모델의 형성을 도와 준다(사실, DropSend의 인터페이스 중에 내가 싫어하는 한 가지가 있는데, 바로 쉽게 디렉토리 네비게이션으로 단순화 시킬 수 있는 트리 뷰(Tree view) 컨트롤이다).

3. 정렬

여러분도 어린 시절, 아이들의 사물구별 능력을 키우기 위해 했던 '틀린 그림 찾기' 놀이를 한 번쯤은 해 봤을 것이다. 오리인형이 3개 있는 그림을 뚫어지게 쳐다 보고는 "저 오리가 다른 거랑 달라요!"라고 외치면서, 다른 그림을 잘 찾아냈다는 것에 자랑스러워 했을 것이다. 이런 학습의 결과는 나이가 들어서도 우리 안에 계속 남아있다(인간이 선천적으로 가진 구별능력과는 별도로). 우리는 뭔가 서로 다른 것을 보게 되면, 왜 다른지 무의식 중에라도 궁금해 한다. 예를 들어 회원가입 양식 페이지의 입력필드가 모두 왼쪽을 기준으로 정렬되었는데 한 가지 입력필드만 12픽셀 정도 오른쪽으로 치우쳐 있다면, 우리는 "왜 하나만 벗어나 있지? 무슨 다른 뜻이 있나?"하고 생각하게 된다. 우리는 태생적으로 다름에 대한 고민을 하게 되어 있다.

정렬이란 그런 다름을 없애는 것이다. 신문이나 책, 문서 그리고 다른 수많은 것들을 보면 그 안의 다양한 요소들끼리 서로 정렬되도록 디자인되어 있다. 그룹지어진 요소는 어떤 한쪽으로, 다른 것들은 다른 한쪽으로 정렬되어 있고, 모든 것들은 일반적으로 맨 위에서부터 배치되어 있는 등 어떻게든 정렬되어 있다. 만약 통일된 정렬방식 없다면 책이든 사이트든 우리는 훨씬 더 읽기 힘들어 질 것이다. 왜냐하면 우리는 항상 어떤 위치나 배치가 의미가 있는지 없는지를 생각하고 있기 때문이다.

사실, 정렬되지 않은 디자인이라고 해서 딱히 잘못된 것은 아니다. 어떤 경우에는 의도적으로 그렇게 만들기도 한다. 하지만 일반적으로 웹 어플리케이션을 만드는 목적은 사용자가 효율적인 작업 수행을 할 수 있도록 도와 주는 것이기 때문에 혼란스러운 배치는 이런 목적을 달성하기 어렵게 만든다. 결국 통일성있는 정렬은 프로세스를 유연하게 하는 핵심사항으로 사용자가 작업을 빠르게 처리하는데 있어 방해하는 것이 아무것도 없도록 해 준다.

하나의 예로, 웹 페이지 상의 폼(Form) 요소는 반드시 서로 정렬되어 있어야 한다. 만약 페이지에서 가장 큰 텍스트 입력박스의 너비가 250픽셀이라면, 다른 입력박스들도 그것에 맞춰서 배치되어야 한다. 각각 왼쪽을 기준으로 정렬시키고, 너비가 같도록 만들며, 일정하고 동일한 간격으로 배치되도록 해야 한다(예를 들면, 2개의 입력필드의 간격이 세로로 10픽셀이라면 다른 필드들도 똑같이 10픽셀 간격으로 배치되어야 한다).

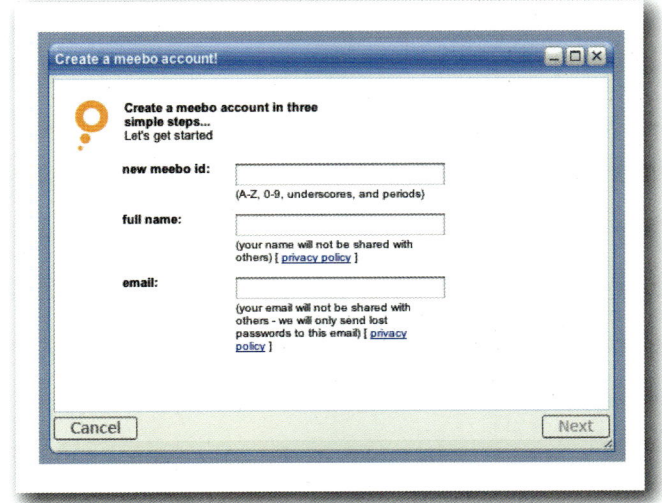

》 Meebod의 회원가입 폼은 통일성 있게 디자인되어 있다. 모든 필드들이 왼쪽과 오른쪽 모두 맞춰 한 줄로 나란히 배치되어 있다.

그렇게 되면 형태적으로 봤을 때, 보통은 큰 사각형을 이루게 되어 어떤 개별 요소도 눈에 띄거나 사용자로 하여금 뭔가 다른 의미가 있는지 고민하지 않게 해 준다.

페이지의 모든 것들이 위에서 아래로 흐르듯 잘 정렬되어 있으면 사용자는 쉽게 한 눈에 페이지를 읽을 수 있게 되고, 페이지가 무엇에 관한 것인지 어떻게 다뤄야 할지 이해하려는 노력을 최소화시킬 수 있다.

4. 타이포그래피

정렬되지 않은 요소와 마찬가지로 사용자는 폰트의 서체나 크기, 색상, 그리고 밑줄 등과 같은 부가적인 속성들이 다를 때에도 그 차이에 대해 민감하게 반응한다. 따라서 일관성있는 타이포그래피(Typography)는 정렬과 마찬가지로 사용자로부터 폰트의 차이에서 오는 혼란스러움을 줄여주고, 대신 작업 자체에 대한 집중도를 높여주게 된다. 다행히 웹에서는 이미 표준이 되어버린 빠르고 확실한 타이포그래피 규칙이 존재한다.

첫 번째, 절대로 폰트를 화면마다 다르게 사용하지 말아야 한다. 어떤 폰트든 한 가지를 정하면 계속 그것으로 밀고 나가야 한다. 이 방법이야 말로 어플리케이션의 각 페이지마다 일관성을 확보할 수 있는 가장 간단한 방법이다.

두 번째, 제목과 같이 크고 강조되어야 하는 요소용 서체 하나와 그 외 다른 컨텐츠를 위한 서체 하나를 선택하되, 이 두 서체가 서로 확연히 구분될 만큼 차이가 분명한 서체를 선택하여야 한다. 만약 두 서체가 너무 비슷하면 제목과 같은 요소가 너무 쉽게 페이지의 다른 부분과 섞여버리게 되어 제목으로 명백히 구분해 사용하려는 의도를 상실하게 된다.

세 번째, 두 개 또는 세 개 이상의 서체를 사용하지 않도록 한다. 사실, 세 개도 많아 보일 때가 종종 있다. 한 화면에서 너무 다양한 서체를 사용하게 되면 어딘가 혼란스러워 보이는데다 사용자로 하여금 원하는 것을 찾기 어렵게 만든다.

마지막으로, 폰트의 크기와 색상을 제한하여야 한다. 물론, 제목은 본문보다 커야 되고, 본문은 바닥글(Footer)보다 크게끔 선택해야 되지만, 본문이라는 하나의 카테고리 안에서 다양한 크기의 폰트를 사용하는 것을 지양하여야 한다. 또한 폰트색상도 가능한 너무 다양하지 않게 사용해야 한다. 제목용, 본문용, 바닥글용 그리고 그 외 링크, 방문한 링크, 마우스오버한 링크 등의 색상을 정하고 다른 모든 페이지에 동일한 색상으로 적용하도록 한다.

웹 상에서만큼은 타이포그래피는 적으면 적을수록 더 나은 결과를 얻게 된다.

5. 공간 기억력

공간 기억력(Spatial memory)이란 어떤 사물을 다른 사물에 의거해서 어디에 있는지를 기억해 내는 능력이다. 여러분이 자신이 쓰는 방에 불을 켜지 않고도 별 문제없이 돌아다닐 수 있는 것은 바로 이 능력을 가지고 있기 때문이다. 방에 들어갈 때, 벽을 더듬어 불 켜는 스위치를 찾아내는 것도 우리가 벽의 어디쯤에 스위치가 있는지 기억하고 있기에 가능한 일이다. 아마 불을 켜지 않은 상태 그대로, 책상 위의 어떤 물건을 집는다 해도 보통은 특별히 부딪치거나 다치는 일 없이 물건을 집을 수 있을 것이다. 우리의 뇌는 책상, 의자 또는 그 책상 위 물건들의 위치를 공간 기억력을 통해 기억해 낼 수 있기 때문이다.

사용자들 또한 이런 공간 기억력을 통해 페이지를 이동해 다닌다. 사용자는 몇 번 페이지를 사용해 보고 나면 페이지 요소들 간의 상대적인 위치를 무의식적으로 지식화하게 되고, 이 후에는 특별히 생각하거나 보지 않고도 마우스를 움직이게 된다. 만약 네비게이션 요소가 모든 페이지에 동일한 위치에 동일한 형태로 놓여져 있다면 이런 행동은 사용자에게 정말 쉬운 일이다. 사용자는 기억하고 있는 버튼 위치에 바로 마우스를 가져간 뒤, 생각할 것도 없이 클릭해 버리게 된다.

공간 기억력은 세 가지 조건으로 구성되는데, 첫 번째로 사용자는 반드시 어떤 요소들이 페이지 상에 존재하고 있는지 알아야 한다. 두 번째는 찾고자 하는 요소가 다른 요소들에 의거해 어디에 배치되어 있는지 알아야 한다. 마지막으로 사용자는 현재 마우스 포인터가 어디에 있는지 알고 있어야 한다. 이것이 사용자가 머리 속에 페이지의 구조를 그리게 되고 이를 통해 별다른 노력없이 페이지를 이동하게 되는 방법인 것이다.

사용자에게 있어 이런 페이지의 지도를 머리 속에 그려 넣는 일은 그리 오래 걸리지 않는다. 처음 몇 번 사이트를 사용해 보고 나면 사용자는 어디에 네비게이션이 일정하게 존재하는지, 어떤 링크들을 가지고 있는지를 습득하게 된다. 그 다음부터는 공간기억력이란 것을 발휘하여 좀 더 쉽게 공간을 움직여 다닐 수 있게 되고 더 이상 완전한 형태의 페이지를 매번 볼 필요가 없어진다.

일관적인 레이아웃은 이런 행동을 돕게 된다. 또한 제대로 된 정렬도 마찬가지이다. 왜냐하면 어지럽게 배치된 컨텐츠 사이의 어떤 곳에 마우스를 가져다 놓기 보다는 한 줄로 잘 정렬되어 보이는 레이아웃으로 마우스를 이동시키는 것이 훨씬 간단하기 때문이다.

@ 일관성을 유지하라

웹 어플리케이션을 만드는 회사들은 일반적으로 한 개 이상의 제품을 만들어 낸다. 그리고, 그런 회사 중 어플리케이션 판매를 통해 수익을 창출하는 회사는 당연히 일관적인 브랜드와 사용자 경험 그리고 일관된 품질을 제공하길 원하게 된다. 이런 경우라면, 중요하게 봐야 되는 것이 바로 그 회사가 출시하는 모든 제품이 서로 어떻게 맞물려 있는지를 파악하는 것이다.

일관성이 없다면 그 회사의 브랜드는 모래 위에 지은 집과 같다. 만약 고객이 각 제품마다 매번 완전히 다른 인터페이스를 배워야 한다면, 그 회사 자체가 명확한 목적과 집중이 없어 보인다. 모든 어플리케이션에 각기 다른 로그인 화면을 사용한다거나 비일관적인 디자인 또는 비슷한 작업임에도 각기 다른 방법을 통해 처리하도록 만드는 것은 사용자에게 매번 새로운 정보를 배워야 하도록 강요하는 것이 된다. 당연히 사용자는 이런 것을 좋아하지 않는다.

한 가지 어플리케이션을 익히게 되면 다른 어플리케이션들을 더 쉽게 익힐 수 있어야 한다. 이것은 사용자에게 뿐만 아니라 제품을 만드는 우리에게도 더 좋은 일이다. 일관성이란 우리 설계하는 사람들에게 이미 하나의 어플리케이션에 익숙한 사용자들을 새로운 어플리케이션에도 금방 친숙해 질 수 있도록 만들어 주는 하나의 요소가 된다. 디자인에서 일관성이란 성공 위에 또 다른 성공을 쌓을 수 있게 해 준다.

또한 디자인에서의 일관성은 새로운 어플리케이션을 보다 적은 시간과 노력으로 만들어 낼 수 있다는 뜻도 포함한다. 이미 효과가 검증된 인터페이스를 재사용하게 되면 사용자가 보다 쉽게 배울 수 있고, 우리에게는 더 쉽게 디자인하고 개발할 수 있으며, 구현되면 바로 그 효과를 거두게 된다는 뜻이 된다.

일관적인 메시지

일관성을 유지하게 하는 다른 모든 것에 덧붙여서, 시스템 메시지 또한 일관되게 만드는 것도 중요한 일이다. 사실, 시나리오마다 다른 형식의 메시지를 작성하는 것보다 이렇게 하는 것이 훨씬 쉬운 일이다. 메시지를 표시하는 시스템이 한번 자리잡으면 프로그래밍적으로 간단하게 계속해서 재사용할 수 있게 된다. 호출 한번으로 간단하게 메시지가 보여질 수 있도록 각 어플리케이션마다 이런 시스템을 구현하는 것을 강력히 추천한다. 그러면 사용자는 메시지가 보여질 때마다 어떤 일이 일어나고 있는지 알고 차이점에 대해 매번 생각하지 않아도 된다.

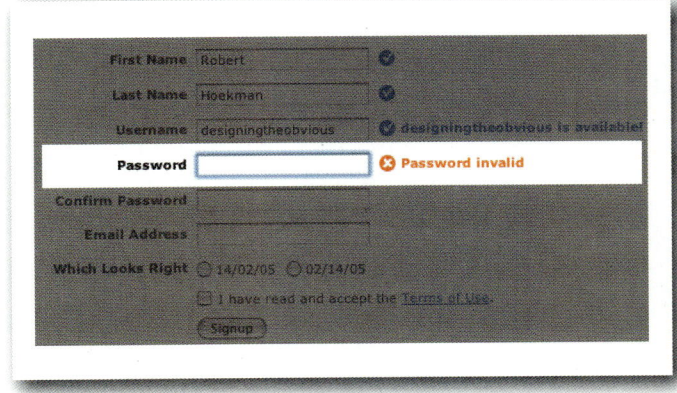

》 일관적인 메시지는
사용자가 어떤 것을
기대하는지 아는
어플리케이션에서는
그리 놀랄 것도 고민할
것도 없는 사항이다.

1. 디자인 패턴 이해하기

디자인 패턴은 하나 또는 여러 어플리케이션 안에서 다양한 인터랙션의 일관성있는 사용자 경험을 유지하려 할 때 매우 강력한 도구이다(예를 들어, 한 회사의 몇 개의 어플리케이션을 서로 연동할 수 있도록 통합할 때). 이런 패턴들은 본드처럼 모든 것을 단단하게 묶어준다. 디자인 패턴은 웹 전반에 걸쳐 사용되고 있다. 왜냐하면 소프트웨어 디자이너들은 사용자가 다른 사이트를 통해 얻은 경험을 자신의 어플리케이션에 적용시켜 배우기 쉽게 만든다.

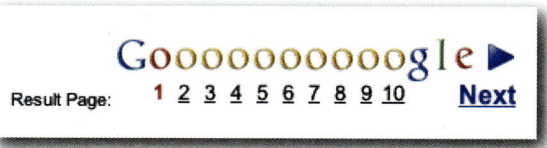

》 구글의 페이지네이션 디자인은 다른 검색엔진에서도 사용하고 있다.
따라서 아무도 새로운 디자인을 이해하는데 어려움을 겪지 않는다.

예를 들어, 대부분의 검색엔진에서 사용하는 페이지네이션 디자인은 거의 대부분 비슷하게 생겼다. 사용자가 더 이상 어떻게 페이지를 넘기는지 생각할 필요도 없기 때문에 그만큼 많이 사용되고 있다. 사용자는 이전과 다음 버튼으로 감싸여진 링크가 걸린 숫자들을 그냥 살펴보면 무엇을 할 지 알게 된다.

디자인 패턴에 관한 더 상세한 내용은 제니퍼 티드웰의 저서 'Designing Interfaces (O' Reilly)'를 읽어 보길 바란다. 이 책은 디자인 패턴에 관한 엄청난 자료를 가지고 있어서 웹 어플리케이션 설계를 생업으로 하는 사람이라면 읽어 보면 좋을 것이다. 이 책은 책장에 한 공간을 항상 차지할 만한 소장가치가 있는 책이다. 스트렁크와 화이트의 'The Elements of Style'이란 책이 항상 책장에 꽂혀 있는 것처럼 말이다. 이 책이 지원하는 웹 사이트인 www.designinginterfaces.com에 가면 대부분의 디자인 패턴들을 확인할 수 있을 것이다.

디자인 패턴에 대해 찾아 보려 인터넷에 접속해 있다면, 이 주제에 관한 블로그 토론장인 www.lukew.com을 확인해 보기 바란다. 루크 로블로스키는 야후의 디자인실장으로 저서인 'Site-Seeing: A Visual Approach to Web Usability'를 썼다. 2006년 5월에 그는 그와 몇몇 디자이너들과 디자인 패턴의 능력과 그것이 무엇인가에 관한 토론을 그의 블로그를 통해 시작하였다(제니퍼 티드웰과 이베이의 디자이너인 제임스 레펠도 포함되어 있다). 그 첫 번째 연재 글은 www.lukew.com/ff/entry.asp?347에서 읽어볼 수 있다.

디자인 패턴 라이브러리

아마도 디자이너가 일관성을 보장하기 위해 할 수 있는 가장 위대한 일은 디자인 패턴 라이브러리를 만드는 것일 것이다. 이전에 설명했듯이 디자인 패턴은 인터페이스 안에서 모든 것을 묶어 주는 것이라고 했다. 디자인 패턴은 사용자가 다른 어플리케이션에서의 경험을 토대로 새로운 어플리케이션을 익히는데 도움을 준다(예를 들어 검색엔진의 결과목록 하단에 보이는 페이지네이션 요소같은). 그리고 일관성있는 사용자 경험을 위해 다른 여러 어플리케이션에도 적용할 수 있다.

디자인 패턴 라이브러리는 디자이너와 개발자가 재사용할 수 있는 디자인 패턴의 검증된 모범안을 작성해 놓은 것을 모아 놓은 것이다.

패턴 라이브러리는 여러 사용자가 협업하기 위해 위키를 사용할 수도 있고, 간단한 파워 포인트 문서로 몇장 작성한 간단한 형태일 수도 있다. 중요한 것은 각각의 패턴은 이름을 가지고 있어야 하고, 언제 어떻게 사용하면 되는지에 대한 설명이 있어야 한다. 또한 가능하다면 구현되었을 때의 와이어프레임이나 스크린샷을 포함시켜 다른 사람들이 쉽게 말로 쓰인 내용을 실제로 적용할 수 있게 해 주면 좋다.

제니퍼 티드웰의 www.designinginterfaces.com 사이트는 패턴 라이브러리지만 한 회사에서 제공하는 제품에 집중된 패턴 라이브러리라기 보다는 전반적인 어플리케이션 수준에서 만들어진 라이브러리이다. 이 곳에서 찾은 패턴들은 좀 추상적인 면이 있고 어떤 회사의 내부 라이브러리에도 사용할 수 있다. 또한 디자인적인 문제에 부딪쳤을 때 언제든지 사용할 수 있는 백과사전 정도로 사용할 수도 있다.

특정 회사에 적합한 라이브러리의 경우는 회사 자체적으로 고안한 방법에 따라 패턴이 작성된다. 예를 들어, 회사 내 모든 제품에 똑같은 기본 레이아웃과 페이지네이션 구조를 사용해야 한다면 디자인 패턴 라이프러리는 상세한 설명이 있는 패턴을 담고 있을 것이다.

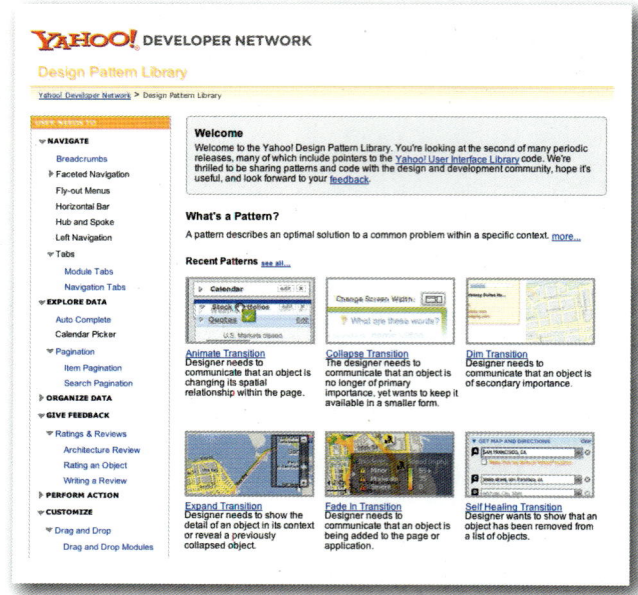

>> 야후의 디자인 패턴 라이브러리는 어떻게 패턴 라이브러리가 만들어 져야 하는지 엿볼 수 있는 웹 상에서 가장 뛰어난 자료 중 하나이다.

패턴은 일반적인 프레임워크와 같이 추상적일 수도 있고, 어떻게 동작하는 지에 대한 상세한 내용을 설명하듯이 자세할 수도 있다(예: 만약 5개 이상의 옵션이 보여질 때에는 라디오 버튼 대신, 드롭다운 메뉴를 사용해야 하며, 적절한 기본값이 설정되어 있어야 한다). 어떤 경우이든 패턴 라이브러리는 회사의 입장에서 훌륭한 도구가 된다.

인터페이스가 어떻게 동작해야 되는 지에 대한 문제의 답을 위해 더 적은 시간을 투자하게 되고 장기적인 비전을 위해 회사의 제품을 발전시키는데 더 시간을 투자할 수 있기 때문에 회사, 사용자, 제작자에게 도움이 된다.

디자인 패턴 라이브러리의 또 하나의 예제를 보고 싶으면 developer.yahoo.com/ypatterns 을 들러 보길 바란다. 이 곳은 야후가 자신들의 패턴들을 공개하고 공유하는 곳이다. 이 라이브러리는 그리드 기반 페이지 레이아웃처럼 일반적인 것부터 My Yahoo!와 구글 개인화, 그리고 Dashboard HQ에서 컨텐츠 단위들을 재배치 할 때 사용한 드래그앤드랍 단위(모듈)와 같이 특정적인 것까지 담고 있다.

야후는 웹 어플리케이션에서 패턴을 구현할 수 있도록 개발 코드까지 제공하고 있다. 이런 코드들은 야후 사용자 인터페이스 라이브러리인 developer.yahoo.com/yui 에 가면 살펴볼 수 있다.

2. 지능적인 불일치

유명한 사용자 경험 디자이너인 마크 허스트는 '지능적인 불일치'에 대해 블로그에 '페이지 패러다임'(www.goodexperience.com/blog/archives/000028.php)이라는 제목으로 언급한 적이 있다. 이 글의 내용을 보면, 지능적인 불일치란 주어진 웹 페이지에서 네비게이션이나 다른 디자인 요소와 일치하지 않는 결과를 가져온다 하더라도 꼭 필요한 것만 제공하는 것이라 했다. 이것은 어쩌면 위험한 발언이다. 왜냐하면 많은 신입 디자이너들은 언제 어떻게 불일치를 만들어야 하는지에 대한 현명한 판단을 내리는 능력을 항상 가지고 있는 것은 아니기 때문이다. 그러나 개념 자체는 일반적인 인터페이스 디자인에 입각해 보았을 때 가치가 있다.

어떨 때는 일관성을 유지하기 보다는 출혈을 감수하고라도 불일치를 만드는 것이 나은 경우도 있다. 예를 들어, 구매과정(사용자가 사이트에서 구매를 하기 위해 보게 되는 일련의 화면들)은 사용자가 무엇을 구매하느냐에 따라 다른 형태의 추가광고를 보여 줄 수 있을 것이다. 이 경우, 사용자의 관심과는 상관없이 계속 똑같은 광고만 보여주는 것보다는 사용자에게 알맞은 광고를 보여주는 것이 이치에 맞다(지능적인 광고는 훨씬 더 이득이 있다). 비슷한 예로, 취소 버튼은 취소가 필요한 시점에 보여주는 것이 이치에 맞다. 대부분의 인터렉션에서는 별로 필요없는 옵션이지만(대부분의 경우, 취소는 거의 모든 온라인 폼에서 제공되고 있지만 사실 불필요한 옵션이다) 언제 불일치를 만들어야 하는지 아는 것은 경험이 필요하다. 만약 아직 그런 결정을 할 능력이 없는 느낌이라면 일관성 면에서 오류이다.

@ 의미와 중요성을 만들기 위한 불규칙성

이번에는 여러분에게 유인술을 부리는 부분이다. 일관성있는 디자인과 통일성에 대해 얘기한 후에 불규칙에 대한 것을 이야기한다는 것이 약간 이상해 보일 수도 있다. 그러나 이 개념은 디자인의 기본에서 나온 것이다. 그리고 이것은 어플리케이션의 인터페이스 요소와 데이터 표시에 중요한 사항이다.

통일성있고 일관된 디자인은 사용자가 어플리케이션 디자인으로부터 의미를 파악하는 것을 돕고 작업에 집중할 수 있도록 해주는 핵심이다. 그러나 어느 순간에는 무엇인가 의도적으로 눈에 띄게 해서 사용자가 실질적으로 좀 더 중요하다고 느끼거나 또는 최소한 무언가 다르다고 인식하게끔 만들 필요가 있다. 이런 경우에 우리는 통일성이라는 법칙에서 벗어날 필요가 있다.

무엇인가 눈에 띄게 만들기 위한 최고의 방법은 다른 모든 것들과 다르게 표현하는 것이다. 완전히 다른 접근을 통해 눈에 띄게 어플리케이션을 만드는 개념과 비슷하게 불규칙은 하나의 페이지의 개별 요소들을 다른 것들로부터 부각시키는 좋은 방법이다. 통일성과 일관성을 디자인하기 위해 사용하는 동일한 도구는 페이지 요소를 독특하게 만들게 하는데 사용될 수 있다. 사실 일관성있고 통일성있는 인터페이스는 그런 것들이 부각될 수 있도록 해준다. 유일하다는 것은 다르다는 것의 산물이다. 따라서 다르다는 것은 모든 것들이 동일한 환경에서 생겨날 수 있는 것이다.

》 Rollyo는 색상과 크기를 통해 검색박스를 페이지의 다른 요소들 보다 더 부각시켰다.

예를 들어, Rollyo는 정보 검색이 주된 목적이기에 검색박스를 가지고 있다. 이 검색박스를 좀 더 부각시키기 위해 Rollyo는 입력박스의 크기를 늘렸고, 눈에 띄는 화려한 색상의 로고 그래픽으로 둘러쌌으며, 다른 내용요소들 보다 폰트크기를 훨씬 크게 만들어 놓았다. 검색박스는 모든 페이지에서 쉽게 찾을 수 있게 되어 있고, 보너스로 검색박스가 매번 보일 때마다 롤요의 브랜드를 강화하게 되었다.

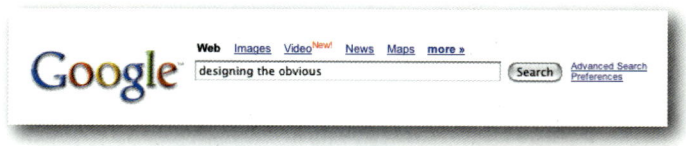

>> 구글의 검색박스는 항상 구글 로고 옆에 배치시켜서 눈에 띄이도록 해 놓았다.

어떤 것을 부각시키는 것은 그렇게 복잡한 것이 아니다. 보통은 아주 간단한 문제이다 (난 뭔가가 명확해질 때를 좋아한다).

하지만, 유의해야 할 점이 하나 있긴 하다. 만약 뭔가 부각되어야 한다면, 그 요소는 의도적으로 했다는 것을 보여줄 수 있도록 나머지 인터페이스 요소들과 확연히 차이가 나도록 하여야 한다. 정렬, 색상 그리고 크기에서의 조그마한 차이는 실수로 보일 수도 있고 사용자로 하여금 확신이 들지 않게 한다. 반면, 아주 큰 차이는 무엇인가 의도적으로 그랬다는 것을 확실히 느낄 수 있다.

1. 색상(Color)

색상은 무엇인가 부각시키기 좋은 방법이다. 또한 가장 간단한 방법이기도 하다. 인터페이스 상의 모든 것이 파란색과 하얀색일 때, 빨간색 오류 메시지는 아픈 엄지손가락처럼 눈에 확실히 들어온다.

어플리케이션 전반에 걸쳐 어떤 색상을 사용할 지를 결정할 때, 부각시키기 위해 한 두 개 정도 추가적인 색상을 예약한다. 사이트 내에서 전체적으로 사용한 색상의 보색관계에 있는 색상이 아주 좋다는 것을 알아두기 바란다. 무엇인가를 부각시키는 것은 디자인 자체를 망가트리는 것은 아니라는 것을 유념해 주었으면 한다. 이렇게 간단하다.

》 이 페이지의 주된 색상(주조색)은 옅은 파랑색이기 때문에 조금 진한 하늘색으로 표현된 검색박스는 눈에 바로 들어온다.

색상의 차이는 무척이나 미묘할 수도 있다. 만약 페이지에서 사용하는 주된 색상이 옅은 하늘색이라면, 약간 진한 하늘색을 사용한 페이지 요소는 나머지 요소들로부터 쉽게 구분될 수 있다. 이렇듯 미묘한 차이는 사용자의 시선을 잡아끄는데 충분하다.

그러나 페이지 요소가 특별히 중요하고 꼭 눈에 띄어야 한다면 확연한 차이가 좀더 효율적이다. 이런 경우는 확실하고 강렬하고 대비되는 색상을 사용한다.

2. 크기(Dimension)

이 책의 앞에서 언급했듯이 Odeo.com은 거대한 회원가입 양식을 가지고 있다. 사이트의 다른 어떤 것도 이렇게 크지는 않다. 왜 그런지 이해가 되지 않는다. 양식의 필드의 크기도 방해가 될 뿐 아니라 전혀 그럴 필요도 없다.

쓸모없는 페이지가 되는 것을 막으려고 크게 만든 듯이 보인다. 회원가입 화면에는 4개의 필드밖에 없지만 화면의 많은 부분을 차지하고 있다. 이 회원가입 화면에 다른 요소들이 전혀 없기 때문에 중요성을 부여하기 위해 이렇게 크기를 키울 필요가 없다. 다른 내용물이 보여지지 않는 경우, 중요함은 기본적으로 적용되기 때문이다.

이런 면에서 보면 공간을 많이 차지하는 요소는 중요하다고 보여지게 된다. 이는 당연히 크기 때문에 그렇다. 작은 요소는 덜 중요하다고 전달된다. 크기는 페이지에서 단순히 다른 요소들 보다 크게 만들어 줌으로서 무엇이 가장 중요한지를 정의해 줄 수 있다.

만약 어떤 페이지의 요소를 크기를 사용해서 부각시키려 한다면, 페이지마다 일관적으로 크게 만들도록 해야 한다. 일관성이 적용된 페이지에서는 사용자들이 이 페이지에서 큰 요소들이 곧 어플리케이션 전반에 걸쳐 중요한 내용이라는 점을 쉽게 알 수 있도록 해준다. 만약 요소들이 매번 크기가 다르다면 사용자는 혼란스러워 하게 되고 목적성을 잃게 된다.

3. 인터페이스 수술: 바나나 껍질 벗기기

세쓰 고딘은 자신의 저서 'The Big Red Fez'에서 사용자는 원숭이가 바나나의 흔적을 따라가듯이 명확하고 분명한 사인의 흔적을 따라간다고 단정했다. 다시 말해, 만약 페이지에 여러분이 사용자가 원하는 것이 정확하게 표현된 버튼을 추가하고, 그것이 만약 사용자의 요구와 부합한다면 당연히 사용자는 클릭한다는 것이다. 바나나에 비유한 것은 좀 이상하긴 해도 명확한 디자인을 설명하는 또 다른 좋은 방법인 것 같다. 페이지 요소들을 부각시키도록 설계하는 것이야 말로 바로 어떻게 우리가 이 효과를 달성할 수 있는 가이다.

라이언 카슨이 'The Big Red Fez'를 읽었는지 아닌지는 모르겠지만 그가 핵심을 찌르는 말을 했다.

> *"DropSend가 한 개 아니 한 개 뿐인 문제를 풀려고 했다는 것을 염두에 두어야 한다:*
> *이메일로는 큰용량의 파일을 보낼 수 없다. 우리는 항상 새로운 기능을 소개하려는 유혹에*
> *빠진다. 하지만 우리는 항상 아니라고 말한다. 고맙게도 우리는 DropSend가 얼마나 쓰기*
> *쉬운지에 대한 칭찬을 많이 받는다. 그래서 우리는 그 목적을 달성했다고 생각한다"*

물론, DropSend는 큰 용량의 파일 뿐만 아니라 어떤 파일도 온라인상에 저장하도록 할 수 있다. 하지만 이 어플리케이션은 이메일로 보내기에는 너무 큰 파일을 보낼 수 있도록 하는데 특화되어 있다.

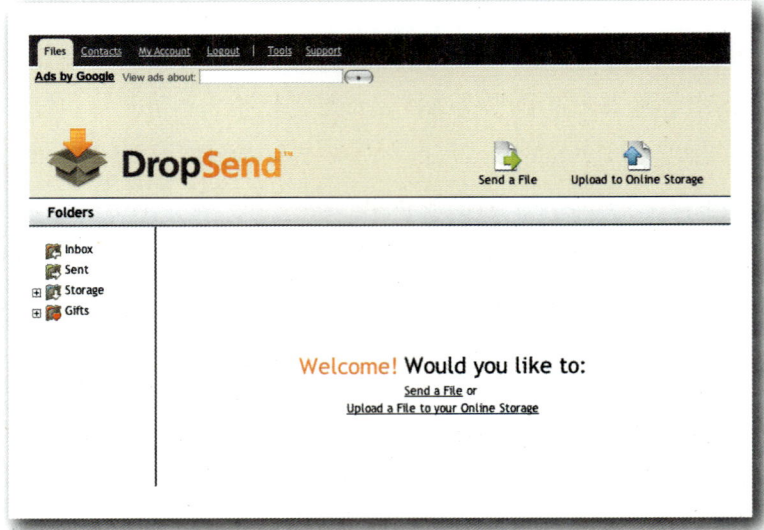

》 DropSend는 사용자가 바로 시작할 수 있도록 돕는 바나나를 가지고 있다.

DropSend에 로그인하면 기본 인터페이스 외관이 보여지고, 페이지의 바로 중앙에 Send a File 혹은 Upload a File to Your Online Storage (파일 보내기 / 온라인저장소에 파일 올리기) 라고 사용자가 원하는 것이 무엇인지 아주 명확한 문장으로 물어보고 있다.

이것이 바나나이다. 사용자가 어떻게 시작해야 하는지를 말해주고 있다. 카슨 시스템이 사용자에게 DropSend에 로그인해서 하길 바라는 것을 바로 말해 주고 있다. 또한 사용자가 원하는 것을 어떻게 하면 되는지도 말해 주고 있다.

바나나는 작업을 완료하는 것과 같은 특정한 무엇을 사용자가 하도록 유도하려 할 때 엄청나게 유용한 것이다. 한 예로, 책상의자를 구매하기를 원하는 사용자는 원하는 의자를 찾아내고 쇼핑카트에 담은 뒤에 자신의 결제정보를 입력하고, 구매를 완료한다. 구매과정의 각 화면에서 사용자가 작업을 잘 완료할 수 있는 가이드를 위한 바나나를 사용하면 이 과정은 따라가기 훨씬 쉽다. 웹 페이지에서 바나나 벗겨 놓기는 페이지에서 무엇이 가장 중요한가를 이해한 후 어떻게든 그것을 부각시킬 수 있느냐의 문제이다.

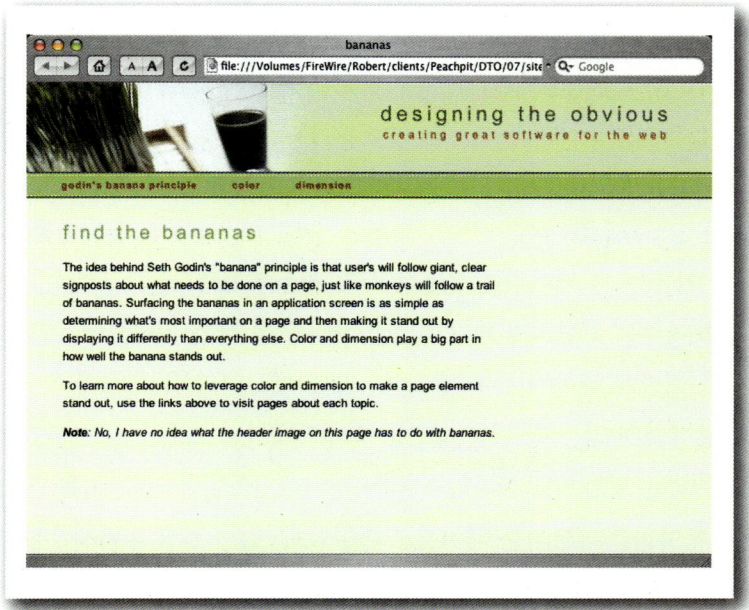

》 여기엔 바나나가 없다

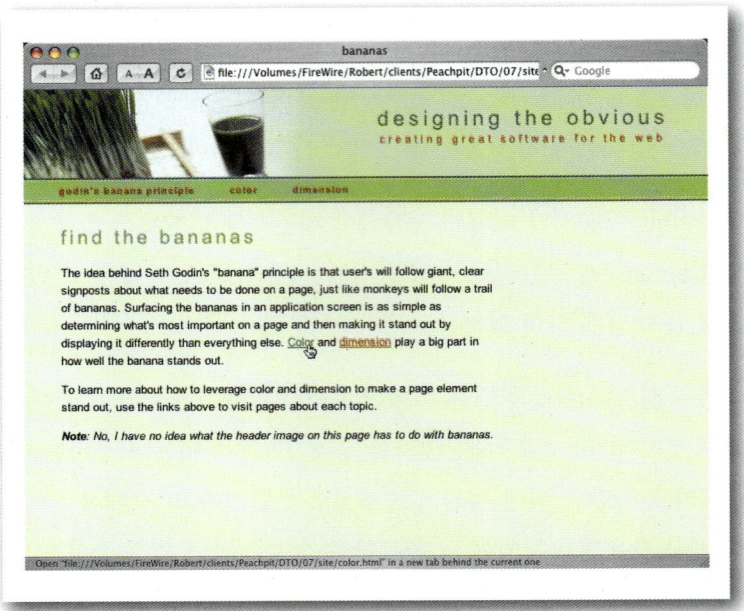

》 내용 글 속의 링크들은 쉽게 찾을 수 있게 되었다. 하지만 여전히 이 페이지는 바나나가 없다.

가끔은 한 페이지 안에서 한 개 이상의 중요한 요소가 있을 수 있다. 하지만 대부분의 경우 세 개, 또는 네 개 이상이 되어서는 안된다. 만약 이 보다 많은 수의 바나나가 있다면, 디자인이 집중되지 않는 만큼의 확률(가능성)이다. 그리고 사용자는 너무 많은 선택권을 가지게 된다.

많은 양의 글을 가지고 있는 페이지는 바나나를 벗기는 일을 잘 하지 못한다. 위의 화면을 보여 주는 이유는 세 페이지를 읽음으로써 개념을 설명하는, 그리고 어떻게 성취할 수 있는지를 보여주는 고딘의 바나나 법칙을 배우도록 하기 위해서다. 그러나 아이러니하게도 이것을 어떻게 해야 하는지 설명하는 글임에도 작업을 완료하기 위한 명확하고 분명한 길이 존재하지 않는다. 물론 상단쯤에 네비게이션 요소가 있긴 하지만 목적은 사용자가 빨리 원하는 방향으로 이동하게 하는 것이다. 우리가 할 수 있는 첫 번째는 내용 글 안에 있는 용어들을 해당하는 페이지로 이동할 수 있는 링크로 바꿔주는 것이다.

이 조그마한 변화도 이 페이지의 글을 읽으려 하는 사람들에게 도움이 될 수 있다.

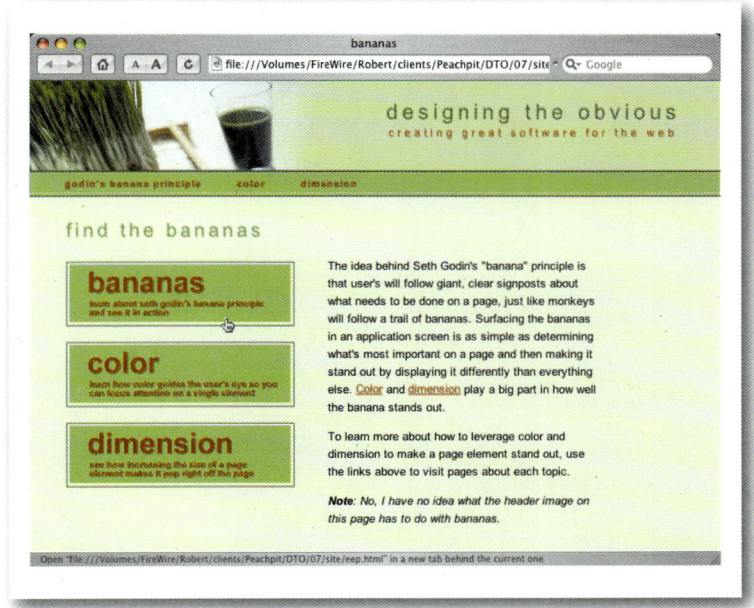

》 자 이제 모두를 위한 바나나가 생겼다.^^

그러나 많은 사람들이 내용 글 안의 링크를 찾을 수 있을 만큼 오래 머물러 있을 확률은 높지 않다. 우리는 무엇을 해야 되는지를 설명해 주는 큼지막한 사인같은 것이 필요하다.

이 버전에서는 시각적인 버튼들이 사용자가 해야 할 행동을 표시해 주고 있다. 새로운 디자인은 사용자에게 3개의 페이지를 가르쳐 주고 각 페이지로 갈 수 있는 분명한 길을 제공하고 있다. 또한 자잘한 내용 글로부터 시야를 뺏어왔다.

이 버튼들은 나머지 페이지와 같은 색상을 사용하였다. 하지만 주 내용이 있는 영역은 진한 녹색과 빨간색을 가지고 있지 않기 때문에 버튼들이 눈에 띄게 된다. 또한 페이지 의 다른 부분보다 더 크게 보여지게 함으로써 부각된다. 버튼들은 페이지 제목이나 로고 영역보다도 큰 글씨를 사용한다.

마지막 버전의 페이지는 바나나를 부각시키기 위해 색상과 크기를 균형있게 활용했다. 그리고 이제 버튼들이 사용자가 정확히 무엇을 해야 하는 지를 말해 주고 있기 때문에

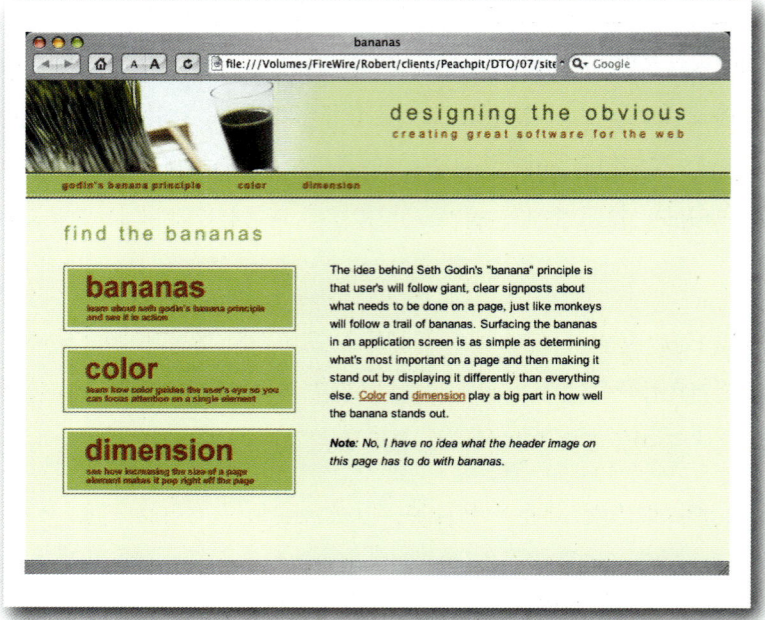

"각 주제에 관한 페이지를 방문하려면 상단의 링크를 사용해 주세요"라는 문구를 없앨 수 있다.

새로운 내용 글의 문단은 버튼에 비해 이전보다 더 덜 중요하게끔 보인다. 고딘의 바나나 법칙은 모든 것에 적용되지는 않는다. 포털 페이지와 같은 곳에는 크고 명확한 사인포스트가 어울리지 않는다. 왜냐하면 포털 페이지와 같은 것들은 한 두가지에 초점을 맞추기 보다는 사용자에게 넓고 다양한 선택을 할 수 있도록 하는 것에 그 목적이 있기 때문이다. 그러나 해당 임무가 작업을 완수를 위한 특정 화면들로 이동하게 만드는 것일 때에 바나나는 아주 효과적이다.

일관성과 통일성은 사용자가 어플리케이션을 이해하도록 돕고, 화면의 의미를 끌어내며, 힘든 노력없이도 작업을 완수할 수 있게 해준다. 그러나 특정 페이지 요소에 사용자가 초점을 맞출 정도로 중요한 것이 있다면 색상과 크리를 통한 변화는 페이지를 눈에 띄게 만드는 것일 수 있고 사용자에게 무엇을 할 필요가 있는지를 알려 준다.

C·h·a·p·t·e·r 8

줄이고 정제하기

페이지 내의 모든 구성 요소들은 각각 사용자의 주의를 끌기 위해 경쟁한다. 텍스트 옆에는 폼이 있고, 폼 옆에는 배너 광고가 있고, 배너 옆에는 로고, 태그, 저작권 정보 그리고 네비게이션이 있다. 무엇이 주의가 필요하고, 무엇이 무시해도 좋은 요소인지 사용자들이 과연 어떻게 알 수 있겠는가?

불필요한 그래픽 요소로 가득 찬 인터페이스, 필요 이상으로 긴 문구, 시각적인 부담만 주면서 도움이 되지 않는 기능들. 페이지를 접할 때마다 사용자들의 뇌는 거기에 무엇이 있는지 보고, 각각의 요소가 가진 중요도를 분석하기 위해서 페이지의 모든 것들을 처리한다. 페이지가 컨텐츠와 그래픽으로 꽉 차서 엉켜있으면 뇌는 혼란으로 길을 잃어버린다.

혼란은 화면의 중요한 요소들을 중요하지 않은 요소들로 번잡하게 함으로써, 효과적인 멘탈 모델을 형성하려는 사용자들의 기능을 감퇴시킨다. 혼란은 새로운 사용자들의 학습과정을 방해함으로써 그들이 중급 사용자가 되기 힘들게 한다. 혼란은 디자인의 효과를 감퇴시시키고 상황을 뒤죽박죽으로 만든다. 혼란스런 인터페이스는 다음과 같은 반응을 불러일으킨다.

"마치 마케팅 부서가 페이지 위에 토한 것처럼 보여."

아… 고통스럽지 않은가?

1. 혼란스러운 작업 과정들

혼란은 개별 스크린에서만 발생하는 것이 아니다. 인터랙션과 작업 과정에도 발생한다. 예를 들면 내가 사용하는 작업관리자는 내가 편집 작업을 마칠 때마다 작업의 세부내용을 보여준다. 그것 자체로는 문제가 없다. 나 또한 편집이 끝나고 나면 종종 작업의 최종 세부사항을 보고 싶을 때가 있다. 그러나 작업 세부화면에서 현재 작업하고 있는 프로젝트에 새 작업을 추가할 수 없기 때문에 여러 텍스트들 중에 있는 조그만 텍스트 링크를 클릭하고, 프로젝트 화면으로 돌아가서 새 작업을 생성하기 위한 클릭을 해야 한다. 어플리케이션을 자주 사용하지 않거나, 한번에 많은 수정이나 소수의 작업을 생성하는 거라면 별로 대단한 것이 아닐지도 모른다. 그러나 난 자주 새 프로젝트를 생성하고 한꺼번에 일련의 작업들을 생성한다.

내가 작업을 생성하려 할 때마다, 새 작업을 추가하기 위해 프로젝트 화면으로 가기 위한 클릭을 해야 한다. 일반적으로 프로젝트는 다수의 개별 작업을 포함하고 있기 때문에 30분 안에 열 번에서 열다섯 번 이상을 왔다 갔다 해야 한다. 작업 세부 화면에 작은 링크('새 작업 생성' 같은)만 있어도 이런 어려움을 해결할 수 있다. 링크가 없기 때문에 프로젝트 페이지를 볼 필요가 전혀 없는데도, 프로젝트를 셋팅하기 위해서 계속해서 페이지를 로딩해야 한다. 이는 내가 원하는 것을 보기 위해 원하지 않는 화면을 계속해서 봐야 하기 때문에 작업 흐름을 혼란스럽게 한다.

이런 것은 정말 나를 미치게 한다.

2. 단순함에 이르는 길

웹 기반의 어플리케이션을 단순하게 하는 것이 항상 가능한 것은 아니다. 납득할 만한 이유를 가진, 믿을 수 없을 정도로 복잡한 어플리케이션들이 존재한다. 그러나 명확하게 디자인한다는 것은 단순화를 위해 노력한다는 의미를 갖는다.

'비쥬얼 인터페이스 디자인하기(Designing Visual Interfaces)'라는 책에서, 저자 Mullet과 Sano는 다음과 같이 말했다.

> ■ "이어지는 정제를 통한 줄이기 만이 단순화에 이르는 길이다."

한 문장에서 쓰이는 모든 단어는 부피를 차지한다. '줄이기'는 정말로 필요한 것 외에는 벗겨냄으로써 소프트웨어의 범위를 줄이는 것을 의미한다. '이어지는 정제'는 반복을 의미한다. 한번의 디자인으로 멈추지 말아야 한다. 계속 반복하고, 재평가하고, 깔끔하고, 단순하고, 더 고급스런 디자인(그리하여 더욱 목적을 갖는 디자인)을 위해 도전하라.

'단순화'는 어플리케이션 디자인의 명백한 근본 목적이다.

복잡한 어플리케이션을 명확하게 만들기 위해서는 각각의 요소들을 가능한 단순하게 만들어야 한다. 명확하게 디자인한다는 것은 각각의 화면, 각각의 작업 과정, 각각의 인터랙션을 줄이고 정제하여, 목적과 기능이 최대한 단순하다는 것을 의미한다. 어플리케이션의 각 요소들이 가장 단순한 형태로 줄여지면, 전체로써의 어플리케이션이 명백함을 달성한 것이다.

DropSend(대용량 첨부파일을 Email 등으로 보낼 수 있는 서비스를 제공하는 회사)는 사용할 수 있는 그래픽 요소들의 숫자를 제한함으로써 저장된 파일을 보여 주기 위한 공간을 최대화한다. Backpack은 적재적소의 편집 기능을 활용하여 작업의 복잡성을 감소시킨다. 따라서 사용자는 수정이 완료된 관리 페이지에서 제자리로 돌아오게 되는 인터랙션을 피할 수 있다. JotSpot Live는 아주 필수적인 그래픽 요소들만 페이지에 포함시킴으로써 각 페이지의 시각적인 부담을 덜어주고 메모를 생성하고 검토하는데 완벽하게 초점을 맞춘다. Google 페이지 생성기는 대부분의 사용자에게 필요한 20% 수준의 기능들만 제공함으로써 효과적이고 단순한 웹 페이지를 빠르게 생성할 수 있게 한다. Box.net은 한번에 여러 개의 파일을 업로드 할 수 있어서 시간을 절약할 수 있다.

이 모든 어플리케이션은 좁은 범위를 갖고, 절대적으로 필요한 것만 갖추고 있고, 깔끔하고 단순한 인터페이스를 사용하고, 텍스트가 적은 화면구성을 하고, 편리한 작업에 철저히 초점을 맞추고 있다. 이러한 장점들은 정신적, 물질적 혼란을 피함으로써 간결한 사용자 경험 달성과 어플리케이션의 복잡성을 경감시켜 주는 역할을 한다.

@혼란스러움 청소하기

우리의 소프트웨어를 사용하는 사용자들은 그들이 필요로 하는 기능들을 쉽게 찾아낼 수 있어야 한다. 우리들은 우리의 어플리케이션을 훌륭하게 만들어 줄 수 있는 요소들을 드러내고, 그것들을 최대한 강조해야 한다. 최선의 방법은 어플리케이션의 인터페이스를 구성하는 화면 요소들의 혼란을 줄여야 한다.

Chapter 7에서 언급했듯이 대비(일반적으로 색과 공간(차원)을 사용하여)는 화면의 특정부분을 도드라지게 보이게 하는 효과적인 방법이다. 어떤 것들은 실제로 사용자가 주의를 기울이기도 전에 눈에 띈다. 예를 들면, 파란색 톤으로 구성된 페이지에서 밝은 빨간색 박스는 가장 처음 눈에 띄게 된다. 왜냐면, 빨간색이 화면의 모든 다른 것들과 격렬하게 대비되기 때문이다. 우리의 뇌가 인식하기 전에 우리는 빨간색 박스를 보는 것이다. 대비는 무엇인가를 도드라지게 만드는 가장 효과적인 방법 중 하나이긴 하지만, 그게 유일한 방법은 아니다. 원하는 부분을 보일 수 있게 보장해주는 또 다른 방법은 그것으로부터 사용자의 주의를 분산시키는 다른 모든 것들을 제거하는 것이다.

1. 정보 대비의 픽셀 비율 줄이기

어플리케이션에 '룩앤필'을 제공하는 똑같은 삽화는 인터페이스의 혼란을 야기하는 가장 큰 주범 중 하나이다. 그래픽의 공간, 여러 색상들, 정보에서 그래픽이 차지하는 비중 그리고 그래픽 요소들의 전체적인 분위기 등은 모두 어플리케이션의 내용으로부터 주의를 분산시키고, 정작 중요한 것들부터 초점을 빼앗아 간다. 그래픽 요소들의 체적을 줄이는 것이 혼란을 제거하는 가장 좋은 방법 중 하나이다.

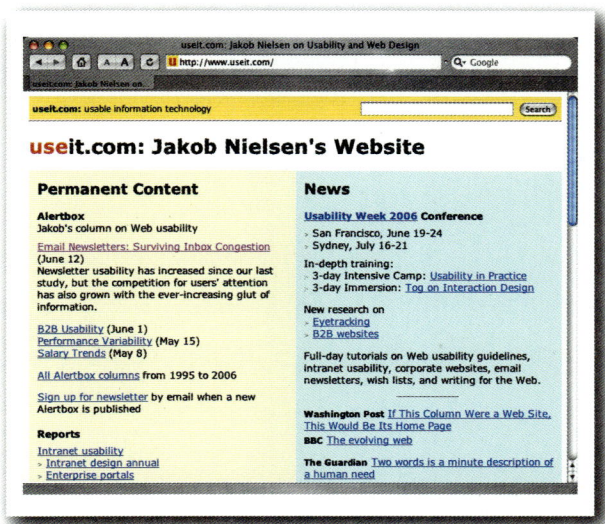

》 사용하기 편한가? 네.
매력적인가? 아니오.

이것은 꼭 Jakob Nielsen의 웹 사이트(www.useit.com)처럼 '디자인하지 않기'를 본따서 우리의 어플리케이션을 디자인하라는 의미는 아니다. Nielsen이 웹 사용성의 굉장한 권위자일지 모르지만, 깔끔하면서도 미적으로 매력적인 어플리케이션을 디자인하는 것은 가능한 일이다.

예를 들어, 로고는 공간을 많이 필요로 하지 않는다. 그러나 때때로 공간을 많이 차지한다. 제품 이름, 제품 로고, 회사 로고 등은 아마도 페이지에서 가장 덜 중요한 요소일지도 모르지만 화면 상단 근처에서 다소 크게 보여진다.

물론 이들 요소들을 강조하고 싶은 충동을 잘 이해한다. 마케팅 부서에서는 브랜드 인지도를 만들고 싶어한다. 납득할 만한 요청이다. 하지만 그들이 종종 잊고 있는 것은 사용자들이 커다란 제품 이름과 회사 로고를 보기 전에 이미 그들은 제품을 사용하려고 마음먹었다는 것이다. 사용자에게 제품의 이름을 끊임없이 보여주기 위해 화면을 낭비하는 것은 더 중요한 컨텐츠를 위해 사용될 수 있는 공간을 제한시키는 것이다.

가장 좋은 마케팅 전략은 잘 디자인된 어플리케이션이다. 사용자들은 새 화면을 열 때마다 눈앞에 나타나는 회사 이름보다는 잘 디자인된 어플리케이션에 더 감사할 것이다. 어플리케이션에 로고를 넣고 싶다면 넣어라. 그러나 방해가 되지 않게 작게, 페이지의 구석에 위치해라. 로고에 집중시키지 말라. 득이 되는 것에 집중해라.

그래픽의 계층구조를 최소화해라. 웹 어플리케이션은 개별 영역을 박스들로 구획화하여 결과적으로 박스가 박스를 감싸는 너무 깊고 많은 계층구조가 너무 자주 발생한다. 결국 영역을 구분하기 위해 수십 픽셀이 낭비된다.

영역 디자인에서 되도록 박스의 사용을 지양하는 방법을 구해라. 구성요소들이 더 적은 수의 그룹으로 묶여서 덜 공간을 차지할 수 있는 방법을 찾아라. 공간과 정보대비 픽셀의 비율을 줄일 수 있다면, 그만큼의 기능성과 장점들로 어플리케이션을 채울 수 있다.

2. 글을 최소화 해라

온라인에서 글을 최소화하는 것에 대한 많은 말들이 존재한다(이거 웃기는 아이러니 아닌가?). 그러나 가장 현명한 언급들 중에 몇몇은 책 속에 있다.

예를 들면, Strunk와 White가 쓴 스타일의 요소들(The Elements of Style)은 간결하고 힘있는 글쓰기를 배울 수 있는 훌륭한 자료이다. 이 책에서 정의된 표준들은 출판계뿐 아니라 웹에서도 훌륭하게 적용된다.

"불필요한 단어를 생략하라"는 그 책에서 정의된 가이드라인들 중 하나다. Steve Krug은 그의 책 '나를 생각하게 만들지 말라(Don't Make Me Think)'에서 한 챕터의 제목인 "불필요한 단어를 생략하라"에서 "불필요한"에 줄을 그음으로써, 그 자신의 원칙에 약간의 재미를 부여했다.

단어를 제거하는 것은 인터페이스에서 혼란을 줄이는 확실한 방법이다. 그러나 무엇을 제거하고 남은 것을 어떻게 수정할지를 정하는 것이 어렵다. 여기 몇몇의 가이드 라인을 제공한다.

지시적인 문구 대신에 '이것은 무엇인가?'라는 질문 형식의 도움말을 사용하라. 인터페이스를 혼란하게 만드는 많은 문장들은 지시적인 문장들이다. 개발자들은 흔히 사용자들이 지시사항들을 꼼꼼히 읽을 것이라고 생각한다. 하지만 그렇지 않다.

● 사용자들은 텍스트로 된 부분들은 건너뛰고 대충 추측하려는 경향이 있다. 그들은 그들이 원하는 것을 이루어 줄 것처럼 보이는 제일 첫 번째 것을 클릭한다. 따라서 지시사항들로 인터페이스를 어지럽히지 말고, 대신에 그것들을 적재적소의 도움말로 바꿔라. 텍스트를 "이것은 무엇인가?"라는 링크로 대체하여, 텍스트를 포함하는 팝업창을 열거나 또는 Chapter 6에서 논의된 '확장 디자인 패턴'을 사용하여 적재적소의 문구를 제공하라

- **힘있는 글을 써라.** 웹 어플리케이션에서는 텍스트를 사용하여 사용자의 주의를 끌 가능성은 낮다(어플리케이션은 뭔가를 하는(Doing) 것이지 읽는(Reading) 것이 아니다). 텍스트가 꼭 포함되어야 한다면, 간결하게 만들어라. 불필요한 단어는 생략하고 중심적인 메시지에 집중해라. 문단은 짧은 단위로 잘라서, 가능한 소수의 단어를 사용하여 불렛 리스트(bullet list)의 형태로 만들어라.

- **행복한 이야기를 지양해라.** '행복한 이야기'(Happy Talk)란 Steve Krug이 말한 현실적인 내용없이 회사나 제품에 대한 칭찬과 자랑들만 사용자에게 이야기하는 문구들이다. 이들은 사용자에게 무엇을 하고, 어떻게 시작하고, 어떻게 작업을 수행하고, 어떤 편익을 줄 수 있는지 등에 대해선 언급하지 않는다. 대신에 모호한 단어를 사용하고, "우리는 아침을 먹고, 한발로 서서, 스스로 머리를 쓰다듬으면서, 동시에 달에 착륙한 첫 번째 개발 팀입니다."라는 식의 자화자찬하는 말들을 내뱉는다. 행복한 이야기는 홈페이지처럼 어플리케이션의 소개나 회원 가입 전의 화면 등에서 발견될 가능성이 가장 높다(알다시피, 가장 중요한 마케팅의 수단으로 고려되는 페이지이다) 행복한 이야기를 없애라. 스크린샷, 커다란 '체험하기' 버튼, 어플리케이션의 목적을 정리한 맺음말 그리고 어플리케이션이 무엇을 어떻게 수행하는지를 보여주는 동영상의 링크를 보여줘라.

- **많은 단어 사용을 지양하고 촉발 단어(Trigger Words)를 사용하라.** 소수의 촉발 단어들이 많은 정보를 담고 있는 많은 양의 단어들보다 낫다. 정보량이 많은 텍스트는 물론 읽었을 때 유익한 것이 된다. 그러나 아무도 그것을 읽지 않을 것이다. 인터페이스에 텍스트를 포함해야만 한다면, 사용자가 실제로 읽을 만한 단어나(당신이 아닌, 그들의 멘탈 모델과 경험 수준에 맞추어서) 또는 그들의 시선을 잡을 만큼 톡톡 튀는 단어를 사용하라. 만약 그 텍스트가 정말로 중요한 것이라면, Chapter 7으로 돌아가서 어떻게 눈에 띄게 하는지를 참고하라.

3 공백 디자인하기

2003년 10월에 Wichita 주립 대학의 소프트웨어 사용성 연구소(SURL)에서 공백의 장점과 공백이 웹 페이지의 사용성과 심미적인 매력에 얼마나 영향을 주는지에 대한 논문을 발표했다. 공백(White space)이란 화면에서 빈 공간으로 보이는 모든 영역이다. 논문에서는 페이지를 구분하기 위해 페이지들 사이의 공간에서 사용되는 빈 픽셀들의 완충지역과 페이지에 경계(마진)을 주기 위해 페이지의 주위에 사용되는 공백들에 대해서 설명한다.

웹 사용성 연구가인 Jared Spool이 발표한 더 많은 공백의 사용은 사용자의 정보검색 능력이라는 측면에서 정보 밀집도가 높은 사이트에서는 그 중요도가 떨어진다는 연구에 대응하여, SURL은 1997년에 양적으로 다양한 공백의 활용에 따라서 작업성취도와 시각적인 호소력에 미치는 차이점들을 측정하는 사용성 테스트를 실시했다. 똑같은 웹 페이지에 다양한 공백 공간을 사용하여 세 가지의 다른 버전이 만들어졌다(적은, 중간, 많은 양의 공백 등). 각각의 버전은 15명 중 5명의 피실험자들에게 보여줬고, 각 피실험자는 하나의 버전만 볼 수 있었다.

이 테스트에서 SURL은 제시된 작업에서 사용자들이 어떤 정보를 찾아내는데 걸리는 시간에는 큰 차이가 없었다는 것을 발견했다(예를 들면, "당신의 친구가 알래스카 오지 또는 남아메리카의 아마존 정글에서 하이킹하는 것에 관심이 있다고 가정하고, 이들 두 지역에 대해서 언급하는 사이트를 찾아보시오." 같은 작업이 주어졌다). 그러나 세 가지 버전의 페이지에는 심미적인 호소력에 차이점이 있었다. 사용자들은 중간 정도 양의 공백이 사용된 페이지에 더 만족스러워했다. 많은 공백이 사용된 페이지에서 사용자들은 컨텐츠에 접근하기 위해 더 많은 스크롤링을 해야 하기 때문에 페이지가 느리다는 느낌을 받았다. 또한 빽빽한 레이아웃에서는 다른 페이지들보다 가독성이 떨어진다고 느꼈다.

기본적으로 이 테스트는 '골디락과 곰 세마리(Goldilocks and the Three Bears)'이라는 영화의 스토리와 비슷하다(피실험자들이 실험실을 뛰쳐나가 다시 볼 수 없다는 점만 빼고는). 한 페이지는 너무 많은 공백이 있고, 또 다른 페이지는 너무 적은 공백이 있다.

따라서 세 번째는 '안성맞춤'이었다.

공백이 작업을 수행하는 측면에서는 사용자에게 별 효과가 없었지만, 얼마나 페이지를 즐기고 만족하느냐에는 큰 차이가 있었다. 여러분들도 알다시피, 공백을 디자인하는 것에는 약간의 모험이 따른다. 왜냐면, '중간'이라는 말은 상대적이기 때문에 각 디자이너의 단어에 대한 정의나 개별 화면에 대한 디자이너들의 분석에 따라서 '중간'정도 양의 공백의 개념이 달라질 수 있기 때문이다.

부언하면, 보고서 중 공백은 사용자들의 정보검색에 걸리는 시간에는 아무런 영향도 주지 않는다는 부분은 무시되어야 할지도 모른다. SURL의 사용성 테스트 중에 사용자들에게 주어진 작업은 전부 페이지 내에서 적절한 링크를 찾는 작업을 포함한다. 그 작업은 빈 배경화면에서 검정색 텍스트로 쓰여진 세 개의 칼럼들과 빨간색 텍스트로 쓰여진 섹션 헤딩과 페이지 제목을 찾는 잡업일 뿐이다. 링크들은 밑줄 쳐진 파란색 텍스트. 즉, HTML의 기본 하이퍼링크로 표시된다.

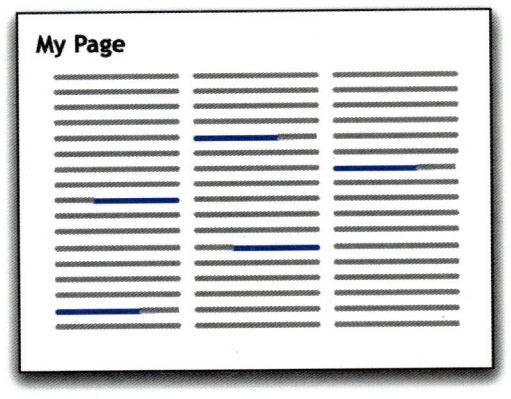

» 파란색 링크는 하얀 배경에 글자 밖에 없는 화면에서 매우 눈에 띈다.

Chapter 7에서 보았듯이, 색상은 페이지에서 어떤 것을 두드러지게 하는 최고의 방법이고, 밑줄 쳐진 파란색 글자의 링크는 검정색 글자들 속에서 대단히 눈에 띈다. 이러 웹 페이지에서 사용자가 링크를 찾기 위해선, 공백이 얼마나 쓰였는가에 상관없이 화면을 쓱 보고 밑줄 그어진 파란색 글자를 골라내면 된다. 링크들은 높은 대비를 보이기 때문에, 사용자들이 특정 요소에 주의를 기울이기도 전에 그것들을 보게 된다.

결과적으로 이 테스트는 공백이 작업 수행의 시간에 영향을 끼치는가에 대한 좋은 측정치가 될 수 없다.

좀 더 현실적인 테스트에는 요구에 의해 사용자가 버튼(페이지의 기본 색상판과 어우러져 합쳐져 있는)을 사용하여 블로그 글에 의견을 추가하는 작업 등이 포함되어야 한다. 이런 경우에 **빽빽한** 레이아웃에서는 사용자가 버튼을 찾는 것이 더 힘들 수 있기 때문에, 공백이 사용자가 작업을 완수하는데 걸리는 시간에 주는 영향이 더 클 수 있다.

그 말은 공백의 시각적인 호소력에 대한 SURL의 보고서는 확실하게 검증해 볼만한 가치가 있다는 말이다. 보고서 전문은 http://psychology.wichita.edu/surl/usabilitynews/2W/whitespace.htm에서 확인할 수 있다.

빈 틈 채우기

빈 공백은 인간의 뇌는 빈틈을 채우도록 작용하기 때문에, 페이지를 구분이 확실한 영역으로 나누기 위해 사용되는 그래픽 요소의 효과적인 대안이다. 우리가 영화를 볼 때, 필름 한 릴의 낱개 프레임 기준으로 대략 초당 30개의 프레임이 지나간다. 우리의 뇌는 빈 공간은 채우고 우리가 끊어지지 않은 실제의 움직임을 보고 있다고 생각하게 만든다. 우리가 반쯤 깨진 도자기 가면을 보게 될 때, 하나의 전체 얼굴 형상이 보이듯이 우리의 뇌는 빈 공간을 채운다.

우리가 웹 페이지를 볼 때도 똑같은 일이 발생한다. 멀리 떨어진 두 개의 요소들은 관계가 미약하거나 없지만, 반면에 가까이 위치한 두 개의 요소들은 연관된 것처럼 보인다. 이는 '확인' 버튼과 '취소' 버튼은 서로 가까이 있지만, 같은 대화상자에 있으면서 이질적인 기능인 '다른 이름으로 저장하기'는 '확인'과 '취소' 버튼과 떨어져서 왼쪽에 위치하는 이유다.

위의 두 개의 예에는 모두 분리의 개념이 있다. 이 영역과 저 영역 사이의 구분을 짓기 위한 그래픽을 사용할 필요가 없다. 그래도 우리는 만족한다. 가까이 있고 멀리 있고에 따라서 연관성이 있고 없고를 구분할 수 있듯이, 이 칼럼과 저 칼럼을 구분하는 수직선이 사이에 없더라도 우리는 그것들을 분간할 수 있다.

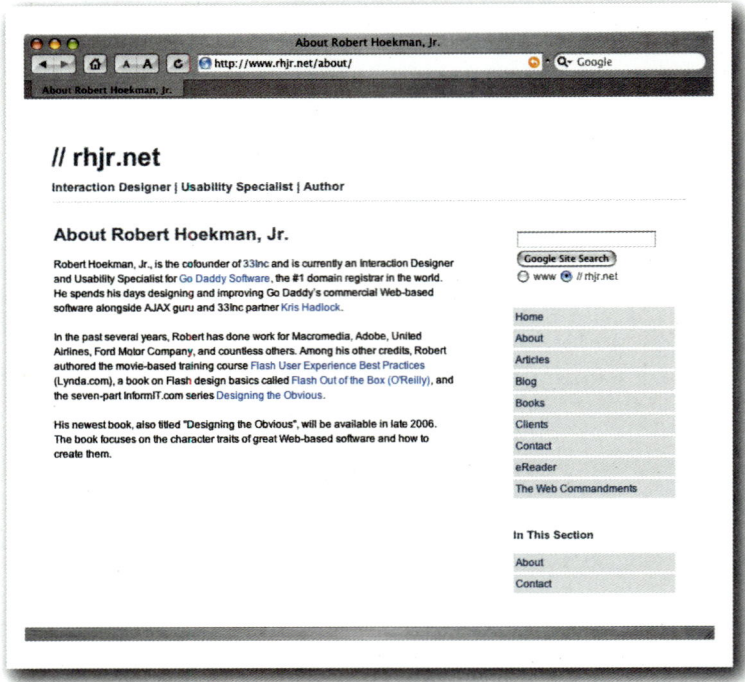

》 빈 공백은 그래픽(인간 뇌의 처리과정을 거쳐야만 하는)의 사용없이도 페이지의 공간을 명확하게 구분한다.

우리는 어플리케이션 화면의 영역을 구분하기 위해 그래픽적인 구분자에 의존하기 보다는 일반적으로 공백에 의존한다. 공백은 사용자가 화면을 볼 때, 처리해야 하는 그래픽 요소의 추가의 시각적 부담없이도 똑같은 요소들 간의 구분을 제공한다. 또한 공백은 크기 면에서 부담이 덜하기 때문에 페이지의 로딩 속도를 높여준다.

4. 작업 흐름 정리하기

작업 흐름(Task flows)은 줄이기와 정제의 가장 기본적인 영역이다. 불필요하게 복잡한 화면 연결은 약간 지루한 것을 아주 빠르게 노골적으로 짜증나는 것으로 바꿔버린다. 특히 일상적으로 수행되는 작업일 때 더 심하다. 사용자가 사용할 수 밖에 없는 화면들의 갯수를 줄이면 작업 흐름을 개선하고 좀더 명확한 어플리케이션으로 만들 수 있다.

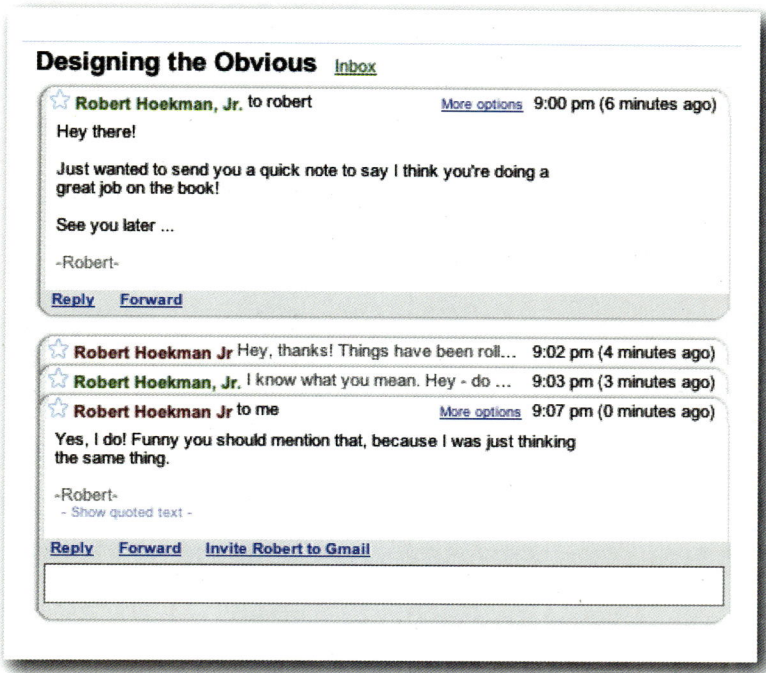

>> Gmail에서는 전반적인 내용을 한 페이지에서 볼 수 있다. 내가 나에게 편지를 보냈다는 사실에 너무 큰 의미를 두진 말자.

앞서 언급한 작업 관리자 어플리케이션에서 간단한 '새 작업 생성' 링크는 새 프로젝트의 더 빠른 설정을 가능케 한다. 물론 그런 링크의 추가는 전체 페이지의 혼란을 가중하는 요소일 수도 있지만, 혼란이 주는 비용에 비해 개선의 이익이 훨씬 크다.

많은 웹 기반의 Email 어플리케이션에서 사용자들은 메시지를 보기 위한 두 가지의 옵션을 갖는다. 사용자들은 받은 편지함을 한 화면에서 보고 개별 메시지를 새 창이나 새 페이지에서 보거나, 또는 색인 페이지에서 미리 보기를 선택할 수 있어서 새 창이나 페이지로 이동함이 없이 메시지를 읽을 수 있다. 후자는 작업 흐름을 통합하고, 로딩되는 페이지 수를 줄였고, 메시지를 새 창에서 보여주는 것에 비해 창의 관리를 간소화했고, 받은 편지함 화면을 사용성 측면에서 두드러지게 개선했다.

Google의 Gmail은 Email을 체크하는데 필요한 기본적인 작업 흐름을 다루는데 있어

최고 수준을 달성했다. 받은 편집함 화면에 미리보기를 위한 옵션은 없다. 메시지를 읽기 위해선 다른 화면을 열어야 한다. 그러나 각 메시지는 스레드(Thread, 이 경우에서는 보내는 이와 받는 이 사이에 오고 간 모든 Email들의 모음)로 보여진다. 서로 주고받은 모든 메시지들이 한 화면에 보여지고, 사용자들은 전체 스레드를 한눈에 확인할 수 있고, 스레드 내에서 시간 순으로 나열된 메시지들 중 보고 싶은 메시지를 클릭하여 선택적으로 볼 수 있다. 만약 어떤 메시지가 스레드에서 세 번째의 답장이라면, 그 메시지는 그 전 두 개의 메시지 아래와 그리고 그 후의 받은 메시지들 사이에 위치한다. 이는 사용자들의 작업흐름을 통합시켰을 뿐 아니라, 상황적인 문맥을 유지시킨다.

작업 흐름을 정리한다는 것은 간단하게 어플리케이션 내의 다양한 작업을 순차적으로 파악하여, 작업을 완수하는 동안 필요한 모든 것들이 보여질 수 있도록 한다는 것을 뜻한다. 시간이 좀 소요되고 지루한 일일지는 모르나, 그렇게 복잡하지는 않다.

작업 중 보여지는 각각의 모든 화면마다 화면에 존재하는 모든 것들을 적고, 60초 데드라인(Chapter 3에서 설명한)을 사용해라. 당신이 생각하기에 제거할 수 있는 모든 것들을 지우고, 그것들은 새로운 리스트로 작성하고 다른 곳에 잘 보관하라. 다음은 코드를 살펴보고 당신이 리스트에서 지웠던 것들과 대응하는 코드를 들어내라. 만약 페이지가 잘 동작하면서, 성공적인 작성 수행이 가능하다면 당신의 일은 끝났다. 만약 그렇지 않다면 너무 많은 것들을 삭제했는지도 모른다.

이 작업이 끝나면 작업 수행에 필요한 모든 화면들의 리스트를 작성하고, 그들 중 합쳐질 수 있는 화면들이 있는지 살펴보라. 회원가입 프로세스 중 사용자 주소 정보를 수집하는 부분은 사용자 아이디와 비밀번호를 입력하는 화면에 합쳐질 수 있는가? 만약 그렇다면, 그렇게 해라.

내 작업 관리자 시스템에서는 고객 리스트와 프로젝트 리스트가 서로 다른 화면에서 보여진다. 만약 두 화면을 합칠 수 있다면, 그래서 개별 고객이 관련된 프로젝트 아래쪽에 보여질 수 있다면 드릴다운(관련 정보를 보기 위해 링크 등을 사용하는 방법)없이 고객의 세부정보와 프로젝트의 세부정보를 같은 화면에서 확인할 수 있을 것이다.

다음으로 한 화면에서 다른 화면으로 이동할 수 있는 바로가기를 만들 수 있는지 검토해라. 만약 한 작업 내에서 두세 개의 특정 화면으로의 접속이 잦다면 각각의 화면에서 다른 화면들로 갈 수 있는 링크를 제공하라.

마지막으로, 편집이 허용되는(또는 필수적인) 화면은 사용자들이 편집 화면에서 편집을 하여 읽기전용 화면으로 돌아오는(이것은 '왕복여행'(Round-Trip) 인터랙션이라고 불린다) 인터랙션 대신에, 사용자가 필요한 곳에서 직접 편집을 할 수 있도록 디자인을 수정하라. 적재적소의 편집은 Ajax와 DHTML의 최고의 장점 중 하나이다. 작업 흐름 내의 전체적인 화면을 간소화시키고, 이해하기 쉬운 어플리케이션이 되고, 사용자의 문맥을 유지시키고(견고한 멘탈 모델에 도움을 주는), 일반 조작을 더 유쾌하게 만들어 준다.

작업 흐름을 정리하는 프로세스는 제품이 출시된 후를 포함하여(사실, 이것은 새로운 기능이 추가되느냐 아니냐에 상관없이 새로운 버전 출시라는 입장에서 보면 굉장한 실례다) 개발과정의 어느 시점에라도 행할 수 있다. 즉, 코딩되기 전에 작업 흐름을 정리하는 것이 훨씬 비용을 절감한다. 만약 코딩이 되었다면, 정리되어야 할 것들을 위해서 돈을 쓴 것이다. 그것은 또한 개선의 결과로 인한 작업과정 중에 어떤 오류가 있지는 않는지 재검토해야 함을 의미한다. 어플리케이션이 와이어프레임 단계에 있을 때 작업 과정을 철저히 점검하는 것은, 당신이 빠르고 쉽게 수정할 수 있고 비용 절감이라는 측면에서 중대한 개선을 한다는 것을 의미한다.

인터페이스 수술 피하기

당신은 아마 이 장에서 인터페이스 수술하기에 대한 내용이 없다는 것을 눈치챘을 지도 모른다. 그럴만한 이유가 있다. 이 책의 많은 부분들이 서로 연관이 되어 있다. 이 장은 그들 각각에 적용될 수 있는 동시에, 각각이 이 장에 도움을 준다. 모두가 연관되어 있고 중요하다. 그리고 모두가 설명되었다.

당신은 이미 인터페이스 내의 혼란을 줄이는 법에 대한 예들을 보아왔다. Chapter 2의 유스케이스 작성에 대한 부분에서는 인터랙션을 단순화시키는 법에 대해서 설명했다. Chapter 3은 오직 절대적으로 필요한 것들만 구현하는 것에 대한 부분이다.

이것들은 기본적으로 혼란을 경감시킨다. 또한 적재적소의 수정과 적재적소의 검증에 대해서 이야기했다. 두 가지 모두 더 적은 수의 화면과 클릭으로 빠르고 덜 혼잡한 작업 흐름을 실현시킨다. 일관성있고 일정한 방식으로 스크린을 디자인하는 것은 세련된 경험에 직접적인 도움이 된다. 이 모든 것들을 다시 언급할 필요는 없을 것이다.

@Kaizen 연습

Kaizen은 유스케이스를 작성하는 법에 대해서 설명할 때 Chapter 2에 처음으로 언급되었고, 와이어 프레임에 대해서 논의할 때 다시 언급되었다. 그러나 Kaizen은 어플리케이션이 만들어지고 출시된 이후에도 오랫동안 지속적으로 적용될 수 있다.

Kaizen은 본래 제조 과정에서 품질을 개선하고 불량을 줄이는 목적의 경영 도구로 개발되었지만, 그 밑바탕의 철학은 어플리케이션 디자인에 대한 나의 접근법의 핵심이다. Kaizen은 어떤 것을 끊임없이 개선하는 것이다. 작은 작업들이 모여서 거대한 결과를 내는 것이다. Kaizen은 당신이 코딩을 할 때, 업무 흐름을 디자인할 때, 또는 인터페이스의 시각적인 디자인을 정제할 때 적용된다.

Kaizen의 주요 이득 중 하나는 첫 번째 시도에서 완벽한 것을 만들어야 한다는 당신의 불안감을 제거해 준다는 것이다. 반대로, 당신이 어떤 것을 마무리하는 데만 집중할 수 있게 하여 점진적인 개선을 할 수 있다. 당신은 원한다면 무채색의(아주 기본적인) HTML 페이지에서부터 시작할 수 있다. 작업하는 동안 계속적인 개선을 한다면 좋은 결과를 갖게 될 것이다.

JotSpot Live의 개발자 중 한명인 Abe Fettig은 최근 나에게 다음과 같이 말했다.

> "개발 과정에서, 우리는 JotSpot Live의 기능들을 가능한 작게, 집중적이 되도록 유지하려고 노력했다. 우리가 덧붙일 수 있는 많은 흥미로운 것들이 있었지만, 우리의 첫 번째 목표는

> 제품을 출시하여 사용자들의 손에 가도록 하는 것이었다. CEO인 Joe Kraus는 "완벽은
> 좋은 것의 적이다"라고 즐겨 이야기했다. 만약 당신의 제품이 현 상태로 괜찮은 수준이고,
> 사람들에게 유용한 서비스를 제공하고, 그리고 당신이 원하는 더 많은 기능들을 추가하기
> 위해서 출시를 잠시 뒤로 미루고 있는 상태라면, 당신은 당신을 위해서도, 당신의 사용자를
> 위해서도 잘하고 있는 것이 아니다. 그 순간, 완벽을 향한 당신의 바램은 좋은 것의 길을
> 가로 막고 있다. 그래서, 우리가 JotSpot Live를 개발하면서 완벽한 버전을 만들기 위해
> 필요한 모든 기능들을 추가하려고 하기 보다는 좋은 1.0 버전 만들기에 집중했다. 되돌아
> 보면, 이 심플한 버전이 우리가 할 수도 있었던 더 복잡한 버전보다 나았다."

개인적으로 나는 최소한 일주일에 한 가지씩 개선할 수 있는 어떤 것을 찾는 취미가 있다. 물론, 내 직업이 어떤 것을 좋게 만드는 것에 집중하는 것이기 때문에 그런 취미는 쉬운 것이다. 그러나 그런 중에도 나는 나의 프로세스를 개선하고, 한동안 보지 않았던 인터페이스를 개선하고, 더 생산적인 미팅을 주도하고, 전화받는 시간을 줄이고, 와이어 프레임의 요소들을 재사용 가능한 템플릿으로 만들고, 그밖에 내가 생각할 수 있는 모든 것들에 대한 방법을 찾는다. 그 외에도 인터페이스와 인터랙션을 좀더 읽기 쉽고, 이해 가능하고, 덜 복잡하게 만듦으로써 사소한 방법으로라도 그것들을 개선하기 위해 끊임 없이 노력한다.

1. Kaizen은 인터랙션을 의미한다.

Kaizen의 또 다른 주요 이점은 제품을 더 빠르게 테스터의 손에 넘길 수 있게 한다는 것이다. 사용자들이 더 빨리 실제 화면에서 실제 인터랙션과 실제 작업을 다룰 수 있는 것이 좋다. 와이어 프레임, 유스케이스, 마크업 등은 디자인 계획을 세우고 아이디어를 구현할 때 훌륭한 역할을 한다.

그러나 우리의 디자인이 실제로 화면에 적용되기 시작하면 필연적으로 변화를 수반한다. 그 순간에야 비로소 우리는 어플리케이션이 실제로 어떻게 돌아가는지 볼 수 있다. 우리의 디자인을 베타 테스터의 앞에 갖다 놓는 것은 우리가 했던 작업의 진실을 환한 빛으로 비춰보는 것이다.

Abe Fettig은 나에게 다음과 같이 말했다.

> *"빠른 반복 작업을 통해서 JotSpot Live를 개발했다. 나는 코드를 쓰고, Joseph Wain은 CSS와 그래픽 디자인을 맡았다. 우리는 하루에 한두 번 업데이트된 버전을 테스트 서버에 올렸다. 초기에는 대부분 회사 내부의 테스터들이었고, JotSpot Live가 성숙단계를 지나 출시단계에 가까워져서는 외부의 많은 사람들이 테스터로 포함되었다. "*

개선할 사항은 항상 있다(그것이 뭔가를 추가한다는 의미는 절대로 아니다). 인터페이스에 작은 개선을 할 때마다 새 버전으로의 문이 열린다. 그러나 그 어떤 변화도 당신 작업에 중대한 방해가 되어서는 안된다. 왜냐하면 작은 변화들은 시간이 많이 걸리지 않기 때문에 사이트나 소프트웨어 구현함에 있어 당신이 의도한 개선사항에 대한 문서화나 의견교환에 파묻혀 버리지 않고, 계속해서 작업을 진행할 수 있기 때문이다.

Kaizen은 반복을 의미한다. 장기적으로 어플리케이션을 개선하기 위해서 반복적으로 검토하고, 어디서 개선할 수 있는지를 발견하고, 변화를 주고, 변화를 통해 개선했다는 것을 증명하기 위해 실제 사용자에게 새로운 버전을 넘긴다. 씻고, 헹구고, 다시 반복한다.

2. 5S 접근법

5S는 일본에서 유래한 또 다른 개선 프로세스로써 원래는 제조 산업을 위해 개발되었다. Kaizen과 같이 5S는 인터페이스 디자인과 어플리케이션 개발 프로세스에 잘 적용할 수 있다.

사실, 이 책은 5S에 대한 구체적인 언급 없이(어쨌든 지금까지는) 그것의 모든 측면에 대해서 논의했다. 명확한 디자인의 전체 개념이 이 다섯 개의 개념에 의해서 포괄될 수 있지만, 줄이기와 정제의 문맥에서 5S를 설명하는 것이 적절할 것 같다. 왜냐하면, 5S의 개별 개념들은 이 두 개의 토픽에 직접적인 공헌을 하고 있다.

이번 장의 나머지 부분은 5S의 개별 내용에 대한 요약과 어떻게 명확한 디자인하기와 연관이 있는지에 대해서 설명할 것이다.

• **Seiri (분류)** : Seiri는 도구들과 자재들 중에 무엇을 유지하고 무엇을 버릴지, 또는 보관할지를 결정하기 위해서 그것들을 분류하는 것에 관한 것이다. 제조업에서 Seiri는 작업장 주변에 불필요한 요소들을 제거함으로써 안전한 작업 환경을 제공하여 작업자들이 꾸준하게 생산성을 높이는 것을 의미한다. 웹에서 Seiri는 어플리케이션을 가장 필수적인 부분들로 최소화하기 위해서 기능들, 인터페이스 요소들, 화면들(또는 한 화면)을 분류하는 것이라고 생각할 수 있다. 이들을 적절하게 분류하기 위해서 당신은 무엇을 구현할지와 무엇을 구현하지 말아야 할지를 알아야 한다. 제품이 개발된 후에라도 불필요한 요소들을 제거하려는 자세를 갖고 반복적으로 어플리케이션을 검토해야 한다.

• **Seiton (정돈하기)** : Seiton는 물건들을 가장 효과적이고 접근성이 좋게 배열함을 뜻한다. 다른 말로 하면, 순서가 엄격하게 유지되어 리소스에 쉽게 접근할 수 있어야 한다. 웹 어플리케이션에서 이것은 일관성이 있는 디자인을 하여 페이지의 컨텐츠가 어떻게 배치되었는가에 근거하여 사용자가 의미를 도출할 수 있음을 뜻한다.

• **Seiso (광내기)** : Seiso는 깨끗하고 깔끔한 작업장을 유지함에 대한 것이다. 청소는 자주해야 하며, 항상 목적은 흐리멍텅한 것을 반짝이게 광내는 것이어야 한다. 웹에서 Seico는 그래픽 요소들의 외관을 업데이트하고, 개선하고, 페이지 구성요소들 간의 좀 더 완벽한 정렬과 배치에 주의를 기울이고, 어플리케이션의 전반적인 분위기와 정체성에 기여하는 색상 조합을 고안하는 것 등과 관련이 있다.

• **Seiketsu (표준화)** : Seiketsu는 일관성을 가능케 하기 위해 표준을 사용함에 관한 것이다. 온라인에서 표준을 따른다는 것은 웹 페이지에서 적절한 시맨틱 마크업을 사용하고, 외양과 컨텐츠를 명확하게 구분해주는 코드를 사용함을 의미한다. HTML은 컨텐츠의 구조를 구분하기 위해 고안되었다(머리글을 머리글로, 문단은 문단으로 등등). 한편 CSS는 표시된 컨텐츠의 겉으로 보이는 외양에만 국한되어 사용된다. 이 두 기술의 표준 사용은 웹의 접근성, 보존성, 가변성, 지속성을 개선한다. 그러나 Seiketsu는 마크업에만 국한되는 것은 아니다. 또한 Seiketsu는 어플리케이션의 모든 화면들이 따르는 스타일을 만드는 것을 의미한다. 그래서 개별 스크린은 사용자가 그들의 심리 모델을 유지하도록 돕고, 그들이 학습을 통해 새로운 스크린에 쉽게 적응할 수 있도록 돕는다. 표

준화는 그 쓰임새가 매우 크다. 많은 회사들이 스타일 가이드라인을 두고, 언제 어떻게 라디오 버튼, 체크박스 등의 요소들이 사용되고, 어떻게 그것들이 보이고 작동하는지에 대한 표준으로 활용한다. 나아가 이것은 Chapter 7에서 논의되었듯이 디자인 패턴 라이브러리로 확장된다. 이 경우, 전체 라이브러리에서는 한번에 하나의 패턴을 정의하여 다수의 어플리케이션에 적용될 수 있다. 따라서 하나의 표준에 근거하여 전반적인 개선을 할 수 있다.

• Shitsuke (유지) : Shitsuke는 5S의 각 요소들의 효과를 장기간 유지함에 대한 것이다. 개선(Kaizen)은 단기간에 왔다가 사라져서는 안된다. 이것은 영속적으로 유지되어야 한다. 화면이나 어플리케이션에서 꼭 필요한 것만 유지하기 위한 줄이기의 반복 과정(Seiri), 가장 효과적인 형태로 요소들을 배치하기(Seiton), 남은 것들을 광내기(Seiso), 여러 어플리케이션에 걸쳐서 화면과 인터랙션의 표준화(Seiketsu)는 모두 지속되어야 하는 과정들이다. 어플리케이션 정제를 위해 우리가 투자하는 장기적인 노력에 따라, 현재와 미래 모두를 위해서 얼마나 효과적이고 바람직한 솔루션을 창조할 수 있는지가 결정된다.

@ 쓸모없는 것들 제거하기

줄이기와 정제를 위한 또 다른 방법은 어플리케이션 그 자체가 대상이 아니라, 웹 어플리케이션을 만드는 과정에 대한 것이다.

많은 회사들이 새로운 어플리케이션을 디자인하고 구현함에 있어 길고 복잡한 과정을 거친다. 이런 과정은 종종 새 어플리케이션의 사업 목적과 희망을 대한 개요를 기술한 '비전 문서'(Vision Document)로 시작한다. 그리고 어플리케이션이 제공해야 하는 기능들에 대한 세부 기술인 '소프트웨어 요건 내역'(Software Requirements Specification, SRS)이 뒤를 잇는다. 다음으로는 기능이 어떻게 동작하고, 어떻게 보여야 하는지에 대한 모든 하급과 고급의 유스케이스를 완비한 '기능 내역'(Functional Specification)이 온다. 이 모든 문서들은 와이어프레임의 디자인에 사용되고(승인이 날 때까지 반복작업을 통해), 와이어프레임에서 최종 산출물로 변환되어, 최종적으로 어플리케이션의 구현, 테스팅, 출시와 마케팅이 뒤따른다.

만약 어플리케이션이 대단히 심플하다면 이런 과정은 몇 달이면 된다. 이런 과정들은 대부분 별로 도움이 되지 못한다(안좋은 결과가 더 많다). 오히려 처음의 세 문서를 건너뛰고, 개발자들은 유스케이스에서 바로 코딩을 시작하고 필요에 따라 그래픽을 만드는 것이 더 좋은 결과를 가져올 때가 많다.

사실 많은 경우, 새로운 제품을 위해 제품 비교, 사용자 조사 등등의 리서치를 하는 사람들이 어플리케이션의 와이어 프레임과 삽화를 만드는 사람들은 아니다. 이런 사실은 큰 단절을 만들어 낸다. 모든 지식을 가진 사람은 사무실 파티션의 이쪽에 있고, 디자이너들은 다른 쪽에 있다. 이런 단절이 존재한다는 것은, 리서치를 수행한 사람은 디자이너들에게 많은 정보를 주어야 하고, 그래서 그 정보들을 디자인으로 승화시켜야 함을 의미한다. 이것은 종종 요건을 명확히 하고 무엇이 디자인되어 하는지 더 잘 이해하기 위한 리서처들과 디자이너들 간의 몇 시간의 즉석 미팅으로 이루어 질 때가 많다.

1. 프로세스 정리하기

이런 쓸모없고 잡다한 것들을 청소하는 것은 회사와 사용자를 위해서 매우 유익한 것이다. 인터페이스 청소에 추가하여, 우리는 개발 구현에 사용되는 프로세스를 정리할 필요가 있다.

세부 내역

첫 번째로, 세부 내역에 의존함을 그만 둬라.

많은 회사들에서 세부 내역(Spec이라고도 불리는)이 문서화되는 것은 매우 당연하다. 일반적으로 그것은 경영진과 개발팀에게 받아들여져야 하고, 그리고 개발이 착수된다. 그러나 실제로는 크게 영향을 끼치지 못한다. 어플리케이션은 거의 절대로 그것에 의존하지 않고, 개발이 착수된 후에 어플리케이션 디자인의 변화를 대부분 결코 반영하지 않는다.

게다가 세부 내역은 일반적으로 그 양이 엄청나기 때문에 누구도 그 문서를 다 읽을 시간이 없다. 디자이너들은 동작을 지원하기 위한 디자인을 만들기 위해 동작에 대해서 알기를 원한다. 개발자들은 어떻게 어플리케이션이 기능하는지를 알고 싶어 한다. 마케터들은 마케팅하는 법에 대해서 알고 싶어 한다. 세부 내역은 너무 길기 때문에(그리고 극도로 지루하다), 위의 모든 요구들을 효과적으로 충족하지 못한다. 개발 프로젝트가 승인되고 진행되면 세부 내역은 멀리 치워버리고 더 이상 신경쓰지 말아라. 그 시점에서 당신의 목표는 무엇을 만들어야 하는지를 아는 것이다.

미루지 말고 지금 바로 디자인하라.

어플리케이션 디자이너와 리서처의 두 사람으로 구성된 팀을 구성하기를 강력하게 권장한다. 전문적인 디자이너가 처음부터 관여하면, 어떤 기능들이 필수적인지 결정하고, 이해를 통해 어플리케이션이 지원해야 하는 작업을 연구하고, 리서처와 디자이너 간에 서두르는 듯한 정보 교환을 하고, 디자이너가 대충 추측으로 디자인 작업을 수행함 없이 바로 와이어프레임 제작을 시작하는데 도움이 된다.

디자이너는 작업을 가장 잘 이해해야 하는 사람 중 하나이기 때문에 그것을 잘 지원하는 어플리케이션을 효과적으로 디자인할 수 있다. 리서치가 완료되면 디자이너는 작업을 시작한다. 스케치들이 직관적으로 그려지고, 와이어프레임과 유스케이스가 작성되고, 수정을 거친다. 디자이너가 효과적인 어플리케이션 디자인에 필요한 모든 정보와 지식을 습득하면 어플리케이션은 정말로 더 효과적으로 될 것이다.

@ 적시 디자인, 적시 검토 활용하기

슬프게도, 많은 회사들이 디자인 프로세스를 완벽하게 건너뛰고, 프로그래머들에게 스스로 디자인하도록 내버려둔다. 그들은 사용성에 굉장한, 그러나 대부분 역행하는 영향을 주는 결정을 충동적으로 내린다. 디자인이 프로그래머들에게 맡겨지면 어플리케이션은 대부분 복잡해지고, 사용하기에 극도로 불편해지고, 기능들로 넘치고, 마케터들은 마케팅에 사용할 수 있는 방대한 양의 자료를 손에 쥔다. 그러나 실상은 대부분의 사용자가 그들의 목적을 수행하기 위해 효과적으로 소프트웨어를 사용하는데 방해가 될 뿐이다.

이것이 사실이라면 적시 디자인(Just-In-Time Design)과 적시 검토(Just-In-Time Review)가 실행가능하고 필요한 대안들이다. '적시'(Just-In-Time. JIT)는 필요할 때에 취득되고 운반되는 프로세스를 의미한다. 이는 재고를 유지하는 것과 반대되는 개념이다. 웹에서 누군가 인터페이스에 무엇을 추가하기로 결정하고 프로그래머가 코딩을 하기 전 순간에 즉흥적으로 디자인하는 것을 적시 디자인이라고 할 수 있다.

반면, 적시 검토란 솔루션의 줄이기와 정제를 위한 마지막 기회의 의미로 사용된다. '적시'는 개발팀이 Extreme Programming을 수행할 때 특히 적절하지만, 최종버전이 출시되기 전에 어플리케이션의 개선을 하려는 모든 회사에서 사용될 수 있다.

1. 적시 디자인

적시 디자인은 일반적으로 소프트웨어의 새로운 부분이 어떻게 동작하고, 어떻게 접근되고 불려지는지, 그리고 어떻게 보여지고 흘러가는지에 대한 브레인스토밍과 결정을 내리기 위해서, 그런 새로운 기능(또는 어플리케이션의 다른 변화들)에 대한 코딩을 시작하기 전에 짧은 미팅을 수반한다. 이 미팅은 5분이든 3시간이든 꼭 진행되어야 하며, 사용자 인터랙션에 대한 지식이 있는 사람을 포함해야 한다. 그만한 전문가가 없다면 주제에 대한 진지한 관심이 있는 사람을 선택해서 그에게 주인의식을 줘라(사람들은 결과에 대한 주인의식이 있을 때 최고의 책임감을 발휘하는 경향이 있다).

적시 디자인 미팅에는 프로그래머, 디자이너, 사용자 각 1명과 1개의 칠판이 필요하다. 그 외 사람들도 참석할 수 있으나 적을수록 좋다. 목소리가 많으면 많은 논쟁이 생긴다. 미팅의 목적은 무엇이 필요한지를 알아내는 것이다. 대표 사용자(일반적으로 내부 직원)는 그들이 필요하고 원하는 것에 대해서 이야기하고, 디자이너는 그 요구를 분석하여 가능한 해결책을 제시하고, 프로그래머는 제안에 대한 실현 가능성을 결정하고 코딩 계획을 세운다. 인터페이스에 대한 아이디어와 요구사항 리스트는 칠판에 기록한다.

칠판의 내용을 디지털 카메라에 담아두고, 미팅의 기록으로 삼고 더불어 개발자에게 인터페이스의 아이디어를 상기시키고 디자이너가 와이어프레임 제작에 참고할 수 있도록 한다.

미팅을 시작할 때 간략하게 해결되어야 문제에 대해서 언급하라. 모든 사람들이 소프트웨어의 변화에 대해서 정당화하려고 노력해야 한다. 스스로에게 질문을 하여 그 문제가 정말로 문제인지에 대해서 결정을 내려야 한다(즉, 사용자가 이것을 하기 위한 다른 방법을 이미 가지고 있는가? 이것이 올바른 솔루션인가? 이 변화가 80%의 사용자들을 도울 수 있는가?). 만약 변화가 정당화될 수 없다면 미팅은 끝난다. 어플리케이션의 복잡도를 줄이는 가장 좋은 방법은 초기 단계에서 새로운 어떤 것도 추가하지 않는 것이다.

만약 문제가 해결되어야 하는 진짜 문제라면, 참석자들은 대표 사용자의 요구와 희망사항에 근거하여 가능한 해결책에 대한 브레인스토밍을 해야 한다. 모두가 아이디어를 낼 수 있지만, 사용자 경험 전문가는 전반적인 진행을 해야 한다. 적시 디자인은 빠른 사고를 요구하기 때문에, 회의를 진행하는 사람은 빠르고 끊임없이 디자인 아이디어를 산출해낼 수 있어야 한다. 모두가 무엇을 만들어야 하고, 왜 만들어야 하는지에 대한 명확한 생각을 가질 때까지 회의는 계속되어야 한다.

회의의 결과는 새로운 인터랙션에 대한 와이어 프레임의 제작하기 위한 작업 분배를 포함할 수도, 또는 아닐 수도 있다. 와이어 프레임이 선호되지만 시간이 없다면 최소한 프로그래머들은 허술한 디자인을 가져오기 쉬운 충동적인 결정을 내리기 전에 무엇을 만들고 어떻게 동작해야 하는지에 대한 아이디어를 가질 수 있어야 한다.

2. 적시 검토

적시가 필요한 또 다른 시점은(이 장에서 가장 적절한 시점)은 코딩이 완료되었을 때이다. 적시 검토는 이름에서 추론할 수 있듯이 합의되었던 내용을 얼마나 준수했는지, 출시 전에 어떻게 개선될 수 있는지를 보기 위해서 구현된 것을 검토하는 것이다.

변화가 빠른 웹에서는 출시되기 전에 인터페이스를 검토하고 정제할 시간이 충분치 않다 (특히나 당신이 코딩을 하지 않았다면). 그러나 적시 검토는 하지 않는 것보다 하는 것이 무조건 좋다. 출시 전 프로세스의 마지막 끝에 매번 적시 검토를 할 수 있도록 노력해라.

대부분의 경우 적시 검토를 위해 미팅을 할 필요는 없다(물론, 솔루션 검토와 어떻게 정제할 수 있는지를 집단으로 할 수도 있다). 제안된 솔루션이 구현되고 그것을 개발한 개발자들에 의해 테스트 가능한 시점에, 모든 관련자들이 간단하게 그들의 책상에서 구현에 대한 검토를 할 수 있다. 이것은 초반 디자인 프로세스의 단계에서 충분한 시간적인 여유가 있는 상황에서도 여전히 유효하고, 진실이다.

각각의 사람들은 사용자가 최종 제품을 사용할 때 가지게 되는 것과 똑같은 목표를 마음속에 새기고, 솔루션과 인터랙션해야 한다. 한번 쭉 인터랙션을 훑어보고 명확하지 않은 것들에 대해서 마음속으로 정리한다. 개선할 수 있는 방법을 찾겠다는 목표를 가지고 다시 한번 훑어본다. 솔루션을 개선할 수 있는 방법에 대한 노트를 한다. 어떻게 사용자의 멘탈 모델과 더 잘 연관시킬 수 있는지, 시간을 줄일 수 있는지, 그리고 덜 복잡하면서 에러가 없이 만들 수 있는지에 등에 대해서 기록한다.

모든 기록을 Email 또는 버그 보고서에 기록하고 그룹과 공유한다. 모두가 기록을 완료하면, 짧은 대화만으로도 어떻게 진행해야 할지를 결정하는데 충분하다. 변화를 주고, 새 버전을 테스트하고, 세상 밖으로 출시하라.

웹의 대단한 점들 중에 하나는 끊임없는 변화에 공헌한다는 것이다. 어플리케이션은 처음부터 완벽할 필요가 없다. 물론 여러분은 시작부터 좋은 솔루션을 제공할 것을 목표해야 하지만, 불완전한 솔루션에 대해 걱정할 필요는 없다. 당신은 다음 버전을 위한 반복 작업을 시작할 수 있다. 최종적으로 몇 차례의 반복 작업을 통해서 어플리케이션의 각 부분들이 검토되고 개선될 것이다. 사용자들이 자신감과 생산성에 대한 믿음을 갖는 견고한 어플리케이션이 될 것이다.

3. 솔루션으로써의 적시

복잡한 어플리케이션에서 적시는 무엇이 될 수 있고, 무엇이 되어야 하는지에 대한 가장 최소 요건이다. 그러나 단순한 어플리케이션에서 적시는 필요한 전부일 수 있다. 한 방에서 두 세 사람이 작업하는 어플리케이션은 칠판 회의를 쉽게 자주 가질 수 있고, 디자인은 동전던지기를 통해서 결정되고 바뀔 수 있다(실제로, 이런 방식은 아주 재미있으면서 효과적이다. 짧은 시간에 놀라운 결과를 산출하며, 디자인과 코딩의 빠른 작업 환경을 만들어 준다.)

필요한 경우, 인터랙션과 인터페이스 디자인의 전문가(되도록이면 훌륭하고 권위있는 디자이너)가 있어야 한다. 그 전문가는 더 사용하기 편하고, 직관적이고 흐름이 있고, 사용자들의 목적 달성을 도울 수 있는 소프트웨어로 만들기 위한 숙달된 제안을 할 수 있어야 한다. 인터랙션 권위자가 없는 최악의 상황에서도 최소한 논의할 수 있는 그래픽 디자이너 한 명은 있어야 한다. 디자인 경험이 있는 사람의 도움 아래 수준높은 미적 표준은 인터랙션 개선에 도움을 줄 수 있다. 그리고 가능하다면 사람들이 실제로 어떻게 컴퓨터를 사용하는지에 대한 깊은 지식이 있는 사람이 회사 내에 있어야 한다. 그들은 가능하면 코딩 작업 전후에 어떻게 경험을 개선할 수 있는지에 대한 전문적인 제안을 할 수 있다.

자신들의 목적을 무시당한 사용자는 절대로 당신의 소프트웨어에 팬이 되지 않는다. 진정한 팬이란 회사가 얻을 수 있는 최고의 자산이다. 만약 당신이 질높은 디자인 작업을 하기 위한 시간이 부족하다면, 최소한 프로그래머와 사용자 사이를 방해하는 것에 대한 적시 디자인과 적시 검토를 해야 한다. 그것은 회사가 고객의 요구에 부응하지 못할 그 무언가에 미래를 투자하기 전에, 어플리케이션을 디자인하고 줄이고 정제할 수 있는 가장 좋은 기회가 될 것이다.

향상이 가능한 경우,
혁신은 지양하라.

@ 사용자 경험 향상

@ 좋은 예를 찾고, 그로부터 배워라.

@ 표준을 향상시켜라

@ 좋은 것들을 제거하라

@ Get in the Game

난 대기업들에서 쓰이는 교육용 소프트웨어를 만드는 작은 eLearning 회사에서 일한 적이 있다. 일반적으로 eLearning 회사들이 그렇듯이 가장 흔한 문제점은 컨텐츠 디자인의 대상이 되는 고객들이 너무나 다양하다는 것이다.

항공사에서 여행객들의 짐을 처리하는 직원들은 인사과 직원, 영업 사원 그리고 공항 검색대에서 일하는 직원들과 마찬가지로 기본적인 몇 개의 관리 코스를 이수해야 할 것이다. 사람들은 저마다의 학습의 방법이 있기 때문에, 같은 내용이라도 모든 사람들이 같은 방식으로 학습하리라 기대하기는 힘들다. 교육에서는 모든 경우에 적합한 한가지 방법이 있을 수 없다.

1. 혁신(Innovation)

우리는 우리의 eLearning 어플리케이션에서 비선형적인 교육방식을 채택하기로 했다. 모든 사람들에게 똑같은 화면과 똑같은 순서를 강제하지 않고, 사용자들에게 선택권을 주고 그들의 반응에 따라 다른 내용을 제공하는 것이다. 개별 사용자들은 그들의 학습방식에 적합한 코스를 밟게 되는 것이다. 그런 혁신은 효과적이었다. 상이한 학습 스타일의 필요성을 충족시켰으며, 고객들의 반응도 좋았다. 이는 우리에게도 좋은 것이다.

2. 혁신적인 사고의 문제점

얼마 후에 사용자들이 코스를 네비게이션하는 방법에 문제가 발견됐다.

일반적으로 eLearning에서의 '다음' 버튼은 다음 코스로 넘어가는 것을 의미하는데, 다음 화면은 사용자들에게 처음 보여지는 것이다. 그런데 우리의 어플리케이션에는 '기록'이라는 기능이 있어서, 사용자들이 이미 지나온 어떤 특정 화면으로 돌아가고 싶을 때 해당 섹션의 처음으로 돌아가서 그 화면을 찾아가는 방식 대신에, 사용자들의 방문 기록을 유지하여 웹 브라우저에서 '뒤로 가기'를 실행하듯이 지나간 화면들을 거꾸로 거슬러 올라갈 수 있도록 하였다.

일반적인 eLearning의 '다음', '뒤로' 버튼은 이전 또는 다음 섹션으로 이동을 의미한다. 문제는 사용자가 이미 한번 보고 지나간 화면으로 돌아가기 위해서 '뒤로' 버튼을 눌렀을

때, '다음' 버튼은 당신이 생각하는 것처럼 동일한 화면 셋에서의 앞으로 진행을 의미한다. 이 경우에 사용자는 '다음' 버튼을 누름으로써 이미 한번 방문했던 페이지로의 이동을 예상하지만, 실제로는 이전에 보지 못했던 다음 단계의 페이지를 보게 되는 것이다. 그것이 일반적인 '다음' 버튼의 기능이기 때문이다.

따라서 우리는 '다음' 버튼이 두 가지 기능의 다른 기능을 수행할 필요가 생긴 것이다. 이는 교육용 프로그램의 기본적인 네비게이션 룰을 어김과 동시에, 사용자를 혼란스럽게 만드는 것이다. 사용자는 언제 이미 본 화면을 보게 되고, 언제 새로운 화면을 보게 될 것인지를 알아야 하지만, 어플리케이션에서 그 방법을 제공하지 않았다.

이 이슈가 발견되었을 때, 나는 열심히 코딩을 시작했고 다른 사람들은 미팅을 가졌다. 일주일 동안, 몇몇 사람들은 이 문제를 해결하기 위해 몇 차례 회의를 했다. 어떻게 하면 사용자들에게 방문기록을 따라 앞으로 가는 것인지, 새로운 코스의 새 화면을 보게 되는 것인지를 명확하게 보여줄 수 있을까? 메시지를 사용해야 할까? 그것은 모든 코스의 디자인에 영향을 끼칠 것이다. '뒤로 가기' 기능을 버려야 할까? 그렇게 되면 특정 화면을 보기 위해 매번 같은 코스를 처음부터 다시 시작해야 할 것이다. 도움말에서 좀더 자세하게 설명을 할까? 그러나 아무도 도움말을 읽지 않을 것이다.

토론이 진행될 때마다 우리는 모두 혁신가였다. 몇 시간 동안 고민을 하고, 놀랄만한 결과물을 내놓았다. 그러나 딱 들어맞는 해결책은 나오지 않았다.

3. 향상(Elevation)

어느 날 난 해결의 실마리를 발견했다.

난 '다음' 버튼을 대신할 동적인 버튼을 제안했다. 사용자들이 코스를 진행하면서 '다음'

버튼을 보게 된다. 만약 사용자들이 '뒤로' 버튼을 통해서 앞의 화면으로 이동하는 경우, '다음' 버튼은 간단한 애니메이션을 사용하여 '앞으로' 버튼으로 전환된다. 색깔도 바꿔 주어서 사용자에게 버튼의 기능이 변하였음을 알려준다. 사용자가 가장 마지막의 화면에 다시 도달했을 때, 그 버튼은 다시 '다음' 버튼으로 전환되고, 다음 화면은 그 전에 보지 않았던 새로운 화면이 되는 것이다.

》 '다음' 버튼을 '앞으로' 버튼으로 전환하는 방법을 통해서 인터페이스의 혁신적인 변화없이도 혼란을 제거할 수 있다.

20분 후에 우리는 테스트 서버에서 이것을 시험해 볼 수 있었고, 아주 잘 동작했다. 모든 사람들이 금방 이해할 수 있었다. 혼란은 사라졌다.

혁신은 그것이 필요한 경우 대단한 것일 수 있다. 그러나 대부분의 경우에 꼭 혁신이 필요한 것은 아니다. 향상이 답인 경우가 많다.

@ 사용자 경험 향상

내가 일한 회사는 사용자에게 '다음' 버튼은 새로운 화면으로 전환을 의미한다는 것을 알리기 위한 혁신적인 방안을 찾기 위해 일주일을 허비했지만, 새로운 인터페이스는 문제를 해결하지 못했다. 오히려 복잡해졌을 뿐이고 코딩의 경우는 더 심했다.

혁신은 멋진 것이며, 종종 문제를 해결하기 위한 해답이 된다. 그러나 혁신은 많은 비용이 든다. 일반적으로 오랜 구현기간이 걸리고, 많은 시행착오를 경험하며, 실패할 확률이 높다. 그 외에도 대부분의 사람들은 정말 훌륭하고 혁신적인 아이디어를 매번 생각해

내기 어렵다. 큰 아이디어는 멀리 있고 희소성이 크다. 대부분은 작은 아이디어다. 그러나 작지만 역할을 하기엔 충분하다. 회사나 어플리케이션에 대부분은 큰 아이디어가 필요없다. 작지만 개선에 바로 응용할 수 있는 아이디어가 필요하다.

Kaizen 접근법은 빈번하고, 점진적인 변화를 통해서 꾸준한 개선을 추구한다. 이는 계획하고, 디자인하고, 구현하고, 테스트하는 과정을 쉽고 빠르게 함으로써 꾸준하고 긍정적인 변화를 꾀할 수 있다는 장점이 있다. 또한 작은 변화는 오랜 시간이 걸리지 않고(최소한 값비싼 혁신에 비해서), 비용 면에서 효율적이며, 결과물이 투자대비 월등하다.

1. 예의바른 어플리케이션을 통한 향상

어플리케이션의 점진적인 향상을 꾀하는 간단한 한 방법은 예의바른 어플리케이션을 만드는 것이다. 만약 상점 직원만큼 상냥하고 예의바르지 않다면, 예의바를 때까지 디자인을 반복적으로 해야 한다. 어플리케이션은 당신의 회사가 제공할 수 있는 가장 훌륭한 고객 서비스의 재료이다. 그 임무를 잘 수행하도록 확실히 해라.

무엇이 예의바른 어플리케이션을 만드는가? 쉽게 말해서 무례함이 없는 것이다. 이 책에서 예시된 어플리케이션들이 기본적인 예의를 갖춘 것들이다. 여기 예의바른 어플리케이션을 만들 수 있는 다른 방법들이 있다.

• 사용자의 작업 흐름을 방해하지 말라. 피할 수 있는 Javascript의 경고나 오류, 불필요하게 복잡한 인터랙션을 수반하는 확인 메시지, 혼란스러운 작업흐름 등은 모두 어플리케이션의 무례함을 보여주는 예들이다. 이런 것들을 제거하라. 꼭 필요하고 의미있는 오류 메시지만을 작성해라.

• 사용자의 작업 수행이 쉽도록 만들어라. 통일성없이 페이지 내의 여기 저기 흩어져 있는 요소들은 사용자들이 인터랙션의 흐름을 파악하는데 많은 시간을 허비해야 하기 때문에 무례한 것이다. 시각적인 구조가 없는 화면은 사용자가 무엇이 중요하고 중요하지 않은지를 추측해야 하기 때문에 무례한 것이다. 사용자가 사용 속도를 낼 수 있도록 하여라.

- **사용자의 작업과 연관이 없는 것들에 대한 이해를 강요하지 말라.** 생산성을 위해서 시스템의 내재적인 부분들에 대한 이해를 요구하는 것은 사용자들이 그들의 멘탈 모델 대신에 개발자들의 생각을 이해하도록 강요하는 것이기 때문에 무례하다. 시스템의 불필요한 부분들을 숨김으로써 사용자들이 자신들의 심리모델을 사용하여 어플리케이션을 사용하고, 과도한 학습 없이도 생산성을 낼 수 있도록 하라. 이것을 잘 따르면 예의 바른 어플리케이션에 성큼 다가갈 수 있다.

2. 어플리케이션을 향상한다는 것은 더 인간적임을 의미한다.

어플리케이션에서 가장 디자인하기 어려운 것 중 하나는 바로 인간성이다. 성공적인 인간성은 사용자 경험을 향상시킬 수 있는 가장 좋은 방법이다. 예의 바름이 좋은 사용자 경험을 만들어내는데 필수적이긴 하지만, 그 너머에는 예를 들면 어플리케이션의 톤(말투, 음색 등)같은 좀 더 주관적인 요인들이 있고, 이는 사용자와 어플리케이션 간의 긍정적인 유대를 형성하는데 사용될 수 있다.

사용자들은 그들이 사용하는 물건에 감정을 이입한다. 만약 커피메이커가 사용하기 불편하다면, 사용자와 커피메이커는 실망과 분노로 연결될 것이다. 그러나 만약 맛좋은 커피를 쉽게 만들 수 있다면, 예뻐 보이고, 잘 간수하게 되고, 사용하면서 편안함을 느낄 것이다.

커피메이커는 다른 가정용품들과 어울릴 필요는 없다. 종종 기발하고 재미있는 디자인이 더 매력적일 수 있다. 그것들은 사용자에게 제품의 사용목적이라기 보다는 인간적으로 어필한다.

예를 들면, 사용자가 생성한 이벤트에 대해서 친구들끼리 공동으로 일정 조정을 할 수 있도록 디자인된 사이트인 Skobee(www.skobee.com)는 밝은 색상과 명랑한 아이콘 그리고 친근한 대화 톤의 문장 등으로 즐거움을 준다. 전반적인 분위기는 사용자들을 초대하여 둘러볼 수 있게 하는 느낌이다. 편안하게 쉬엄쉬엄 둘러보면 된다.

인간성은 어플리케이션 내의 것들이 어떻게 보이느냐에 따라 큰 영향을 받지만, 문구(카

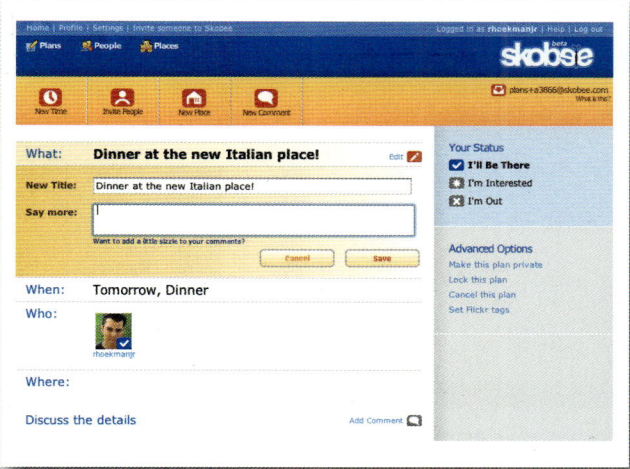

》 Skobee는 계획을 세움에 있어서 인간성을 부여하기 위해 생동감 있고 재미있는 스타일을 사용했다.

피라이트)도 중요하다. "사진, 스케줄, 주소록을 추가하여 프로필을 업데이트하세요" 같은 진부한 표현은 Skobee에서는 볼 수 없다. 대신에 "프로필이 약간 빈티나네요" 또는 "사람들이 당신의 웃는 얼굴을 볼 수 있게 사진을 추가하세요" 같은 문구들이 프로필 화면에서 보여진다. 비슷한 단어를 사용하여 그들은 친구들과 소통을 할 것이다. Skobee의 개발자는 전반적인 제품의 사용경험에 이바지했을 뿐 아니라, 사용자의 사용 속도향상에도 이바지했다.

그 누구도 웹이 지루해야 한다고 말하지 않았다. 생동감을 부여하자.

3. 향상이란 '요구에 즉시 반응하는 인터페이스'를 의미한다

어플리케이션의 세부사항들 뿐만 아니라, 제어도구(Control)들이 제공하는 특색들을 보는 것은 중요하다. '드래그 앤 드랍'이 어떻게 작동하는지 뿐만 아니라, 그것이 왜 효과적인지 이해하는 것이 중요하다.

Google의 페이지 생성기에는, 예를 들면 이미지를 그것이 속해있는 박스 내에서 드래그하거나 다른 박스로 드래그할 수 있다. 이미지를 선택하고 툴바에서 옵션을 선택하여 이미지의 크기를 조절할 수 있다. 텍스트를 선택하고 메인 툴바의 옵션을 선택하여 텍스트의 포맷을 변경할 수 있다. 이런 것들은 많은 데스크탑 어플리케이션에서는 일반적이지만, 웹 어플리케이션에서는 그렇지 않다.

》 페이지 생성기에서는
인터페이스 내에서 텍스트의
포맷을 변경할 수 있다.

이들 인터랙션에서 무엇이 페이지 생성기를 배우고 사용하기 쉽게 만드는가? 부분적으로는 구현에 있다. 왜냐하면 인터랙션의 디자인은 사용자들이 사용법을 이해하는데 아주 중요하지만, 그것이 보여지는 방식 또한 중요하다. 페이지 생성기는 반응을 한다. 나는 이것을 '요구에 즉시 반응하는 인터페이스(On-Demand Interface, ODI)'라고 부른다. 이것이 이해하기 쉽고, 사용자의 입력을 받아들이고 부드럽고 매력적으로 반응하며, 작업을 잘 수행할 수 있도록 해주는 것이다.

ODI는 사용자들에게 적재적소에서 필요한 기능을 제공한다. 사용자가 이미지를 선택하는 순간 툴바를 제공한다. 편집화면으로의 이동없이 원하는 때 언제든지 이미지로 바로 가면 된다. 텍스트 포맷을 변경하고 싶으면, 포맷용 창을 왔다갔다할 필요없이 바로 변경을 할 수 있다. 이 모든 것들을 인터페이스를 벗어나지 않고 바로 할 수 있다. 이것이 바로 '요구에 즉시 반응하는 인터페이스'이다.

ODI는 작업수행의 전체 과정의 수를 줄일 뿐 아니라 개별 과정을 단순하게 만들어 준다. 기능들은 필요할 때 필요한 곳에서 보여진다. ODI는 생산성을 촉진하는 인터랙션을 제공한다. 그것은 사용자의 목적에 순응한다. 결과적으로 사용자 경험과 사용자 만족은 크게 개선된다.

반응성, 속도, 간결한 심리 모델 등의 이런 특징들이 훌륭한 어플리케이션을 만드는 것이다. 디자인의 구현이란, 근간이 되는 원칙을 구현이 효율적으로 뒷받침한다는 것을 의미하기 때문에 효율성의 중요한 한 부분이다.

다시 말해, 우리가 무엇이 훌륭한 것을 만들어 내는지 알고 구현할 수 있는 최선의 방법을 안다면 사용자의 기대에 부응할 뿐만 아니라 향상된 사용자 경험을 제공할 수 있는 어플리케이션을 디자인할 수 있다.

@ 좋은 예를 찾고, 그로부터 배워라.

지금까지 우리는 DropSend, Squidoo, Google 페이지 생성기 등의 어플리케이션을 다뤘다. 이들 모두 훌륭한 어플리케이션이지만 이들이 절대 전부는 아니다. 세상에는 더 많은 훌륭한 어플리케이션이 존재한다. 물론 그것들을 찾아내는 것이 쉽지는 않지만 그것들을 공부하는 것은 명확하게 디자인하기에 대한 더 많은 통찰력을 얻을 수 있는 좋은 방법이 될 수 있다.

1. 영감(Inspiration)

좋은 웹 어플리케이션을 연구하는 것은 또한 영감을 얻을 수 있는 효과적인 방법이다.

Backpack은 작은 규모의 프로젝트를 조직화하는 새로운 접근법을 제공한다. 페이지 생성기는 기본적인 웹 페이지를 단 시간에 만들 수 있는 방법을 제공한다. Blinksale은 다양한 사용자들에게 송장 관리의 고된 작업을 처리할 수 있는 세련된 솔루션을 제공한다. Meebo는 웹 페이지에서 인스턴트 메시지를 전송할 수 있는 방법을 제공한다.

이들 어플리케이션이 해결한 모든 디자인적인 문제들은 그동안 수많은 방법들로 시도되었다. 그러나 이들 심플한 웹 어플리케이션은 문제를 바라보는 새로운 관점으로, 흥미롭고 매력적인 솔루션을 제공하였다. 우리는 이미 존재하는 어플리케이션이나 일반적인 문제점(다수의 컴퓨터로부터의 북마크를 관리하는 것과 같은)으로부터, 또는 문서 편집기나 스프레드시트와 같은 어플리케이션으로부터 영감을 얻을 수 있다. 이들 모두는 새로운 관점으로 이해되고, 웹에서 새롭게 디자인될 수 있는 재료들이다.

37signals이 어떻게 새로운 아이디어를 도출할 수 있었는지 물었을 때, Jason Fried는 이 세상은 좋은 영감들로 가득 차 있다고 말하였다.

> "우리는 일상적인 단순한 문제들로부터 영감을 얻는다. 큰 문제점들을 해결할 때 흥미를 느끼는 것이 아니다. 단순한 문제를 풀려고 시도할 때 흥미를 느끼는 것이다. 그것들이 바로 일반인들이 일상적으로 처리해야 하는 것들이다. 따라서 그런 간단한 문제를 해결하는 간단한 도구를 만드는 것이 사람들을 돕는 길이다. 우리가 사는 이 세상이 바로 세련된 해결책을 구할 수 있는 좋은 장소다. 이 세상은 수많은 영감들로 가득 차 있다. 세상에는 제대로 작동하지 않는 것은 별로 없다. 만약 제대로 작동하지 않는다면 이미 오래 전에 사라졌을 것이다. 눈을 크게 뜨고 세상을 주의깊게 관찰하여, 멋지고 창조적인 솔루션을 구하라."

@ 표준을 향상시켜라

표준은 멋진 것이다. 왜냐하면, 그것은 우리가 어플리케이션을 디자인할 때 설 수 있는 견고한 땅을 제공하기 때문이다. 그러나 웹의 발전을 위해서 표준을 향상할 수 있는 방법을 찾고, 웹의 무궁한 가능성을 끌어내야 한다.

많은 디자이너들은 표준을 거부한다. 그들은 표준이 혁신을 방해한다고 말한다. 그러나 확실히 중용이라는 것이 존재한다. 표준과 혁신의 사이에 바로 향상이 존재한다. 지금처럼 웹에서 더 강한 힘과 복잡한 인터랙션을 추구하기 위한 새로운 솔루션과 기술들에 대한 끊임없는 압력이 있었던 적은 없다. 이런 기술에 대한 요구는 이미 가능한 것들을 개선함으로써 충족 가능하다(W3C의 HTML 스펙은 몇 년간 바뀌지 않았다. 그러나 다른 기술들이 HTML의 한계 내에서 그것이 할 수 있는 것의 한계점까지 계속 밀고 있다).

우리는 개선을 위해서 혁신을 고집할 필요는 없다. 그보다 표준을 향상하여, 더 자주 점진적이고 매우 효과적인 결과를 성취할 수 있다.

사실, 웹에서 새로운 스타일의 인터랙션을 선보일 때는 오히려 혁신을 피해야 한다. 왜냐하면, 사용자들을 기존 것에 대한 타성이 있기 때문에 새로운 패러다임을 배우는 것이 쉬운 일이 아니기 때문이다. 이미 존재하는 패러다임을 활용하여 작은 변화를 통해서 개선을 시도하는 것이 더 효과적이다.

페이지 생성기의 적재적소의 편집 기능은 매우 간단하지만, 사용자들은 그것에 대해 익숙하지 않기 때문에 일반적인 편집의 왕복 인터랙션을 해야 할 것이라고 기대하게 된다. 이것은 어플리케이션이 완곡한 학습곡선을 그리게 됨을 의미한다. 일반적으로 기능과 인터랙션은 설명적인 경우가 많기 때문에 사용자들은 빠르게 학습을 할 수 있지만, 모든 기능들이 꼭 그렇게 자명한 것은 아니다.

예를 들어, 사용자가 어떤 이미지를 클릭하였을 때 나타나는 마우스 아이콘의 의미를 이해하지 못한다면, 드래그를 통해서 이미지를 이동한다는 것을 알아채기는 힘들다. 이미지를 움직이기까지 어느 정도의 시행착오를 위한 시간이 필요하다.

이런 편집 기능이 성공적이 되려면 약간의 지시적인 디자인을 적용할 필요가 있다. 이미지 위의 마우스 포인터 옆에 '드래그'라는 문구가 표시된다면 사용자는 이미지를 드래그할 수 있다는 것을 쉽게 알 수 있다. 이런 작은 추가작업이 인터랙션을 명확하게 하고 학습을 쉽게 한다. 또한 이런 지시적인 요소는 경험많은 사용자들을 성가시게 할 정도로 돌출되는 것도 아니다.

다시 말해, 사용자들은 대충 15분 정도면 페이지 생성기와 친숙해지고 자신감을 갖게 된다. 웹 페이지를 디자인하는 어플리케이션에서 이것은 꽤 인상적이다. Google의 주요 성공 요인은 배우고 사용하기 쉬운, 세련된 작업 흐름과 인터랙션을 제공했다는 것이다.

똑똑해 져라. 당신의 방법이 낫다는 것을 증명할 수 있다면, 아주 훌륭한 무엇이 될 수 있다. 그렇지 않다면 괜찮은 것을 도출할 때까지 표준을 활용해라.

@ 좋은 것들을 제거하라

헤밍웨이는 "이야기를 쓰고 난 후, 괜찮은 문구들을 삭제한 후에도 여전히 글이 괜찮은지 보라"라고 말했다.

이는 직관에 반하는 말이다. 그러나 좋은 것들을 어플리케이션에서 제거하는 것은 훌륭한 디자인을 달성하는 올바른 방법이다. 좋은 것들(Good Lines)이란 현란하고 멋진 것들이기는 하지만, 효율적인 어플리케이션에 직접적으로 공헌하지 못한다. 단지 매력이 넘치기 때문에 존재하는 것들이다. 좋은 것들은 마케팅 부서에서 열렬히 성원하는 기능들이다. 그러나 사용자들에게 그것들은 정말 필요한 20%의 기능들에 방해되는 성가신 것들이다.

좋은(Good) 것들을 제거하고 남은 것들이 바로 최고의(Best) 것들이다. 쿨하고 섹시한 것들이 남아있지 않을 때 비로소 어플리케이션은 광채를 뿜을 준비가 된 것이고, 사용자 경험은 비약적으로 좋아진다. '경쟁력 있는' 제품을 만드는 모든 것들을 제거할 때, 이후에 남은 것들은 경쟁 자체보다 더 좋은 결과를 가져온다. 사용자들이 진정으로 원하는 것을 제공하는 것이다.

사용자 경험을 향상시킨다는 것은 여러 제품들 중에서 우뚝 설 수 있게 해주는 기능을 추가하는 것이 아니다. 그것은 어플리케이션이 진실한 광을 낼 때까지 제거해나가는 것이다. 향상은 줄임에 관한 것이다. 집중에 관한 것이다. 그것이 바로 Kaizen이다.

최고의 소프트웨어는 거의 남아있지 않은(Less) 소프트웨어다.

@ Get in the Game

인터랙션 디자이너와 사용성 전문가들은 특별한 임무가 있다. 무엇을 만들어야 하는지, 무엇이 훌륭한 것을 만드는지, 어떻게 구현하는 것이 최고의 방법인지를 알아야 하는 것이다.

실제로 이런 목표를 달성하기 위해서는 구체적이고 유형의 결과를 산출하기 위한 의사

결정을 할 수 있어야 한다. 어플리케이션은 실재하는 디자인 솔루션과 그에 따르는 실재하는 문제점을 내재하고 있다. 솔루션을 만들어내고 무언가를 이루어내기 위한 끊임없는 의사결정을 해야 한다. 의사결정은 쉬운 일이 아니다. 매우 제한된 정보 내에서 의사결정을 해야 할 때도 있고, 충분한 사용성 평가와 리서치에 근거한 의사결정을 내릴 때도 있다. 어떤 경우이든 의사결정은 이루어져야 한다.

디자인 문제에 대한 가장 정확한 답일지라도, 대부분 "상황에 따라 달라질 수 있다"라는 표현을 쓰는 경우가 많다. 앞으로 전진하고 무언가를 달성하기 위한 유일한 방법은 권위를 가지고 "이렇게 되어야 한다"라고 말하는 것이다. 누구도 기꺼이 이런 말을 하지 않는다면, 소프트웨어는 개발자, 관리자, 마케터 등등 의견을 가진 모든 사람들의 즉흥적인 결정에 의해서 디자인된다. 역사는 이것이 틀린 방법이라는 것을 증명해준다. 이것이 바로 좋지 않은 어플리케이션은 많은데 비해, 좋은 어플리케이션이 극소수인 이유다.

어떤 사람도 모든 해답을 가지고 있지 않다. 모든 프로젝트는 이 책에서 언급되지 않은 최소한 하나 이상의 디자인 문제점을 가지고 있을 것이다. 당신은 최선의 디자인을 할 수 있는 해결책을 간절히 바라겠지만 별로 큰 도움을 받지 못할 것이다. 한 가지 사실을 알려주겠다.

진실은 '모든 것은 변한다'는 것이다.

지금 진실이라도 영원히 그런 것은 아니다. 어떤 솔루션도 영원히 진실은 아닐 것이다. 디자인의 패턴은 변화한다. 웹의 능력도 변화한다. 사용자들의 웹 인터랙션도 변한다. 따라서 매번 100% 정답일 필요는 없다. 그러나 당신의 의사 결정능력과 과업 달성 능력은 당신이 매 프로젝트를 완수할 수 있게 할 것이다. 그 점을 잘 활용하라.

의사 결정을 내리는데 겁먹지 마라. 오히려 장기적으로 당신에게 해가 될 것이다. 다음번에 당신이 "상황에 따라 달라질 수 있다"라고 말하려는 당신을 발견한다면, 한가지 옵션밖에 없는 척 해보라. 옵션 중 결정을 내려야 할 때, 가장 잃기 싫은 옵션을 선택하라. 그리고 의사 결정을 내려라.

@ 마치며

디자인에 관련된 거의 모든 것들이 주관적이다. 디자인의 영역에서 결과를 계량하는 것은 매우 어렵다. 제대로 작동하는지 확인할 수 있는 유일한 방법은 시험해보고 어떤 일이 발생하는지 직접 보는 것이다. 훌륭한 디자인도 실패한다. 끔찍한 디자인도 성공한다. 의도대로 되는 것은 거의 아무것도 없다.

그러나 때때로 훌륭한 디자인은 꾸준하게 전진하여 주목을 받게 된다. 이런 경우는 누군가가 어려운 결정을 내리고 명확하게 디자인하는데 용감했기 때문이다. 당신도 그런 사람이 될 수 있다.

마지막으로 한마디 하겠다.

웹 어플리케이션 디자이너는 화면 디자이너도, 사용성 전문가도, 리서처도, 몽상가도 아니다. 디자이너는 이 모든 것이다. 훌륭한 소프트웨어는 훌륭한 이해가 바탕이 되어야 한다. 그래야 비로소 디자이너는 권위를 가지고 말할 수 있다. "이렇게 해야만 합니다!" 라고 해야만 사람들이 따를 것이다.

자, 이제 출발해보자. 알기 쉽고 직관적인 '명확한 디자인'을 해보자.

- -

명확한 디자인에 대한 더 많은 고민들을 보려면, 내 웹 사이트 www.rhjr.net 을 방문하길 바란다. 거기에 있는 Email로 직접 연락해도 좋다.

I·n·d·e·x

명확하게
디자인하라

1판 1쇄 발행　2011년 4월 5일

저자 | Robert Hoekman, Jr.
역자 | 강민구, 이석진
발행인 | 김길수
발행처 | 영진닷컴
주 소 | (우)153-803 서울특별시 금천구 가산동 664번지
　　　　　대륭테크노타운 13차 10층
대표전화 | 1588-0789
대표팩스 | (02) 2105-2200
등 록 | 2007. 4. 27. 제16-4189

가격 20,000원

ISBN | 978-89-314-4079-9

도서문의처 | min909@gmail.com